宣城中国传统村落

◎ 政协宣城市委员会/编

中国文史出版社

图书在版编目（CIP）数据

宣城中国传统村落 / 政协宣城市委员会编. -- 北京：中国文史出版社, 2023.10

ISBN 978-7-5205-4257-9

Ⅰ.①宣… Ⅱ.①政… Ⅲ.①村落 – 介绍 – 宣城 Ⅳ.①K925.43

中国国家版本馆CIP数据核字(2023)第166421号

责任编辑： 程　凤

出版发行：中国文史出版社

社　　址：北京市海淀区西八里庄路69号　　邮编：100142

电　　话：010-81136606　81136602　81136603(发行部)

传　　真：010-81136655

印　　装：北京温林源印刷有限公司

经　　销：全国新华书店

开　　本：1/16

印　　张：31.25

字　　数：350千字

版　　次：2023年10月北京第1版

印　　次：2024年3月第2次印刷

定　　价：88.00元

前　言

　　传统村落是乡村居民生产生活的集聚之所，赖以生存发展、安身立命的乡土公共空间。传统村落经风沐雨、沧桑演变，形成丰富的农耕文明和乡土文化，传承着民族的历史记忆，维系着文明根脉，具有重要的历史文化价值。近年来，特别是党的十八大以来，在党中央、国务院高度重视下，通过实施历史文化传承保护工程，特别是实施中国传统村落保护工程，一些具有典型地域风貌特征、重要人文历史价值的传统村落，得到及时保护，一些具有丰富自然人文资源禀赋的村庄，通过开发利用，焕发出勃勃生机。

　　宣城市地处长江南岸向皖南山区过渡地带，与黄山市（古徽州）毗邻，市域大部分以山区为主，保存着较多聚族而居的传统村落，其中入选1-6批中国传统村落85个，安徽省1-4批传统村落117个，数量居全省第二。因传统村落集中，绩溪县、泾县被列入中国传统村落集中连片保护利用示范县，这在全国是不多见的。宣城传统村落中，既包含了村庄选址格局、村落整体风貌、建筑细部等物质文化，也包含了传统农耕生产方式、生活习俗、历史迁移、家族绵延、文学艺术等非物质文化，是中华民族丰富传统文化的有机组成部分。近年来，本着"保护为先、利用为基、传承为本"的原则，在保护中利用，以利用促保护，逐步打造出红色教育基地云岭、中国画家村查济、影视剧基地黄田、味道小镇伏岭、雕刻时光小镇上庄、摄影小镇磡头、宣砚研学基地江村等既保留了传统风貌又融入时代气息的网红传统村落。

　　为认真贯彻习近平总书记"把传统村落改造好保护好"的指示精神，落实省委书记韩俊"切实加强传统村落和古民居、古建筑保护，深入挖掘、传承、活化徽文化，推动农文旅一体化发展"的要求，根据市委部署，宣城市政协策划编写了《宣城中国传统村落》一书，旨在深入挖掘传统村落的历史文化资源，集中展示传统村落的特色魅力，助力文化旅游和乡村振兴。该书收录1-6批85个中国传统村落。为了编好此书，市政协组织了深入、充分的考察调研，主要领导亲自过问，分管负责同志具体抓，全市各级政协组织一体参与，十数位文史作者执笔撰文、摄影。书稿详细介绍了宣城传统村落历史，生动讲述了隐藏在村落深处的人文故事，描绘了各具特色的村庄风貌，不啻是一份宣城传统村落的说明书、导游图，值得阅读，值得收藏。

目 录

绩溪县

上庄村 …………………………………………………… 003

石家村 …………………………………………………… 008

旺川村 …………………………………………………… 014

宅坦村 …………………………………………………… 019

余川村 …………………………………………………… 025

孔灵村 …………………………………………………… 031

周坑村 …………………………………………………… 037

蜀马村 …………………………………………………… 042

尚田村 …………………………………………………… 047

伏岭村 …………………………………………………… 051

胡家村 …………………………………………………… 056

湖 村 …………………………………………………… 062

北 村 …………………………………………………… 067

水 村 …………………………………………………… 072

西川村 …………………………………………………… 077

江南村 …………………………………………………… 082

碛头村 …………………………………………………… 087

尚　村 …………………………………………………… 092

霞水村 …………………………………………………… 096

鱼龙山村 ………………………………………………… 101

松木岭村 ………………………………………………… 105

大石门村 ………………………………………………… 110

龙川村 …………………………………………………… 116

瀛洲村 …………………………………………………… 122

仁里村 …………………………………………………… 128

汪　村 …………………………………………………… 134

大谷村 …………………………………………………… 140

冯　村 …………………………………………………… 145

镇头村 …………………………………………………… 151

坦头村 …………………………………………………… 157

庄团村 …………………………………………………… 163

泾　县

马头村 …………………………………………………… 173

新元村 …………………………………………………… 179

赤滩村……………………………………………… 183

章渡村……………………………………………… 188

中　村……………………………………………… 193

乌溪村……………………………………………… 198

小岭村……………………………………………… 204

靠山村……………………………………………… 209

后山村……………………………………………… 215

九峰村……………………………………………… 221

郭峰村……………………………………………… 226

黄田村……………………………………………… 231

宝峰村……………………………………………… 237

涌溪村……………………………………………… 242

西阳村……………………………………………… 248

马渡村……………………………………………… 252

溪头村……………………………………………… 258

安吴村……………………………………………… 263

官庄村……………………………………………… 267

双河村……………………………………………… 271

桃花潭村…………………………………………… 275

龙潭村……………………………………………… 281

厚岸村……………………………………………… 287

查济村……………………………………………… 293

茂林村……………………………………………… 299

潘　村……………………………………………… 304

南容村……………………………………………… 308

梅　村……………………………………………… 313

奎峰村……………………………………………… 317

铜山村……………………………………………… 322

凤　村……………………………………………… 326

浙溪村……………………………………………… 330

旌德县

江　村……………………………………………… 335

庙首村……………………………………………… 341

乔亭村……………………………………………… 349

朱旺村……………………………………………… 355

玉屏村……………………………………………… 360

仕川村……………………………………………… 366

合锦村……………………………………………… 373

隐龙村……………………………………………… 379

大礼村……………………………………………… 385

宁国市

胡乐村 …………………………………………………… 393

千秋村 …………………………………………………… 400

山门村 …………………………………………………… 406

港口村 …………………………………………………… 415

仙霞村 …………………………………………………… 423

白茂村 …………………………………………………… 430

宣州区

小胡村 …………………………………………………… 439

前进村 …………………………………………………… 445

七岭村 …………………………………………………… 449

郎溪县

裴　村 …………………………………………………… 455

罗市村 …………………………………………………… 461

广德市

宏霞村……………………………………………… 469

耿　村……………………………………………… 474

月克冲村…………………………………………… 479

附　录

宣城市中国传统村落一览表……………………… 485

绩溪县

上 庄 村

胡清宇

　　从绩溪县城出发，沿着新开通的绩谭（绩溪至黄山区谭家桥）旅游快速通道，只需20来分钟就到达古村上庄了。站在进村路口的观景平台上，极目远眺，但见大会山下，竹竿尖脚，田畴连片，阡陌交通；常溪河畔，鸟语花香，炊烟袅袅，村舍连连，绵延数里……令人不由得感叹：上庄，好大一个村庄！

上庄全貌

　　上庄之"大"，在于历史悠久，源远流长。上庄的建村史已逾千年。1983年，村边霞井山背面出土磨制穿孔石斧，可见上庄一带早在新石器时代就有先民生活于斯。上庄，古称八都，别名上川。"先有后岸、杨林，后有上川。"宋代以前，上庄一带就已兴盛，有"十里杨林镇，五里后岸街"之说。南宋年间，胡氏由邻近的宅坦村迁到上川，经历代繁衍，人多势众，远超原住民其他诸姓，成为"明经胡"的聚居地和名闻遐迩的望族。上庄毗邻歙县、旌德、太平，人称"一村连四县"，人口规模在县内排名前三，确为大村。

上庄之"大"，在于钟灵毓秀，物华天宝。这里峰峦叠翠，绿水逶迤，"其山清以旷，其水环以幽"，别具一格。村庄坐落在芦昆常盆地腹部中端，三面环山。其地理形势正如古人所赞，"竹竿峰前，山萦水聚；杨林桥畔，星罗棋布"。村庄选址枕山、环水、面屏，藏风聚气。位于村东的杨林水口，常溪河水流潺潺，巨石嶙峋，拱桥卧波，古树婆娑，捣衣声声。古人曾提炼出"上庄八景"：杨林夜月、曲水澄澜、井阜松风、慈山晚钟、金山茗雾、竦岭积雪、西岩瀑布、竹峰插云。每一景都有优美的意境和动人的故事。胡适先生曾引用杨万里的诗句赞美家乡美景："万山不许一溪奔，拦得溪声日夜喧。到得前头山脚尽，堂堂溪水出前川。""绩溪有三绝，山清又水洁。纯朴好民风，桃花源无别。"——这是我国现代著名诗人汪静之的诗句。

上庄山多地少，但山肥土沃，物产丰富，茶有"金山时雨"，菜有"一品锅""塘鱼烧冬瓜""焖蛋""汁肉"等等，极具地域特色，是徽菜的名品佳肴。上庄是"一品锅"的正宗原产地。传说乾隆皇帝下江南来到上庄，遇一农妇用"一锅熟"热情招待，食后大加赞赏："此菜味道鲜美，真乃一品锅也！"一时间，农妇成了岭北一带的红人，村民们争相仿效烹制一品锅，"一品锅"因之声名大噪，代代相传。"吃锅"成为上庄村落文化的一大特色。胡适任驻美大使时，曾用"一品锅"招待美政界要员，故又称"胡适一品

绩溪一品锅

锅"。时至今日，"一品锅"已成为游客来绩溪必点的招牌菜。

上庄以商贸重镇而著称，素有"小上海"之美誉。改革开放之初，敢为人先的上庄人就创办了多家股份制企业，在皖南地区乃至全省小有名气。到20世纪90年代，形成了徽墨、徽雕、绢花、人造金刚石、玩具、名茶制作、木竹加工六大产业格局，被列为全省重点中心镇。如今，乘着乡村振兴的东风，上庄的发展更是日新月异。以上庄村为中心的"雕刻时光小镇"被省政府批准为第一批省级特色小镇，由绩溪县政府和安徽出版集团联手打造的4A级景区正有序推进，设计新颖的旅游接待中心已竣工。

上庄之"大"，在于文化厚重，名人辈出。上庄的村落内部格局为木排形，呈蓄势待发之势，那条条水圳宛如根根圆木，鳞次栉比的民居构成排体，木排靠水的浮力支撑，河如缆绳，群峰围绕如港湾，山峦起伏如波涛，常溪河下游开阔的原野，就好比那浩瀚的江湖海洋……如此规划极富象征意味，彰显了上庄先人的超群智慧和良苦用心。村中街巷众多，蜿蜒曲折，纵横交错，犹如迷宫，旧有"九十九条弄堂巷，货郎进村难出村"的民谚。全国重点文物保护单位——上庄古建筑群，包括胡适故居、胡适私塾、胡传旧居、胡寿基宅、敦履堂、胡开文旧居和胡开文纪念馆等明清和民国时期的古建筑。

胡适和胡天柱是同村同姓的两大名人。胡适是拥有36个博士头衔的"五四"新文化运动先驱，被誉为20世纪中国最有世界影响力的学者和思想家。胡天柱是徽墨工艺的集大成者，人道是："天下墨业在绩溪，制墨高手在上庄。"胡开文墨业百年传数代，经历了"独占鳌头、遍布全国、走向世界"的辉煌历程，"胡开文"这块金字招牌成了墨文化的代名词。

此外，还有国家级非遗手龙舞的代表性传承人曹五根，就是上庄村土生土长的村民，省级非遗火马舞（又名扮昭君）起源和流传于此。上庄也是徽州木雕的重镇，古有木模雕刻大

胡适故居

师胡国宾，胡适故居内的兰花雕版就出自其手；现代有青年农民、安徽省工艺美术大师倪振兴创办的"徽雕文化园"，传统的徽墨产业在上庄历久不衰。从2007年起，上庄已连续举办十一届"安苗节"，把"安苗"这一绩溪特有的传统农事民俗演绎得精彩纷呈，成为远近闻名的文旅节庆活动。

有幸在上庄镇政府工作了八个年头。多少个日夜，我曾沿着常溪河溯流而上至其发源之深山，也曾徜徉于杨林桥畔，沿着曲折的石板巷道，一次又一次带人游览胡适故居，这无数次的探寻和感悟，使我由衷地为上庄的秀美和神奇而折服。村庄就是母亲温暖的怀抱，就是我们精神的家园。从这个叫上庄的村子里走出去的胡适先生，漂洋过海成了世界著名学者，"身行万里半天下，眼高四海空无人"，但客居他乡，先生念念不忘的是家乡幽谷中的兰花草，"我从山中

来，带着兰花草"，还有"土"味十足的"一品锅"……胡适为这片生养他的土地留下了宝贵的遗产，那就是他对中国命运的思考，对中国文化传统的反思。

红门楼

多年前，我陪同著名学者冯骥才先生考察上庄，冯先生说："古村落是一笔巨大的财富。记着一个村名去探访古村落，你就能强烈地感受到诸多的历史文化信息在这里传承并向外界折射。从某种意义上说，保护古村落就是保护传统文化的根。"

上庄是享誉海内外的文化名村，上庄之于绩溪乃至安徽都是一张亮丽的名片。这里具有"中国传统村落"的典型特征，建村历史悠久，村落选址讲究，建筑环境和风貌古朴雅致，具有独特的民俗民风，自然与人文水乳交融，虽历经沧桑，但至今仍然生机勃勃。

上庄，是一块曾经创造传奇并且至今仍然充满神奇的土地。

石家村

胡清宇

　　皖南古村落大多依山造屋，傍水结村，而以姓氏命名的石家村却是一个特别的存在。石家村以其精妙构思与独特个性，成为古村落中的一朵奇葩和绝版之作，为中国建筑史上独一无二的"棋盘式"村落。

　　石家村的开族始祖石荣禄，为大宋王朝开国元勋石守信十五代孙，其祖父石迁元初登进士，元代中期任歙县主簿，举家从金陵迁至歙县。石迁生有四子，第四子石尚信即石荣禄之父。元朝至正年间，荣禄父母同月双亡，他于百里之外的歙州城运双亲灵柩，葬于绩溪七都旺川山麓，在双亲墓旁凿井修庐，守墓尽孝，披风沐雨数载（墓旁所凿水井至今犹在）。后他又将全家迁来旺山脚下定居，渐成石家村，至今已有600多年。

　　谷雨时节，我走进这个小巧玲珑的村庄。公路边的桥头立有一座牌坊，正反两面分别书有"凝烟含紫"和"一村北向"八个大字。和我国传统民居大多数坐北朝南的习惯相悖，石家村的规划选择坐南朝北，全村的宗祠、厅屋和所有的房舍均朝北，这种罕见的"一村北向"与其他古村落相比显得特立独行。其原因主要有三：其一，村址位于旺山北麓，而绕村河流在北面，向西流去，依据古代"枕山面水"的风水原理，选择房舍门户朝北；其二，石家村先祖石守信籍隶河南开封，而溯源石姓发源于甘肃武威，均在北方，有纪念先祖、怀念故土之意；其二，石家村人历代寄命于商，"经商以北为利"，坐南朝北也为经商治家讨了个好彩头。恰如古人诗云："看一村人家门朝北向，观十里溪水流向西方。前有游鱼可钓，后有山花自芳，如此小桃源乐无央。纵有一支妙笔，难绘此村庄。"

从空中俯瞰，整个村庄外围山拥水抱，地形地貌呈椭圆形；而村庄内部巷道阡陌交错，方正笔直，呈现出刚正之质。中国传统文化外圆内方、刚柔相济的处世哲学和人格理想，在石家村的建筑布局中得到了完美的体现，其所蕴含的人文内涵让人惊叹。

村口西端，清澈的小溪哗哗流淌，一座古石桥静卧河面，不远处矗立着一座魁星阁。小桥流水亭阁，绿树婆娑，山花烂漫，构成一幅清新秀雅、古意悠长的图景。魁星阁正西面花槛门上端匾额上书有"胜揽溪山"四个大字，立柱上的对联为："十里西流溪水绕青襟翠带，一村北向山峰环凤阁龙楼。"这是1982年重修魁星阁时，由安徽省政协原主席张恺帆根据原文书写，而原撰书者是一个年仅13岁的少年石润光，此事一直被村人传为佳话。清风徐来，魁星阁上的铃铛叮当作响，仿佛诉说着沧桑岁月和昔日辉煌。

魁星阁始建于清乾隆初年，为国子监生石承谟独资修建，目的是鼓励族中子弟苦读上进，博取功名。传说，这座飞檐翘角、古雅秀致的魁星阁，在建筑设计上还暗含"反清复明"之意，用心颇为良苦。传说的真伪如今或许难以辨别，而魁星阁作为石家人崇儒尚文的标志性建筑和宗族聚落文化的象征，见证了石家村文风昌盛的历史。清乾隆至光绪年间，石氏子孙有进士、举人、副榜、贡生、太学生等20多位；民国时期，该村有海外留学生3人，成为著名科学家和社会贤达；解放后，小小的石家村先后走出了30多名大学生，其中有两名市级高考状元。

　　走进村内，深入巷道，方能真切地感受到石家村的独特和神秘。村中巷道纵横交错，平行规整，九条经线横贯全村东西，五条纬线纵穿南北通道，形成路路相通、阡陌互连之势，酷似棋盘，纵如五路兵卒通道，横似九条车马之径。村道经纬线都用花岗岩铺垫且铺法略异，独具匠心。经道直铺，每块石板长1.5米，两端留下的空隙之地全用鹅卵石垫垒而成；纬线横铺，每块石板长1.5米，全长150米。棋盘道经纬线路旁均筑有落檐水沟，笔直通达，一线成行。民居鳞次栉比，排列有序，清一色的徽派风格，雅秀精致，砖木石

石家村的棋盘式布局

雕刻技艺精湛，品位高雅；一些房屋的门楼窗楣装饰雕琢简洁大方、古雅秀逸，上方题额文雅而清秀，诸如"北斗含光""文明大启""朱帘卷雨""清辉贯斗"，等等。若遇雨天，屋檐落水如垂帘挂幕，玉珠晶莹，细瀑飞流，散花溢彩。村内有非常完整的明沟暗渠排水系统，水流通畅，村庄虽傍河道，却从未有过水患，路道也无积水残留。

　　村北面建有更鼓楼，南面建有天灯柱。村内巷道尽头建

有弄门楼（又名路楼），既能让行人躲雨歇脚，又能在早晚定时开启闸门，村民出入方便，居住安全，宛若一座城堡。路面上每隔10米左右铺一个活动的青石板，踩上去"咕咚"作响，提醒村民警觉，称为"响石板"，如此"暗藏玄机"的设计，为石家村所独有。

　　游人至此，不禁要问：石家村为何有如此棋盘之设计？村中代代传言，石家以战功起家，村落布局故也模拟行军大营的格局；也有说是为纪念石氏先祖石守信当年常与宋太祖赵匡胤对弈场景而刻意设置的。总之，这棋盘格局是大有来头的，悠悠古巷的那头牵连的是北方远祖，蕴含的是家族的荣耀和辉煌。中华民族慎终追远、生生不息之传统，在石家村的石板路上薪火相传。

　　石家村石氏宗祠始建于明朝万历年间，因年久失修现已成废墟。祠前建有一方人工矩形池塘。塘埂以块石垒砌，四

石家村的老宅

周路面则用条石铺筑。与其他人工池塘不同的是，该池中央筑有一个长约2丈，宽、高各1丈左右突出水面的石墩，墩上种有柏树两株，四周翠竹丛生。这个池中石墩象征石氏先祖石守信的帅印，故名为"印墩"。"印墩"上的两株柏树是象征帅印之柄，而印墩四周的翠竹则象征石守信品格的高风亮节。

石氏宗祠内原藏有一幅题为《武威石氏源流世家朝代忠良报功图》的巨幅版画，为镇村之宝。版画高188厘米，长267厘米，正四边刻有龙纹。该图记载了石家村石氏先祖的功勋和家族荣耀，作品主题鲜明，场面宏大，布局精巧，功力极其深厚，是国内现存为数不多的古代巨幅版画精品。20世纪50年代，村人交由安徽省博物馆收藏。

石家村自元末开族，至清代、民国，逐渐由农耕为主演变成一个以读书和经商为主的"文化村"。据老人回忆，20世纪二三十年代，村里约有80户，人口近200，务农人口仅"一户半"，大量农田租佃给邻村农户耕种。石家商人诚信经商，誉满大江南北，尤以经营国药业而著称，其中，"石恒春""石翼农"等药店商号名闻遐迩，被誉为徽州的"中药泰斗"。

石磐安先生是石家村人，从上海退休后回到家乡，挖掘整理了大量石家村的历史文化。据石先生考证，石家村以孝义为本、行善为乐来管理村庄，形成了一套服务和造福乡里的族约乡规，有些制度至今看来仍然有一定的积极意义和借鉴作用。如自清朝康熙年间开始，石家村在全县带头改革"祭田"制度，将族人捐献的"膳莝田"归集体所有，以缓解贫富不均和改善族人的生活状况。建立"学田制（又称斯文田制）"，所收田租用于奖励科考学生。石氏宗祠建立的积谷救济制度，是以无息借贷（稻谷）的形式，在青黄不接和灾年饥荒时救济村民。此外，还有敬老爱老、护林护河、环境卫生等方面的规矩制度及约定俗成的传统，等等，使石家村成为古代村落文明的典范。

石家村背后的旺山上原有一棵高大的千年古松树，村民称之为"抱祖松"。大约在2001年前后，这棵见证沧桑历史的古树出现枝叶枯萎的"病象"。一年后，"抱祖松"在人们的惋惜声中悄然死去。或许，万物生命皆有期限，"抱祖松"虽然无可奈何地枯萎了，但它所庇护的石家村，作为"古村落构建的典范，聚落文化的代表"所拥有的历史文化价值却是永恒的。

旺川村

叶 雨

旺川是福地。这里处于绩溪县翚岭以北，芦昆常盆地的中心地带，古人将其地理形势称为"枕会山而襟昆水"。会山，指大会山，昆水即昆溪河。

大会山南麓有一突起的山冈，名为岩前山。山峰平直，海拔600余米，旺川村坐落在岩前山南麓，岩前山如同旺川村的椅背。东面的马鞍山像一只大象的鼻子伸到昆溪之滨，西面的青萝山似一头踞坐的雄狮。村后的岩前山九道山冈，似九条巨龙腾跃而下，称为九股龙脉，正中一股直贯旺川。东象西狮成为村庄的左右扶手，气势雄伟，钟灵毓秀，乃兴阳宅建村庄的理想之地。

发源于大会山的昆溪，自西南而东纵贯村中，将村庄分

群山环抱的旺川村

为河北、河南两部分。村外一片田畴，正南面是笔架山，成为村庄的屏障。村北自岩前山流出的一股水自北而南注入昆溪，据堪舆家"水向西流，村庄必富"的说法，用人工开掘一道沟渠，沿古村正街上行将水引为西流，然后注入昆溪。村南平畴沃野，成片农田达1800亩，称为"旺川畈"，其规模在全县名列前茅。远山如黛，田园遍布，四季庄稼，色彩斑斓，美不胜收。古代有题诗赞美"旺川十景"：古塘秋月、镜屏夕阳、云崖石窟、扬株飞瀑、青萝涌翠、昆溪石桥、旺水澄清、高墩远眺、灵井清泉、彩云映潭。

旺川有旺族。新安曹氏居婺源汪口，其后裔一支曹仲经于宋景德二年（1005）迁至大会山麓，长子名小六居旺川。在此之前，已有汪姓人居住于此。曹氏初来时，依昆溪而栖居，因以"曹溪"为村名，及至旺川曹氏六世祖伯四公，精通堪舆地理，站在三圣堂之巅，遥望村庄，见"山水融结，得阴阳之气，运化神机，地灵汇聚"，认为此乃兴旺之地，就易名为旺川。

元代将绩溪县划分为15个都，旺川为七都之首村，故又名七都。曹姓在当今中国姓氏排名中居第32位，为古徽州"新安十五姓"之一。据村中保留的一本《应星日记》记载，明崇祯十四年（1641）村中有男丁4450人，加上妇女老幼，当年旺川人口总数应在万人以上，是名副其实的"千灶万丁"。现有人口近2400人，仍为全县数一数二的大村。

20年前，我在当地工作时听老辈人说，旺川人自奉为曹操后代，做会唱戏从不演"三国戏"里的《捉放曹》《击鼓骂曹》，邻村若演"骂曹"之类的戏，旺川人就仗着村大人多而去"砸场子"。2013年1月11日晚上，中央电视台报道，复旦大学通过DNA比对，在全国找到九支曹操后人，分别来自安徽绩溪、安徽亳州等地。绩溪旺川自宋代以来就是曹姓的聚居地，现曹姓居民占90%，全村姓曹的人共一个始迁祖，子孙繁衍，历代都有外迁的，遍布全国各地及海外，所以安徽绩溪指的就是旺川这一支，而且排在九支的首位，这就毫无疑义地说明旺川曹氏是曹操的后人。一时间，媒体争相报道，旺川声名鹊起。

旺川名人多。旺川曹氏家族源远流长，兴旺发达，崇文重教，人才辈出。村中历代的文会、书院、经馆、私塾不下数十处。1904年、1915年先后创办了振起小学和旺川私立萃升高等小学校。1918年绩溪县共有小学40所，为安徽省各县之冠，其中旺川有萃升高小及萃升、成教、振起、集贤等国民学校5所，占全县学校总数的1/8，在校学生163人，居全县各村之冠。据宗谱记载，自宋代以来有进士8人，举人25名，贡生75名，生员（秀才）282名。近代以来，有著名矿冶工程师曹诚克、天文学家曹谟、电影机械工程师曹强、我国早期金融家曹潢以及曹强、曹助我、曹天宁、曹天守、曹建树、曹天玷、曹诚渊、曹浣等一大批著名学者、专家、教授、工程师和企业家。旺川旅外知名人士曹浣、曹诚渊于20世纪90年代，先后捐款300余万元，支持家乡教育事业，并设立"曹时旺教育基金会"，资助贫困学子和奖励优秀学生。

曹诚英生长于旺川，是一位学贯中西的学者，

村南书所

曾留学美国康乃尔大学，是绩溪第一位女留学生，后成为我国农学界第一位女教授，终身从事遗传育种的教学和科研工作。她是一位才华横溢的诗人，也是一位情系家乡的乡贤，早在1929年她就撰写了《安徽绩溪旺川农村概况》一文；曾多次捐款为家乡修桥、办学和购买农机；晚年回乡定居，逝后归葬故里。曹诚英曾说"仰面求人，不如低头拜土"，"祖国爱我，我爱祖国"是她毕生的信念。

曹诚英故居

旺川胜迹多。旺川村素以"五多"，即民居古建多、祠堂庙宇多、文会书屋多、古桥水碓多、牌坊亭阁多而闻名于古徽州。古牌坊10座，是绩溪三大牌坊群之一。曹氏宗祠名列绩溪五大宗祠，始建于明万历年间，清代毁于兵燹；清同治四年（1865）至民国6年（1917），历时52年重建。现为村小学。"九思堂"是曹氏支祠，堂内留有7幅壁画，内容有太平军攻城、进军图、神怪小说故事画和俚歌、题字等，为国内所罕见，是太平军转战徽州的历史佐证，1961年被公布为省级重点文物保护单位。

昆溪河自西向东穿村而过，河面宽30余米。河中筑有一道水坝，拦截溪流注入沟圳沿村边流入农田。从源头大会山脚下到注入大源河，这条长不到8华里的昆溪河上筑有15座石桥。这些各具特色的桥梁，建造时间跨越明代至清代，其中拱桥约占一半，三孔以上石桥10座。如此多的石桥，实为一大奇观和珍贵的历史文化遗产。

走进旺川，迎面是一座高大的石牌坊，正反两面上书"锦里毓秀""光前裕后"八个大字。徜徉于旺川古村，人们总会惊奇于这里的石板路。全村大街小巷均铺成石板路，非常平整，路边有排水沟，大雨过后稍候便干。历代先民扩造沿山石塝，并就近取石筑路，以利行人，大部分石板路至今仍保存完好，总长约有6000米，在全县众多的古村落中独树一帜。

十字街是旺川古村的核心，长近千米，中段呈十字交错，曹氏宗祠（敦叙堂）即坐落于此，现建有文化礼堂和延龄阁等。十字街始建于南宋乾道年间，历经800余年的沧桑岁月，光滑圆润的石板上透现出古铜色的光泽。村中还存有明清至民国各个时期的徽派古民居40多幢，其中八部通转楼两幢，六部通转楼十余幢。这些古民居上镌刻着许多门楣匾额，如"祥迎日起""聿修厥德""坦荡之居""花萼相辉""瑶琴一曲""欧化东流"等等，匾额文采卓然，字迹秀雅，折射出旺川古村的文化品位。

如果说，诗意山水是传统村落的"韵"，古建筑是传统村落的"形"，那么历史文化就是古村落的"魂"。旺川，就是形神兼备的千年旺居之地。

宅坦村

胡清宇

21世纪初，我在绩溪县上庄镇政府工作，班子分工我联系宅坦村，因此三天两头往村里跑。2001年夏季的一天，村委会主任和我说，他在搜集村史资料的时候，意外发现明嘉靖三十五年（1556）编印的《龙井胡氏族谱》和清乾隆版明经胡统宗谱，后来又陆续发现并整理出数千册明清以来的宗族祠堂文书和新中国成立后各个时期的村务档案和印章等，时间跨度之长、数量之多、内容之全，实为罕见，足见该村文化底蕴之深厚，被誉为"村级档案的瑰宝"和"中国村落文化的活化石"。

从那之后，宅坦这个千年古村重新被世人所认识，新华社、安徽电视台等媒体竞相报道，影响剧增。在村"两委"负责人的带头努力下，先后编印了《龙井春秋》《宅坦村志》，成为安徽省唯一的村级建档示范村；成为南京农业大学、上海大学、南京大学等多所高校研究家风家训文化、徽学、社会学、人类学、宗族制度及"三农"问题的教学实习基地，共接待包括清华、北大、华中科大等国内著名高校师生、专家及美、法、日、韩等中外学者100多人前来寻访。宅坦村也先后被评为中国特色村和省级示范文化乐园，2016年获批中国传统村落；国内众多专家学者以宅坦村作为个案研究而出版的专著和论文近30部（篇）。近年来，绩溪县胡雪岩研究会也在宅坦村建成安徽胡氏著作收藏馆。

宅坦村全貌

　　宅坦村位于绩溪县上庄镇，竹峰山逶迤东来，葫芦岭、长岭北南环抱，整个村呈"飞鸟"形。村庄历史可追溯到宋代以前。宋开宝末年，"明经胡"始祖胡昌翼任绩溪县令，送子胡忠到县西龙井村（宅坦村前身）就读，后安家于此。六年后，胡昌翼调任浙江建德军，子胡忠随迁。宋景德四年（1006），胡忠从浙江建德复归龙井定居，成为宅坦胡氏的始迁祖。

　　关于村名的由来，从字面上看即为选择平坦处而建村。嘉庆《绩溪县志》载，该村有井，方形，深可三尺，水从石出，味甘而冽，旁有石兔二，并列而立，作回头状，虽旱甚不竭，名曰龙井，故村名又称龙井宅坦。宅坦在群山环抱中，其生存资源并不丰富，尤其是缺水。徽州古村落大多具有枕山、面屏、依河的特征，宅坦为何选在离河较远地理环境并不好的地方建村？民间传说，老早的时候先人散居在此，有户人家的母鸡走到芦苇丛中产蛋并孵了一窝小鸡带回家中，村人连连称奇，胡九忠一户率先举家迁往母鸡孵蛋处建房。此处常有野狗嬉闹交媾，村民见状以为是吉地，有利于家族衍生，遂陆续迁入，后来果然人丁兴旺，家族发达。

传说虽为乡间野谈，但从中却可领会到先人对生殖文化的崇拜和期盼家族兴旺发达的朴素理想。

宅坦村因为缺水，故历代村民为建村而颇费了一番心思，在山间营建起蓄水8000立方米的深塘水库，然后开沟筑渠引水入村；村中又掘井挖塘，全村内外有水塘170多口，水井4口，各塘之间均有明暗水道相通，由此形成独特的塘多井多、"无水有龙"的特色村庄水系，全村80%的水田靠塘水灌溉，同时救火应急的消防功能也十分显著。村中有一口人工大塘，名为"慕前塘"，占地面积近4亩，由九支派的胡姓族人共同挖掘而成，周边有九角，泄洪有九孔，塘坎有九级，以显示九门有功德，九门共拥有。置有桥、亭和栏杆，天光云影和徽派民居倒映水中，景致优美，成为宅坦村的标志。水塘防火灭灾，塘水养育代代儿女，实为宅坦的"母亲塘"。依靠从山中引入之涓涓细流的滋润，宅坦村逐渐繁衍壮大，文风蔚起，教育大兴，名贤辈出，成为"千年之冢，不动一抔；千丁之族，未尝散处；千宅谱系，丝毫不紊"的

宅坦村景

绩溪望族之一。

宅坦是明经胡氏的聚居地。宗族聚居须具备四个要素：族谱、祠堂、族产和祖墓，宅坦四者皆有。昔有宗祠十余座，其中始建于明代天启年间的胡氏宗祠（亲逊堂），占地面积约5亩，规模巨大，气势恢宏，造型独特，其最大特色是前进分为三屏风楼和五屏风楼，100根柱落地，其中一根暗柱砌在夹墙中。昔为县内三大祠堂之一。祠联云"旧址继发祥世长远追宋开室，深山经大劫遗规犹见鲁临光"。尤为可贵的是，胡氏宗祠还存有会议录、平粜记录本、完税票据、修祠章程等数量众多的宗祠档案，其中抗日战争时期的收支账本详细记载了村人支持抗战的具体过程、事例和经费开支，生动地体现了宅坦胡氏家族的民族大义和家国情怀。2014年，在胡氏宗祠的旧址上修建了宅坦村博物馆，建筑面积近1800平方米，设有10个展厅，在全省名列前茅，纳入国家免费开放资金补助范围。

宅坦村博物馆

宅坦的村庄布局独特，主街为三横三竖，将全村划为南北两半和上下三片，外围再筑环形道。中门街上建有两座颇具特色的门楼，上书"绿野天长""天光云影"。街巷交错处辟有场坦，方便村民集聚娱乐和办理红白喜事。徽派民居的门楼常有题字，如"家学渊源""竹岳钟灵""堆云卷雪""迎月"等，文化气息浓厚。

早在北宋年间，龙井宅坦就建有一流的书院，吸引县令送子前来读书。宋景德四年（1007），胡忠创办桂枝书院，以兴一乡儒学、育一族之英为办学宗旨，声名远播，被史学界公认为安徽省最早的书院，龙井宅坦当之无愧地成为徽州文化的发祥地之一。宅坦历代通过科举考试而入仕者140多人，清代出了胡延龄、胡志浩和胡宝铎3名进士，举人、秀才50余人，近30人著书立说。胡宝铎同光年间在京城为官，领三品衔，曾力荐胡适父亲胡传（铁花）入仕报效国家。民国时期胡梦华，才华横溢，一生传奇，不足20岁即蜚声文坛，与鲁迅、梁实秋等多有笔墨交往；天津解放前夕，胡梦华以社会局局长的身份掩护中共地下党同志，并妥善保护社会局等单位的档案资料，解放后完整移交给人民政府，1979年被定为"爱国人士"，直到临终前，他还嘱咐身边亲人要以"爱国主义为重"，逝后骨灰安放于八宝山革命公墓。新中国成立至今，宅坦籍的教授、博士、高级职称者有40余人，其中胡昭望、胡昭圣、胡昭呈、胡昭全、胡昭璧五兄弟均为国内知名大学的教授（高工）。

在漫长的岁月里，宅坦村人行商万里，累积财富，反哺乡梓。民国时期，村人在12个省76个县开设店铺近50家。现村内存有一张老照片，是民国15年（1926）宅坦村旅沪经商者50多人的合影，当年商贸兴盛可见一斑。改革开放以来，村民积极投身市场经济，陆续创办了旭龙山庄有限公司、上庄老胡开文墨厂、龙井福利纸箱厂、黄山、新星、宏达玩具总厂等多家私营和股份制企业，占全镇企业的半壁江山。

宅坦村的民间文化艺术活动源远流长且颇具特色，诸如舞龙灯、舞狮和嬉灯等，尤以蚌壳舞和游花船最为盛名，近年来多次参加镇、县举办的民俗展演活动。这一带还有一个独特的文化习俗，但凡婚丧寿庆、营造乔迁，亲朋好友除馈送钱物纪念品之外，还要送上一幅与东家办事主题相吻合的对联作为贺礼，并习惯把礼尚往来叫作"担（拿）对联"。因此，每逢办红白喜事的人家，堂前两壁都会挂满对联，彰显出宅坦村文化的不同特色。

宅坦村的路亭众多，如风乎亭、踵息亭、翼然亭、白屋亭、继丰亭等，其中位于葫芦岭的"可止亭"上有一副对联："送君千里，终有一别；步此心贴，期可时待。"

此刻诉说过往，畅想未来，宅坦来日胜景"期可时待"。

余 川 村

叶 雨

百余年前的1917年春节，绩溪县岭北余川村一位名叫汪静之的少年，写了一副春联"三面青山展画景，一条绿水奏琴音"，贴于祖居的大门上，生动地描绘了家乡的美丽风光。汪静之14岁时即被父母送到武汉亲戚的茶叶店里当学徒，但他不愿站柜台，于是就写信给父亲希望回家读书，还写了十几首七言绝句寄回去，父亲看了就流眼泪，讲给母亲听，母亲也流眼泪，他们想没有办法，这个儿子只好让他读书了。五年后，20岁的他在杭州与潘漠华、冯雪峰等成立"湖畔诗社"，出版了中国第一部爱情诗集《蕙的风》。汪静之是我国新诗发展史上的先行者，为中国新诗和新文学的发展做出了重要贡献。山明水秀清幽境，陶我天真童稚心，

竹竿山下

汪静之魂牵梦绕的故乡余川，是诗意的不竭源泉。以此为源头，汪家祖孙四代均为作家、诗人、画家，成为书香传承的"文艺世家"。余川与胡适故里上庄毗邻，1920年和1921年胡适的《尝试集》和汪静之的《蕙的风》相继出版，开新诗创作风气之先。竹竿山下、常溪河畔，是中国新诗的故乡。

时至今日，当我们走进余川村的时候，依旧能强烈地感受到这里深厚的文化底蕴，徽风徽韵令人陶醉……

余川地处黄山余脉，盛产竹木药材，适茶宜桑。山下是河谷盆地，沿河为水田旱地；常溪河绕村而过，几十条溪水于村边汇聚后分别于村西和村东汇入常溪河。其山水田园和村庄，处处呈现"百里花园"的秀丽风光。元末明初，汪氏（始迁祖为六胜公）自旌德新建迁来定居，经过600多年的繁衍、建设，现已成为汪姓大村落。早在汪氏迁来之前，这里是余姓聚居村，故村名为余村。余川村名极富意蕴和诗情，"余"为吉祥字，余、馀同音，有富余之意；古文中"余"即"我"，余村即我村——吾爱吾庐，我爱我村；村伴河川，"川"为村之脉——一脉相传，源远流长。

环秀桥

余川多桥。保留至今的百年古桥有7座。东南村口常溪河上的古石桥，建于清光绪二十三年（1897），由旅外商人捐巨资兴建。桥长30米，桥身高8米，四个桥墩，规模宏大，仅桥面上就铺有花岗岩石板478块。站在桥上望去，正如古人诗句所吟："百涧山泉汇合来，溪流环绕半村回。"桥名为"环秀桥"，意即环村皆秀，一派锦绣风光。

作为越国公汪华的后裔，余川人几百年来一直传承着"抬汪公"的民俗，每年正月十八（汪华诞辰日）"抬汪公"巡游，举行汪王祭、新年祈福；农历六月六，举办"汪公看稻"民俗活动，将"汪公菩萨"抬到田头，察看农家稻谷禾苗生长情况，按长势插上红、绿、黄旗，场面热闹壮观，这就是绩溪岭北名扬四方的"安苗节"。其间还有徽戏、舞龙灯、舞火狮、划旱船等表演，这是汪王家乡仅有，至今仍年年流传、原汁原味的"真民俗"，现存记载这一习俗的古石碑具有完备的非遗形态，被誉为"古徽州第一祭"。明末清初，有名士采薇子至余川开设学堂，清光绪中期开设蒙童馆；民国5年（1916），创办燃藜小学，教学质量闻名遐迩，人民教育家陶行知先生于1933年4月曾前来视察。

余川村有一个别号叫"余川牛"，这是将牛的那种百折不挠、开拓进取精神人格化。有诗云："牛，后坑一夜开到头，余川牛，芳名万古留。"传说古时，为消除暴雨洪水冲击村庄和解决后半村用水需要，村民齐心协力，一夜之间开通了一里多长的"后坑"水渠，成为"余川牛"佳话的缘由。据村志记载，清末因遭遇太平天国战乱，余川村人口锐减大半，余川人硬是凭着一股"牛劲"，在废墟上重建家园，历经百年，再造了一个美丽富饶的大村落。

余川人以牛自喻，以牛为自豪。凭着牛劲，代代余川人创造了骄人的业绩。好山好水育名茶，这里出产的茶叶色泽纯绿，茶味芬芳绵长，色香味形俱佳。明清以来，村人走南闯北，开设茶庄，创办茶号近20家，将这里的高山云雾茶带到全国各地。汪立政在上海创立汪裕泰茶庄，将家乡所产绿茶定名为"金山时雨"，光绪二十年（1894）慈禧六十寿辰入贡朝廷成为贡茶，1915年参展巴拿马万国博览会获金奖。20世纪70年代后期，历经三年挖掘、研制，此传统名茶重见天日。改革开放政策犹如及时雨滋润茶乡，"时雨"之名赋予了新的含义。20世纪末，青年农民吴建军牵头成立茶叶专业合作社；2015年，"金山时雨"申报农产品地理标志获得成功，成为安徽省首个国家地理标志登记的茶产品，被农业部命名为"全国一村一品示范村"，"金山时雨"绿茶制作技艺入选省级非遗，以茶兴农的带头人吴建军荣获全国劳动模范称号。

余川历史上在各行各业都有出类拔萃的人物，诸如学者教师、徽商巨富、名医能工等等，数不胜数。汪立政的徽商世家，在中国近代史上演绎了一段令人荡气回肠的传奇。汪立政生长在茶山，14岁去沪习商，24岁创设汪裕泰茶庄，成为茶叶巨贾。立政逝后，其子汪惕予接管店业，增设店号数家。民国8年（1919），为经销龙井茶，在杭州西湖畔购地百亩，耗银百万，建造汪庄别墅。解放后改建为西子宾馆（浙江省委招待所）。民国8年，汪惕予次子汪振寰自日本早稻田大学毕业归来，继承祖业。鼎盛时期，汪氏开设茶庄8爿，分店4爿，茶厂2个。汪家三代营茶，声名远播。汪惕予曾留学日本，精通中、西医学，后陆续创办了中国女子看护妇学校、中华女子产科学校、博爱医专，为中国新医学的发展做出了杰出的贡献，被誉为"中国西医之父"。他捐巨资为家乡修祠、办学校、建桥梁。民国14年（1925），汪惕予年届六旬，思乡之情日增，感念老家余川村民住房简陋，因此打算将全村房屋推倒重新规划建造，因上海汪裕泰茶庄的部分董事反对而作罢。这个故事后来被写进了《余川村志》。汪氏三代，薪火相传，历120年，"兴商为救国，学医为救民"，当为激励后辈的典范。

余川是一片红色的土地。1921年12月的一天，一位同学告诉汪静之：刚刚成立了中国共产党。夜深人静的时候，汪静之激动地写了一首诗——《天亮之前》，后来被学界公认为这是第一首歌颂中国共产党的新诗。如今这首诗被全文抄写在余川村水街的文化墙上，成为这个小山村与时代风云相激荡的见证。

1934年，中国工农红军抗日先遣队进入余川一带，并发生了两次战斗。解放战争时期，余川是新四军皖南游击队的重要活动地，建立了地下党支部，先后有两人为革命献出了宝贵的生命。1947年10月，中共皖南地委在余川召开会议，成立了绩、旌、歙三县人民政府，建立乡村民主政权。同年，在余川村西南3公里的龙颈山建了一个兵工厂。数月后，兵工厂生产出硝磺数十担，松树炮37门和大量的石雷，分发给歙东和绩溪七、八都民兵使用。1948年1月13日，国民党军

古村老宅

队向绩溪七、八都进攻，兵工厂生产的弹药、土炮给敌人以很大的杀伤。解放后，余川兵工厂制造的一门土炮被送到安徽省博物馆展出。

不久前，一位在贵州大学任教授的朋友返回老家余川，邀我等到余川聚会。其岳母烧了"一品锅"招待我们，席间畅谈余川村的发展变化。村党支部书记介绍说，近年来村里致力于打造"党建红·余川绿"的品牌，在产旅融合上持续着力，不断扩大"金山时雨"茶产业品牌效应和影响力，形成"家家有茶园，户户有收益"的良好局面，开发建设了汪裕泰茶文化博览园，同时还大力弘扬以家风家训为核心的优秀传统文化，村庄治理和谐有序。

余川，一个有着骄人历史和丰富文化沉淀的古村落，"红绿"相融，乡村振兴如火如荼，正日益成为人们向往的"诗和远方"。

孔灵村

叶 雨

作为中国传统村落，孔灵村古色古香，《新安志》《徽州府志》等古籍中早有记载，已有1800多年历史。由东面进村，迎面可见巷口石门上端刻有"古孔灵"三个苍劲大字，系明代著名书画家董其昌所书，成为该村的标志名片。

孔灵村背靠青山，村前河水清清。古街老屋，深院田畴，充满了古朴而清新的皖南山区生活气息，延续并保存着古村落的历史文化脉络。村北1.5华里处有一宋代的青瓷窑址，地面遗存面积达6000平方米。据专家考证，该窑址当年烧制的瓷器以青釉瓷为主，采用支柱叠烧法，胎骨坚密，施釉匀净，造型美观，装饰古雅。2000年12月上旬，"古陶瓷科学技术国际讨论会"在上海召开，会议专程安排来自欧美、韩、日等国家的20余名古陶瓷专家学者莅临孔灵窑址实地考察。

孔灵村口

孔灵位于绩溪县城西

南4公里的大源河畔，溪马河自东北流入村南之大源河，古称"双溪故里"。最早有孔、金、叶等姓氏居民，从南宋起汪姓一族繁盛，渐占主流。

孔灵的村名源自一个传奇的故事。据县志记载，西晋时期，有一位叫孔愉的名士，从浙江会稽避战乱来到新安徽岭山麓隐居，居于孔家山下一处半亩方圆开阔向阳的"高墩"之上，并改孔姓为孙氏。由于他德行皆备，为人友善，当地百姓很是敬重。自从孙愉入住于此后，白鼠经常出现，百姓甚觉惊奇，以为是神灵降物。后来，孙愉又不辞而别入朝为仕，其忽来忽往，被百姓传为"神人"，于是就将他居住的房屋建祠祭祀，至孔愉辞世后被朝廷敕封为"余不亭侯"时，百姓才得知他的真实姓名。为纪念孔愉，遂将其居处高墩称为"孔愉墩"，村名定为"孔灵"。《孔灵汪氏宗谱序》云："绩优孔灵者，以孔子二十五代孙孔愉寓焉，故名。"

到了南宋时期，绩溪西坑人汪原富为觅理想村居地来到孔灵，踏勘寻觅孔愉遗迹，在孔家山上采到了"灵芝"。经占卦吉利有加，遂定居孔灵。汪氏家族在孔灵繁衍生息，成为望族。其墓地在村后来龙山麓，墓门上书"宋朝迁祖汪公墓"。村内汪姓分前、中、后、祖、应、山、丑、良、齐、懿十门，横街竖巷，号称"十门头巷"。及至清末、民国年间，历经太平天国战乱和血吸虫病流行，孔灵村遭遇劫难，一度田园荒芜，人烟稀少，大量外来人口迁入，涵盖9省13县，成为县内独具特色的"五湖四海百姓村"。

古时孔灵北依新岭驿道，南临大源河，水旱两通，素为交通商贸重镇。元、明、清三朝孔灵均为绩溪九都都首，统领49村。明代以后，以孔灵为中心向周围外迁，其派生村庄皆以距孔灵路程来命名，如七里岗、九里坑等。村中有东、

孔灵村全景图

西两条街道，总长200余米，据老人回忆，民国时期有饭店、客栈、轿行、杂货店20多家。近现代以来，村中曾驻有多家企事业单位。民国25年（1936），安徽省立徽州初级农林科职业学校在孔灵建立，简称"徽农"，开创了安徽省职业教育的先河。1940年，创办富华贸易公司苏皖分公司孔灵缫丝厂。1953年，皖南区绩溪蚕种制造场由岭北迁至孔灵。20世纪80年代，注册的"黄山牌"蚕种畅销全国20多个县市，年产蚕种8万~10万张，占全省1/3，声名远扬。1951年以后，省、地、县各级陆续在孔灵建立了农场苗圃、血吸虫病防治组、粮站、园艺场、蚕桑学校、示范繁殖（种子）农场、农业科学研究所、农机化技术学校等。绩溪县水泥厂于1973年初建成投产，至2001年年产量达4.8万吨。上海"小三线"企业东方红材料厂于1967年5月兴建，1987年移交绩溪。2008年5月，北京奥运会火炬传递绩溪站的收火仪式在孔灵举行。

　　随着社会的发展，那些彰显过孔灵昔日辉煌的单位大多数已不复存在，但在历史的进程上无疑留下了深深的烙印，也为今日的乡村振兴打下了坚实的基础。

绩溪昔为江南丝绸之乡，孔灵为县内蚕桑第一大村，鼎盛时期年产鲜茧1000担以上。该村探索并形成了一套科学的饲养方法——春、夏、秋、晚秋"三季四次养蚕法"，在全省推广。进入21世纪以后，菊花和苗木种植兴起，外出务工、经商人员增多，村中有100余人在广东省四会市从事玉石加工和销售，为县内一大特色经济。近年来，通过招商引资，通过村级劳务发包公司、河道经营权改革试点、闲置资产出租发包等形式，集体经济收入大幅提升，成为远近闻名的富裕村。

走进孔灵村，但见石板铺路，巷道幽深，徽文化气息扑面而来。昔有孔灵十八景：千秋里、五马桥、仙桃满树、双溪垂钓、三望成村、西桥望月……建于明嘉靖十六年（1537）的汪氏宗祠（敬序堂），院宇宏敞，建造精良，式样堂皇，名列绩溪三大祠堂之一。祠堂左侧有一座上书"恩荣"的石牌坊，为明穆宗嘉奖汪家叔侄（汪遵及侄儿汪鲸）而恩准建造的"大夫第"。可惜这两座珍贵的建筑在20世纪四五十年代因火灾和人为拆除而消亡。现保存完好的古建筑仍有数十栋之多，以峻德堂、茶号老屋、本仁堂等较为典型。村东部原有一座民宅，是一座原汁原味的明代建筑，已有400多年历史，原主人程凤仙。该民宅后成为省级文物保护单位，被整体搬迁至县城"紫园"保护。现作为旅游景点的汪家大院，建筑面积1600平方米，布局精巧，曲折有致，雕饰华美，内有峻德堂主屋，还设计了南屏读书、临书别院、屏幽阁、紫瑞阁、忠烈庙、亲睦堂、活水开池、八角玄井、花厅戏台、叶里古庙、绿雨轩、桂蕊流香、涅坡别墅、来龙亭、一品夫人闺房、祖训家规厅堂等，是一座集徽派建筑大成的民居博物馆，是乡村旅游的好去处。

从古到今，孔灵村文脉相传，名人众多。据嘉庆《绩溪县志》所载，孔灵汪氏入志有40余人，其中举人7人，该村的影响力可见一斑。

生长于孔灵村的汪菊农，早年投身革命，1925年赴莫斯科中山大学学习，与张闻天、王稼祥等同学。1927年回国，"白色恐怖"中与党失去联系，后转入教育界。其特殊的经历见证了时代的风云变幻。1938年4月，中共徽州中心县委派党员汪永时到设在孔灵村的安徽

古村老宅

省立徽州农业职业学校开展革命活动。1939年3月，建立中共徽州农校支部，先后吸收了20多人加入党组织。1940年4月，中共歙、绩、休中心县委书记郑家琪，派女共产党员黄宝珍到孔灵丝厂当工人，以认干姐妹的方式发展党员，成立了4个党小组，在厂内秘密开展宣传组织工作，将革命的火种播撒在孔灵的土地上。

今日孔灵，无论是经济发展还是基层党建、村庄治理、脱贫攻坚、文明创建等诸多方面，都走在了全镇全县的前列，甚至在市里和全省都有些名气，获得了全省"美丽乡村

重点示范村"、全市"十大美丽乡村"等诸多荣誉，原村"两委"负责人当选为省十二届人大代表、全省农民创业带头人。孔灵村立足村情实际，通过找准为民服务的关键点和切入点，创新推行"八小工作法（小窗口、小党课、小活动、小产业、小扶持、小培训、小资源、小切口）"，打通服务群众的"最后一公里"，成为一大亮点。自2007年以来，连续为老寿星举办集体祝寿活动；连续14年召开大学新生欢送会，发放奖学金；定期慰问空巢老人、留守儿童。2023年，村集体经济还给村民进行了分红。近年来，孔灵村依托"小资源"发展"大旅游"，开发汪家大院景点，打造"水墨古孔灵、清溪竹海湾"旅游项目，构建县城后花园，投资规模达20亿元的虎山头旅游综合开发项目正在规划建设之中。

　　古孔灵里话春秋，千年古村展新姿。

周坑村

胡清宇

绩溪县周坑村位于登源河的下游地段，所辖的上下周坑、湖里、中王、高车、辇显等自然村，均为聚族而居的传统村落，其建村和发展的历史都可追溯到唐宋时期。

村名是代表聚落实体的一种语言符号，蕴含着浓厚的历史文化信息。

上周坑位于两山坑之中，故得名。主姓周，是绩溪周姓的始居地，始祖周垚于唐僖宗朝时为歙州刺史，值黄巢之乱，隐居绩溪县之虎头山（即十一都周坑），成为绩溪周姓的发祥地。其后裔分迁绩溪各地30余村，为绩溪大姓。现周坑东山坞还存有始迁祖墓，近年由族人集资修葺，每逢清明，周氏后人纷纷前来祭拜。

下周坑，又名鹤川，主姓王，新安一世祖为王璧，官封金紫光禄大夫、检校兵部尚书。至八世祖由歙县迁来此地。

高车村的历史已逾千年，最早由胡氏居住。南宋时期，村东登源河上有一座二丈直径的水碓车，又高又大，故取村名为高车。元时，始祖姜兼由浙江淳安户溪迁来高车，至今已有700余年。

湖里以胡、周两姓为主。湖里村在唐代以前就形成了集市，称通镇，取"通达安宁"之意。宋初，曾任绩溪县令的胡延政因羡爱登源山水秀丽，人气兴旺，就上书朝廷，请求赐居，后以姓氏名村，改通镇为胡里。后胡姓渐衰，周姓

湖里村的参天古树

兴起，两姓商定改"胡里"为"湖里"，含有水行舟之意，且"周"音谐寓意美好，皆大欢喜，亦成和谐村落文化之典范。

　　湖里隔壁的中王村，因胡延政〔宋乾德四年（966）因战功卓著被朝廷赐封为中王〕迁绩时初居隐张山麓（现中王村一带），故后人取名中王村。俗又呼此村为"中央"，系"中王"之谐变，亦兼取坐落在湖里和周坑两村中间之意。

　　周坑东去里许有小村名隐川，传说当年楚汉相争，张良大败，逃到登源河畔遇一老者指路，入山隐居洞中，渴饮泉水，饥吃山枣。次年春天，张良出山回营，临行前命随从将枣核撒在山上，后来山上枣树成林，每到秋季，红枣挂满枝头。

　　还有一个汪姓聚居村，名叫辇显，其得名也颇有意味，盖因古时村内多有达官显贵、巨贾大商，来往都乘辇轿，远远望去，高辇成群，尤显高贵，遂冠名"辇显"。

　　周坑下辖的几个村，沿登源河次第排开，真可谓村因水生，无水则无周坑。村庄背靠青山，北、南两端阡陌田畴，山、水、土地连成一片，风光旖旎，实乃稻粮鱼桑之乡。20
世纪八九十年代，湖里村的养蚕数量曾经达到户均一担茧，
位居安徽省村级之首位。村民房屋为清一色的徽派建筑，鳞
次栉比，古朴而典雅，尤以祠堂为显。如湖里的胡氏宗祠、
高车的姜氏宗祠，周坑的胡氏、周氏宗祠等。湖里的村庄布
局颇具特色，中间以石板街道为轴，由东向西布置南北走向
的巷道5条，宗祠、家庙、社屋及其民居一律坐北朝南安排在
街巷之中。在街道的西端有一过街楼，门额上书"湖里"二
字，楼上既是瞭望所，也是打更报时之处。

　　周坑村名胜古迹众多，彰显出山村特有的韵味。

　　汪坑岭古道原称梅关岭，由汪坑村越岭至歙县萌坑，是
一条通往浙江的徽商古道。岭头建有绩溪、歙县分界亭，上
书"径通古歙，路达华阳"。2016年以来，投资70万元实

汪坑岭古道

施乡村旅游整治项目，命名为胡雪岩商道，现为县级文物保
护单位。白杨岭古道位于周坑村西端石榴村与歙县交界处，
古时连接徽杭、徽宁两条官道，是歙、绩两邑挑粮经贸、生
活往来的交通要道。全程约12公里，青石板铺筑的道路保

存完好，沿途植被丰茂，清溪长流，还有许多路亭、灰窑和石碑雕刻，记录着历史的沧桑。中王桥位于湖里与中王村之间，跨登源河，始建于宋代，清代两次重修，1984年加固，原为县境最长古石拱桥，1986年列为县级重点文物保护单位。2000年被洪水冲毁，2003年重建，现为钢混结构桥。高车门楼位于村庄入口处，上书"经麓屏藩"。"经"指村后的唐经山，旧时建有唐经庵。高车胡姓有一支迁至县城遵义坊称"遵义胡"，明代出了工部尚书胡松，其父胡淳追封云南参政，死后葬于高车村南山坞中，墓前有石人、石马、石豕（现存县城三雕博物馆），村南原大路上骑建"大中大夫云南参政胡公神道"一座两脚石牌坊。湖里村有两处古瓷窑址，一处在村西一块坡地上，地面遗迹400平方米；另一处位于村西北部1500米的"梅树坦"，为唐宋时期的青瓷古窑址。

周坑人历来以耕读传家，还善于经商，历代入仕为官或营商致富者数不胜数，传说故事代代流传。

清代"红顶商人"胡雪岩是湖里人，现村中存有胡氏祖

胡雪岩故居

居。绩溪火腿传统腌制历史悠久,该技艺现已被列入县级非遗。高车村姜德荣曾于清光绪二十四年(1898)在浙江金华开办了当地较早的一家"新味和"火腿店,以传统的徽州火腿腌制技术称雄金华府,成为当地最大的火腿制作商,"新味和"成为金华火腿的金字招牌。后经红顶商人胡雪岩推荐,成为清皇朝的贡品,并在1919年巴拿马国际商品博览会上获一等奖。从那以后,金华火腿才开始驰誉中外,成为金华等地的著名特产。周坑人王咸波,曾任浙江省绍兴市委书记、浙江省纪委副书记等。20世纪80年代,王咸波热心帮助家乡的青壮年到浙江创业;退休后每年都要回家乡看看,捐款28500元支持家乡拓宽村口道路、重修中王桥、新建凉亭和健身广场;2013年,个人捐款13000元,出面联系筹集资金37.3万元,在村中心建成了占地面积200平方米,建筑面积140多平方来的"敬老之家"。王咸波为家乡建设累计捐款40余万元。

2021年,周坑村荣获"安徽省森林村庄"称号。近年来,这里的彩虹村、荷花田、古道水口等景点屡屡成为"网红",乡村旅游方兴未艾。"梨花村里叩重门,握手相看泪满痕"——昔日周坑曾经几度兴衰;"传统村落寄乡愁,乡村振兴绘新卷"——真正的美景在明天。

蜀马村

方家成

绩溪境内多山，羣（徽）山将绩溪分为羣南与羣北。羣北之蜀马，位于绩溪东北隅。《绩溪县地名录》释："蜀马，原名失马，相传古有官员在此走失坐骑。清乾隆年间改称蜀马，既取谐音，又含该处山路险如蜀道之意。"

蜀马村全景图

蜀马，古属三都，又称蜀川，陈氏族人聚族而居。蜀马陈氏是南朝陈武帝陈霸先后裔。陈霸先是吴兴郡长城县（今浙江长兴县）人，草根出身，英武贤能，建立陈国，在位三年，任贤使能，是南北朝时期为数不多的贤君明主。

陈国二代君主陈文帝之第五子伯固公，封王新安。据陈锦文在清光绪年间纂修的《续修蜀川陈氏宗谱序》："（伯固公）其子鉴公避隋乱隐绩之修文。盖武帝所自出猛公之墓存焉，庐此守墓。传五世孙讳世昌公，乃徙蜀川，爱其山环水绕，笏印峥嵘，卜为发祥之地，著室于兹。"

　　其墓即传说中的"天子坟"。《续修蜀川陈氏宗谱》中有《石鹤山迁葬记》一文："父老相传，晋时有术士自黄山步龙至石鹤山，见一吉地。后过吴兴，陈猛公待之甚厚，且知其多阴德，遂以是地献之。猛公微行至修文乡，数年始克得是地以葬……果至三世，武帝霸先代梁有天下，传三世而居此。其后裔去修文乡，徙家蜀马……"据上所引，陈猛先葬石鹤山，传三世，陈霸先称帝建陈朝。又三世，陈鉴避隋乱而回石鹤山守墓。"修文"旧指上庄一带，陈鉴在今上庄余川上溪山庐墓成村，其五世孙陈世昌始迁蜀马。据此推算，始居蜀马应在唐中期。

　　蜀马是状元陈于泰的故里。陈于泰，字大来，号谦如，时籍江苏宜兴，祖籍绩溪蜀马。明崇祯四年（1631）殿试，陈于泰中第一甲第一名，成为大明历史上第85位状元。

　　崇祯九年（1636），陈于泰回蜀马省亲拜谒祖庙，乡亲们十分高兴，杀猪宰羊，煮茶做饭，准备好好款待这位状元郎。此时，一村妇拿出火腿正在刀板上切，一阵腌制肉香飘

陈于泰故居

进厅堂。状元闻之，忙问族长是什么菜这般香醇。族长招呼村妇拿过火腿，村妇则把火腿带刀板一起送到状元面前。族长介绍说，此火腿肉蒸了再吃更香。状元随口说，此菜该称"刀板香"。自此，"刀板香"成了徽菜中的一道招牌菜。临行，乡亲们凑银两相送，状元陈于泰婉拒，倡议大家捐资在村水口建书院供族人弟子读书，即后人尊称的"大来书院""谦如书院"。书院为蜀马培养了陈宏谟等众多贤者。

陈于泰在其《造书院叙》中称："余始祖从永嘉来，卜居阳羡。永嘉、吴兴之陈氏皆渊源于蜀川。则余不肖，泰亦与蜀川同太始者也。"永嘉，今浙江温州永嘉县；阳羡，今江苏宜兴市。从文中可大体了解其祖的迁徙轨迹：蜀川—永嘉—宜兴。称蜀马为状元故里，名副其实。

陈世昌著室蜀马，枝繁叶茂，衍生上、中、下三大派，下分八个支派，至清道光年间已是"千灶万丁"的大村了。然而，蜀马深居山间盆地，开门见山，出门是岭，虽说是桃源胜地，但交通不便，发展受限。于是，陈氏子孙相继外出，寻找新的发展机遇。县内上村干、横田、浪舍、高山、半岭、上岭下、南坑、下蜀水、大溪及灵山下，荆州的沙坝等；县外旌德（霞溪、何村、昌溪、隐龙），泾县（云岭、茂林），宁国，宣城及金寨等；省外浙江昌化、海宁及江苏宜兴等皆有蜀马的陈氏子孙扎根繁衍。至清光绪年间，据不完全统计，已衍分149个宗支，足有10万人之众，堪称皇皇巨族。

水口，是徽州古村落的一绝。蜀马的水口，左有枫山，右有梅山，中有蜘蛛墩，溪水自东向西环村流入尚田河，注入旌德白沙水库。当年的"大来书院"就在梅山脚下，是状元陈于泰选的地址，为水口障锁增色。

大来书院遗址下行不远，有架水口桥，也是古时二、三

蜀马村口

都人过往旌德、泾县的必经之路。桥的西头有座水口亭，亦称聚贤亭，建于康熙年间，重修于光绪间，不大，仅能容纳上十人遮风避雨。

亭左、右两侧墙面上一副楹联特别抢眼：路转峰回比蜀道难易几许？山峤野店看马蹄迎送几何。不仅巧妙地将村名"蜀马"嵌于联中，而且把蜀马山道难行，但又马蹄声声、迎来送往的热闹场景描述得淋漓尽致。

从水口"蜘蛛墩"走进村，有一跨街楼，楼下有口水井，楼前有一堵土黄色的墙，也就是蜀马人传说中明朝开国皇帝朱元璋赐封的"三尺皇墙"。传说朱元璋兵败被追杀，情急之下躲进井边墙下草垛里，被隔壁老农相救。做了皇帝后，没忘救命之恩，赐老农黄马褂与金匾，封井边三尺墙为"皇墙"。

在蜘蛛墩北望的山湾里有座千年古寺——觉乘寺。建于五代后梁开平元年（907），面积3600平方米，是绩溪县最大的佛寺。民国时期最后重修过一次，新中国成立后，改为小学。在残垣断壁中，东西两边嵌有五块"石碑"，算是"国宝级"文物了。最早一块是明万历二十七年（1600），最晚是民国12年（1923），最大一次重修是清道光十四年（1834），举全村之力，耗银1800两，耗时16年，重修后的觉乘寺成了"一方之胜"。

蜀马陈氏历史上曾七次修谱，第一次是宋绍兴年间，第七次是清光绪十一年（1885）陈锦文纂修的《续修蜀川陈氏宗谱》，可前六次谱牒不幸失传。失传的不仅是谱牒，而是几百年的村落历史。先辈们在千余年的生产、生活过程中，产生了多少智慧火花、动人故事和丰功伟业，没有文字记载，都被历史尘埃湮没了。

今天有那么一批有识之士在不遗余力地挖掘村落的历史，抢救村落的文化。所幸，蜀马还有一些历史痕迹、文化脉络尚在，让后人认识千年蜀马，感知状元故里的灵魂。

尚田村

汪自源　洪月异

　　"绿水绕门蓝作带，青山当户翠为屏"，这就是尚田村的写照。

　　尚田，古称蓝田、上田。称上田者，上等田地之意也，至清乾隆年间，改上田为尚田，果然文雅许多。尚田村现有人口1200余人，其中汪氏居大多数。

　　尚田村地处绩溪县翚岭北麓，西北与旌德县毗连，距绩溪县城25公里，镇蜀公路穿村而过，交通便利。村庄坐落在盆地之中，四面群山环绕，一条古川河流穿村而过，有诗人赞曰："山中夕阳芳草路，桥边流水落花村。"风光旖

尚田村全景图

旎，环境宜人。尚田村是一个典型的徽州古村落，建村已有千年，旧属绩邑三都，村庄虽然不大，但文化厚重，代有贤才。

尚田始迁祖是唐越国公汪华三子达公裔孙泰公（名源），盛唐时任御史，源公于唐宝应年间自婺源辗转来蓝田，见此地三峰耸巽，绿水拖蓝，试水则甘，勘土则沃，于是定居于此。谱载，自源公后有汪崇佑，中甲午进士探花郎，操守端洁，立政有声。其后尚田汪氏，瓜瓞绵绵，支分派衍。至南宋末年，衍分为滋德堂（上门）、种德堂（中门）、中和堂（下门），逐渐成为绩溪望族。

尚田旧时有三座大祠堂，在众多的祠堂中，当数上门滋德堂最为恢宏。该祠堂位于村中央，砖木结构，三进七开间。由影壁、平台、仪门楼、天井、廊庑、享堂、厢房、寝厅、文昌阁组成。祠堂飞檐翘角，山墙高耸，气势恢宏。祠堂遗址现在修缮为敬老院，走进敬老院，仍能感受到尚田汪氏一族的人丁兴旺，日升月恒。村中央戏台前的抱柱有一副楹联"乾帝御宝由近圣精造，中华国粹惟银顺传承"，联中暗嵌尚田两位名人，一位是制墨大师汪近圣，另一位是徽剧泰斗余银顺。

汪近圣（1692—1761），原名汪元林，系滋德堂七十一世孙。少时离家到徽州府曹素功墨店做墨工。元林天资聪颖，勤奋好学，精通制墨工艺。于清雍正初自立门户，在歙城开了"鉴古斋"墨店。其精于墨理，更善为调燮，所制之墨，光可以鉴，锋可以截，其声铮铮，黑如齐汇，被视为当世之宝。现藏于故宫博物院的名墨有"毓峰远秀""金壶墨汁""青云路"、御制四库文阁诗墨等。清代大学者张书勋有诗赞曰："歙县多名家，汪氏尤杰出。黄山千尺松，捣作隃糜质。轻烟如若雾，奇观黝如漆。……珍重遍艺林，声华达皇室。"每年春秋之季，众多书画学者名家络绎不绝前来尚田写生作画，瞻仰纪念近圣大师。

20世纪三四十年代，一代徽剧大师余银顺（1888—1974）名扬四方。他15岁投师学徽剧，文生、武生、文场、武场、编剧本、拉琴样样精通，在徽剧界是不可多得的全能型艺人。他长期随徽剧"二春班""新阳春班""柯长春班"演出。抗战时期，余银顺一度在尚田徽剧团任教习，感觉尚田人厚道淳朴，文风厚重，就在尚田安家落户。解放以后，调往省城合肥担任教习。1959年，他曾带领安徽省徽班进京演出，受到国家领导人接见并合影。余银顺去世后长眠于尚田。

尚田村庄周围多为树木竹林，驻足远眺，只见竹园郁郁葱葱，随风摇曳，竹影婆娑，俨然一道自然的降温屏障。这里竹品种繁多，但最有特色的当属本地的燕竹，每到清明前后，农户家家户户拔笋、剥笋、卖笋，周期长达两个月之久。从口感来讲燕笋当属笋中贵族。本村竹资源丰富，还有一家经营20多年的竹笋深加工工厂。每年四五月间，加工厂热气腾腾，从剥到煮到烘，一袋袋笋干成为全国各地餐桌上的一道道美味佳肴。

尚田土地肥沃，除了竹笋，还盛产茶籽、山核桃、菊花等经济作物，由于这里水质好，土质优，产品供不应求。每年深秋，榨油坊榨的山茶油香气四溢，小山核桃肉香从尚田的老粮站里溢满整个村落，水沟里的梯田菊花园演绎着"采菊东篱下，悠然见南山"的诗境。金灿灿的饱满稻谷铺满晒谷场，这是尚田人的晒秋杰作。村里的农民忙碌一年的收成全都写画在每个人的脸上。

千年古村尚田，历经岁月变迁，许多历史建筑已不复存在。但一进村口，站在历经岁月更替却依然守候着这座古村的绿杨桥上，望着静静流淌的古川河水，不由感叹古人择村的智慧。水街边的几根硕大旗杆石，静静地躺在那里，似乎在述说着尚田人世世代代可歌可泣的故事。河边的龙王祭祀石，栉风沐雨，依然承载着世代村民祈福风调雨顺的美好愿望。

尚田，这是一个安逸适合耕读的村落。尚田，更是一个可以休养生息、净化心灵的福地。走几阶水踏石步，撩一撩古川水，抚摸一下千年来村妇们浣洗的石台，望着河水缓缓流淌，似乎在向我们倾诉着千年来这村落发生的故事。

伏 岭 村

邵之惠

伏岭村又称伏岭下村，因坐落于伏岭山麓而得名，它位于绩溪县东北部，是一个素称"千灶万丁"的大村庄，有700来户人家，3000多人，是全县人口最多的自然村。该村地处登源河上游，每遇山洪暴发，急流夹带着沙石倾泻而下，冲刷着河床，年复一年，在河底裸露的岩石上留下一道道水的印纹。因此，古时还得了个雅名——纹川。

伏岭是个聚族而居的邵氏一姓村。相传，邵氏先祖百二公从歙县井潭迁来绩溪县隐张坑，后其次子文亨公来到这里，慕其山水钟秀，于是便定居于此，繁衍生息。那是在宋绍兴四年（1134），距今已有近900年了。

伏岭下村村旁有一条澄澈的纹水河，对面有一座巍峨的大鄣山，当年的文人雅士有"鄣山毓秀，纹水钟灵"之称誉。村境古朴典雅。旧时，民居是一色粉墙黛瓦的徽派建筑。由于地势狭窄，村内房舍紧凑。一条三里长街和一条二里后巷，平行伸展于村境的南、北两端，沟通连接村居房舍的72巷。街面道路皆由当地产的花岗岩石板铺就，鹅卵石砌于街道的两边。村内还有三眼塘和塘塝上塘2座水塘、14条水圳和36眼水井，担负着村民的消防、洗涤和汲水功能。

旧时，为供族人举行祭祀活动，门门（宗族中的三房别称）都有自己的祠堂，有的一门建有多座祠堂。其中有邵氏家族三门的总祠叙伦堂，上门有世德堂，中门有怡敬堂、四

纹川古桥

凤祠、梅公祠、文绣公祠，下门有柏公祠和杉公祠等。这些
始建于明、清两代的宗祠建筑，印证着昔日家族的兴旺。

村的北头，有一座民国年间，由村里旅外徽商捐资、仿
上海天蟾舞台式样兴建的三层吊景式万年台，飞檐戗角，台面
以五色彩绘，华丽而堂皇。这是每年正月村里三门剧团演出徽
剧京剧的场所，是村民的文化娱乐广场。在伏岭的上半村，
还有一条从主街通往世德堂的横巷，该巷石板路两边以青砖铺
筑，此巷叫"金街故址"（以青、金谐音誉称），相传明代成
化年间，此街为恭迎在皇宫的贵妃世珍娘娘回籍省亲而建。

伏岭下村也是个名人辈出的村落。清代，有绩溪"三
奇士"之一的邵作舟，工诗文，其政论切中时弊，当时影响
颇著，曾刊行《论文八则》《邵氏危言》《政纲目十四篇》
《治河策》等。其女邵振华是徽州著名才女，为徽州唯一可
考的女通俗小说家，著有《侠义佳人》四十回。举人邵在方
著有《徽志正误》《徽志补正》《大鄣山辩》《黄庐游记》
《闻见晚录》。邵绮园（邵棠、邵老四）自少笃学，博览群

书，行侠仗义，洒落不羁，曾任奎文阁典籍。归故里后，善排解乡党纠纷，刚直明断，毫不徇情，左近乡村无诉讼达数十年。该村还有当代著名的"兄弟画家"，其中有中国人民解放军原广州军区正师级军旅油画家邵增虎，曾任中国美协理事、广东美协副主席、油画艺委会主席、国家一级美术师，著名作品有《螺号响了》《任弼时》《刘邓大军》《农机专家之死》等，作品被国家博物馆收藏。邵灶友是著名新安画派国画家，中国美协会员、国家一级美术师、安徽省文化馆副馆长，出版过《邵灶友画集》《邵灶友写生画集》《邵灶友精品选集》，作品入驻人民大会堂。博士、教授级高级工程师邵宗有，是中国星图股份有限公司总裁，中国软件行业协会副理事长，中国指挥与控制学会常务理事，主持国家"863"重大专项、国家发改委安全专项和工信部电子基金等12项课题研发，以第一发明人身份申请专利97项，已授权41项，多次获国家科技进步一、二等奖。

徽厨多，是伏岭下村的一大特色。相传隋唐以来，这一带就有"祭汪公，摆琼碗"的风俗，培养和造就了一代代民间烹饪高手。清道光年间，由于人口激增，而土地瘠薄，耕不足食，百姓生活困苦，徽厨开始向境外发展。最早出去的大约在清代同治年间，邵培余去苏州学生意，经营面食小点，后与人合股开设"添和楼"面馆。馆业发展了，又带家乡人去当伙计，由此形成了"人员沾亲带故，馆业滚动发展"的兴业模式。这些馆业后来发展到常、锡、宁一带，有的厨师从浙北从艺后发展到杭、嘉、湖一带。清咸丰年间，开始设馆于上海，民国初年又扩展到武汉三镇。抗战时期武汉沦陷，徽厨一路西去宜昌、成都、重庆，一路南下常德、衡阳、柳州、贵阳、都匀、昆明，直至中缅边境的畹町。据统计，上海240多家徽馆，大部分都是伏岭人所创办，涌现出邵培余、邵子曜、邵运家、邵在雄、邵粤庭、邵萍友、邵在雄、邵仁卿、邵之林等一大批徽馆企业家和名厨。民国36年（1947），伏岭下村从商人口占成人总数的41.9%，在全县是比较高的。解放初期，该村有500来户人家，在全国14省市开办徽馆就达120多家，平均每4户开过一家徽馆，从厨者上千人，几乎每户都有一二名旅外徽厨，有的人家祖孙三代都在徽馆工作，成了"徽厨世家"。绩溪县的厨师70%来自伏岭，伏岭是名副其实的"厨师之乡"。

舞㺯，又是伏岭下村的文化特产。㺯，是纹川古里的图腾，是历代伏岭人的吉祥物。相传建村伊始，每年寒冬，皆有恶兽肆虐村寨，攫食孩童及家养牲畜，扰得村人无以安生。于是，请来赖布衣为村运把脉，他四处查探过后，即画了一幅上有神兽㺯的符，嘱咐每年的正月半张贴于正堂供奉3天。后村民不满足于贴㺯，即由一二青年身罩彩色棉纸扮作㺯舞蹈来镇邪。嗣后，一老妪捐出一顶嫁妆蚊帐作㺯身，经彩饰后于正月十五夜由数名30岁的男子轮流顶着㺯身沿街狂舞，村民高撑松明火把，放铳呐喊，鞭炮齐鸣，锣鼓喧天，以此向恶兽示威，从此，恶兽逐渐敛迹。

后来，为镇恶除邪，又在村北建大佛殿，并在大佛殿前搭建戏台。"㺯"走街串巷狂舞后，上戏台面对大佛作祭礼表演，谓之"请台"和"舞㺯"。明清后，戏台改建为固定的万年台。祭礼表演

舞㺯表演

也从单一的舞狮增加了民间舞蹈，后发展为演徽剧、昆曲、京剧等。舞狮演出活动费用由时年30岁的男性青年承担。晚清以来，随着伏岭徽商的发展和村人经济实力的增强，每年正月十五至十八的舞狮成为村人约定俗成的春节文艺盛会。旧时伏岭下村邵氏三门，每门各有一个业余剧团，演出中使用的物品，从乐器、布景到行头、道具，均由"值年"青年购置捐赠、交接管理。由于伏岭村民演艺精湛，其演出活动不仅在本村进行，还曾被邀请至外村、外县一展风采。

纹川舞狮数百年，培养了一茬又一茬的儿童演员和演奏家，据不完全统计，演出的剧目多达200余个。鉴于伏岭舞狮的历史影响，1983年，中国剧协将"全国18省市徽调皮簧研讨会"安排在绩溪召开，应邀出席会议的伏岭业余剧团演出的《水淹七军》《龙虎斗》《八阵图》等徽剧剧目，得到与会专家的一致好评，伏岭业余剧团被授予"老树新枝"锦旗。2005年10月，"中国徽菜之乡"美食文化节筹备演出期间，中国广播艺术团专家在考察伏岭时，听取老艺人的演唱，盛赞"这才是真正的艺术家""伏岭是民间戏曲活动的藏龙卧虎之地"。伏岭也因此被授予"中国民间文化艺术之乡"。

徽剧演出

胡家村

叶　雨

1987年春节前夕，我第一次走进胡家村。那里是妻子的娘家。

初到胡家村，但见一条小河宽七八米，自东向西穿村而过。该河名叫上溪河，发源于上龙池，流出胡家村后汇入桐源河、戈溪河注入水阳江，属长江水系。

胡家村房屋依河而建，徽派老房林立，马头墙五岳朝天，高大巍峨，门楼雕镂古朴。古巷悠悠，一律由青石板铺设路面，光滑油亮，散发着岁月沧桑的幽光。岳父家的房子就在河边，隔壁有一座百年老药店。沿石阶而下建有水埠头，每日从凌晨到夜间，水埠头上人来人往，捣衣声声，笑语喧哗。河两岸筑有栏杆，几块长约丈余的大石条置于桥头，劳作之余，村人聚此话桑麻，谈古今，夏沐凉风，冬晒暖阳，洋溢着枕河人家浓郁而温馨的生活气息。此"桥头"，为全村最热闹的中心地带。入夜，流水声哗哗作响，颇有"人家尽枕河""听泉赏月情牵梦"的优美意境。

那时胡家村的小河里堆满了生活和建筑垃圾，只待汛期山洪暴涨，大水冲走。而今，胡家村被列入全省美丽乡村建设重点村，全面清理河道，实行"户集、村运、乡处理"的垃圾处理模式，村庄面貌焕然一新，小河恢复了干净的模样，河水清澈见底，鱼虾戏游。

胡家村中的小溪上架有三座石桥，依次分上、中、下，美其名曰"晴虹三桥"。由晴虹上桥往西出村，昔有五猖庙，东西门楣上分别书有"翼然环抱"和"奇峰峻崖"大字。晴虹中桥由5根长6米的花岗岩条石架于河上，宽2米，高4米。桥上建有一座古色古香的亭子，长约8米，两边各有4根木柱，上架8根冬瓜梁，挑檐于外，木柱下端置美人靠。桥亭北侧有礼王庙，亭庙一体，桥南门楣上书"黄甲古里"。该桥为绩溪县内现存唯一的廊桥，名闻遐迩，为胡家村的标志性建筑。从廊桥上眺望村南，远处青山烟雾缭绕，紫气东来；近处河水低吟浅唱，波光粼粼。往西是一条幽深的巷道，直通村中人家；往北看，石板大道径连古树掩映的水口古庙。

胡家村村口廊桥

中桥往下百十米就是晴虹下桥，双桥之间就构成了胡家村的水口。据县志记载，"晴虹三桥"建于清同治、光绪年间，均由本村商人胡光定捐资兴建。而村里老人传说是一位老妇人用一辈子搓卖"火媒"（用火纸搓成条索状，用于点燃旱烟）积攒的钱所建。无论是富商还是村妇所建，"晴虹

三桥"历经百余年仍在造福乡梓，其善举义德恰如彩虹光照
人间。

　　胡家村背靠后头山，南面为成功山，东峰奇峰峻严，
西峰笔架山尖，是一处群山环抱的风水宝地。村后大山石塔
岩，主峰饭甑尖海拔1349.6米，是黄山余脉与天目山余脉的
结合部。关于饭甑尖还有一个凄美的传说——明末清初，山
顶平坦上有一寺庙，香火兴旺。有一年冬天大雪封山，僧人
因饥饿严寒尽数毙亡，村人哀痛万分，遂将那山命名"饭甑
山"，祈望上苍保佑，山如饭甑能日日蒸饭，以保佑众生。

骆驼峰

　　胡家村古称黄甲村，因当地盛产黄甲鱼（乡间俗称"王
八刺"）而得名。其实，"黄甲"一词与科举文化有关，科
举甲科进士及第者的名单用黄纸书写，故名。最早定居这
里的是越国公汪华的后裔，汪氏系新安望族，取"黄甲"村
名，意为期盼子孙兴旺发达。而乡间常常因谐音称黄甲村为
"王八村"，声名不雅。1912年，徽商胡桂森提议更改村
名，以村民胡姓居多，经报省政府批准更名为胡家村。

　　早在新石器时代，胡家一带就有人类活动。胡家村西侧有一小山包，高约60米，是个天然的土祭台，古时山越人（徽州土著）在此祭祀，抗战时期在此修建了一座碉堡。胡家村有据可考的历史近千年，此地风水宜人，人丁兴旺，至康熙时期形成规模村庄。

　　胡家村的胡姓是从世居绩溪县城内的"金紫胡"（因宋朝名臣胡舜陟受封金紫光禄大夫而被称为"金紫胡氏"）迁徙而来，始迁祖为永字辈和、澄、芳三兄弟，后分立三祠：三奉下、六奉下、九奉下，即三六九奉。早在民国初年，三祠中有两个开办了"敦德"和"明若"小学。1929年明若小学开办时，特地请胡适先生写了一副对联："饭甑山尖，木构岱角，奉先人祀祭；金紫家声，苕溪文学，要后辈担当。"解放后祠堂收归国有，作为学校、医院和供销社，年久失修。近几年，族人多方筹集资金100余万元，先后将村中三个祠堂全部修复。一村修三祠全县罕见，足以证明胡家村民对传统文化的信守和执着。

　　胡家村是绩溪岭南的大村，曾长期作为建制乡所在地。当年我初到胡家村时，村中人口近千，热闹非凡，有中小学、医院和影剧院，记得在胡家电影院里看过电影《红高粱》。每逢过年，族中长辈和旅外亲眷相聚一堂，把酒言欢，洋溢着人间温情，至今想来仍心生感动。胡家村素有"文化村"之美誉，自古以来崇文重教，名人辈出，80多年前的"明若小学"，就设有"生员租"，将数量可观的山场田地出租收入作为优秀学子的奖助学金，凡族人均免费入学。1990年，旅台乡人胡祖亮先生捐资成立了全县首个教育基金会。以我岳父家为例，在20世纪70年代经济困难时期，3个子女全部读到高中毕业，从一个侧面印证了胡家村崇文重教的传统。

"饭甑山尖，岱角圆圆；左钟右鼓，代出俊贤。"这是一首世代流传的民谣。徽州人寄命于商，胡家是徽厨之村，几乎家家有人在外谋生。村人外出经营大多从事徽菜馆业，民国时期胡家人在上海、南京、武汉等大城市开设的饭馆有20多家。我岳父那一辈的族兄弟解放前都在汉口经商做厨，岳母的父亲在宁国河沥溪镇开店，店面绵延半条街，生意很大。我曾看见岳母家里还存有当年"章恒泰"店的广告包装纸，还有一只精致的铜火锅，经常被乡政府和企事业单位借去烹菜招待贵客。

胡家村古建筑群

胡家村在民国时期出了一个经商大亨——胡桂森，他凭着一根擀面杖闯天下，在武汉三镇创造了"徽州半边红"的辉煌，曾任汉口总商会会长，其生平事迹被载入《安徽名人录》。胡桂森一生充满传奇，他5岁时父母双亡，14岁去郎溪、芜湖等地学徒，1910年始先后在汉口、武昌、黄石港等地开设"同庆酒楼"等十余家菜馆和茶叶店。其中"同庆楼"是当时武汉最大的菜馆，当地有"登黄鹤楼不到同庆楼，等于武汉没有游"之谚。胡适先生曾下榻同庆酒楼，并书赠对联："种豆得豆，种瓜得瓜；跟好学好，跟差学差。"胡桂森一生乐善好施，1930年在家乡创办小学，并长期资助教学费用；捐资修建徽杭古道"江南第一关"拱顶石亭和"二程"庙；屯溪水患，他捐银10万元；他捐资或组织募捐修建了多条乡间道路。日本侵华期间，胡桂森的店业大都倒闭，1937年患眼疾双目失明返乡居住，其间多有行善义举，还以资助和掩护等方式支持革命斗争，是一位进步开明人士。胡桂森返乡后建了一座宅院，占地面积230平方米，建筑面积400多平方米，室内装饰精美，解放后长期被用于乡政府办公场所。2015年修复，成为研究徽州文化的重要物证。

从当年初到胡家村，至今一晃30多年过去了。每次去胡家村，我都要到廊桥上走走、坐坐。多少次梦回胡家村，桥头几句家常话，游子脸上挂泪花……

湖　村

邵昌后

　　湖村系安徽省历史文化名村、省旅游示范村、4A级景区、省森林村庄，2014年入选中国传统村落。湖村距绩溪县城17公里。绩溪河呈"S"形绕村南流，西部村落与东部田野组成天然的太极地貌奇观，体现出阴阳对立统一、相互平衡的哲学思想。还有"狮象把门、日月当关、龟蛇拦水"三道徽州绝佳水口和神奇"帝王坟"，令风水学家惊叹。

　　南宋后期，坑口胡姓居民在楮树下建房守祖墓，称楮树下村。墓主为宋朝枢密使胡云龙，墓顶原有两棵参天古楮，现仅存一棵，树龄700年，树高15.9米，胸围4.6米。墓地为龙形山，两棵树为龙角，山脚两口井为龙眼。墓首正对着七姑山，站在楮树下，远眺七姑山像一尊睡佛。明初，油坑口

七姑山

章氏迁居到此，在小湖边建村，称湖村。现楮树下、湖村已连成一片。

廉政教育基地　清新明丽村居

湖村章氏宗祠又称敦五堂。祠前照壁上绘着一幅瑞兽图，龙头牛尾、马蹄鹿身，脚踏珠宝、眼盯日月，祥云缭绕，谓之麒麟。亦有人称之为"贪"，章氏先祖以此告诫子孙：为人不可贪得无厌，"脚踏珠宝"后还想"吞食日月"。

祠内中堂高挂章氏先祖像，两边墙壁上有"忠、孝、廉、节"四个遒劲大字。左有《章氏家训》戒石，要求族人朝夕诵思。章氏宗祠被列为廉政建设教育基地。

走出章氏宗祠，沿石板路曲折前行就到了水街。水街建于明代，全长300余米，水来自石金山，穿村而过注入石门河,一年四季溪流不竭，水声似琴声悦耳动听，故名吟泉街。吟泉街与南北两条主街形成"丁"字形，清一色石板铺垫，水街上架设有大小两座石桥，恰如曹植《铜雀台赋》中"有玉龙与金凤、连二桥于东西"所描述。

沿吟泉街两岸相对建造的徽派建筑有100余幢，有民居、店铺、药铺、油坊等，大多为明清建筑，古朴典雅，错落有致，鳞次栉比，并有石阶通向河面，供村民浣洗之用。居民们冬晒日头夏纳凉，谈天说地乐盈盈，大小石桥头是"信息传播中心"。小桥、流水、人家，似不尽乡愁，深情呼唤游子常回家看看。旅游旺季，吟泉街则成为张择端的"清明上河图"，游客流连忘返、乐不思蜀。

中华门楼典范　砖雕艺术走廊

湖村门楼为徽州之最，堪称稀世珍宝，具有奇异变形的浪漫美。砖雕数量多，雕刻面积大，有20处之多，最大雕饰面积达4.2平方米。

湖村砖雕

门罩形制多样，有书卷式、城楼式、垂花柱式、匾额式、仿木结构三开间式等，雕刻有镂雕、圆雕、浮雕、阴刻等。雕刻的门窗能开能关；雕刻内容丰富，物象生动，构图疏密得当，主题突出，山水人物、珍禽瑞兽、花鸟鱼虫、博古八宝、亭台楼阁、古桥牌坊、船帆舟艇、吉祥图案，无不栩栩如生。砖雕立体感强，文化含量高，技法娴熟，让人拍手叫绝。

湖村砖雕门罩时跨300余年，是极为难得的文物资料。在传统徽州一府六县自然村中绝无仅有，"砖雕艺术走廊"称号当之无愧。1998年5月，湖村民居被安徽省政府确定为省级文物保护单位，湖村也誉称"中华门楼第一村"。

诚迎观音菩萨　巧扮秋千抬阁

湖村历史上有做观音会的传统，时间在清明前后，历时7天，盛况居全县之首。会期搭花台，饰以青、白布，装栏栅花槛，悬彩灯，置盆景，请名班演戏，夜以继日。晚清时，会前斋官领迎神队伍去歙县小南海或潜口佛寺迎接观音，民国时改在三面亭山洞。迎神时，善男信女、旗幡、锣鼓、鞭炮、硝铳、秋千抬阁等队伍，令人目不暇接，场面热闹非凡。会场设祠堂内，正中供观音，两侧及回廊供二十四诸天、十八罗汉、四大金刚等纸扎神像，夜放焰火。

秋千又名花车转阁，呈风车形，八人抬行，转轮内空呈十字形，四端悬挂活动彩椅，四位少女扮彩旦坐于椅上，唱绩溪民间徽调，乐手伴奏。

抬阁扎架技艺，用相关物件、道具按戏文人物分上、中、下层次将演员固定在阁上，不露痕迹，看不出破绽，既保证演员安全舒适，又彰显惊险美观，技艺超绝，惹人驻足流连、叹为观止。

有人推陈出新，称秋千抬阁"合力托朝阳"，寓意大人发扬甘为人梯精神，让下一代站在自己肩膀上展示风采，超越自己。

尊师重教助学　修文偃武育人

湖村历来尊师重教。1925年办湖霞初小，1930年办湖村小学，当年旅外经

湖村的秋千抬阁

商的湖村人从外买"洋灰"（水泥）运回湖村，做了水门汀校门，十分气派新潮。1949年与楮树下小学合并为新园小学。

捐资助学是湖村人的优良传统，在村关工委带动下，村民、爱心人士，还有上海原"三线"厂退休职工纷纷响应，捐资献物，共襄义举。实行九年义务教育后，助学改为奖学，每年都要向考取高校的湖村籍学子颁发奖学金。

由于重视教育，各类人才层出不穷，清代曾出了文魁章献琳、武魁章刚，特别是孕育了许多有文化的儒商精英，他们事业有成，经济实力雄厚，所以才有了湖村的兴盛。

特别值得一提的乡贤有：

章祥华（1884—1920），武汉徽菜馆业创始人，曾任武汉商会常务理事，开设"华文园""醉白楼"等高级徽菜馆，名播三镇。武昌起义前曾任同盟会员，起义期间组织商团，维持社会秩序。

章安翔（1919—2017），七七事变后投笔从戎。1939年参加八路军，1945年10月任晋冀鲁豫军区警卫连连长，1947年任二野司令部作战参谋、作战科长，1950年任南京军事学院院长刘伯承秘书，后转业回皖任安徽省图书馆馆长。

章燎原，1976年出生。安徽三只松鼠电子商务有限公司创始人兼CEO，中国坚果协会高级专家，2011年度安徽优秀职业经理人，2012年度芜湖市创业富民先进典型；被评为2014年度"心动安徽最美人物"和安徽年度十大经济人物荣誉称号。

村美业兴民富　天时地利人和

湖村的璀璨民俗、精美民居，与独特的自然景观珠联璧合，构成一幅美不胜收的"五彩画卷"。全村旅游业占集体经济比重较大，专业合作社3家，家庭农场8个，还有徽派明清家具制作、竹编等非遗工艺。现湖村正发挥天时、地利、人和的优势，把湖村这幅"五彩画卷"描绘得更绚丽夺目。

北　村

胡维树

　　绩溪县伏岭镇北村，是底蕴深厚的传统文化名村。距县城15公里，与鄣山大峡谷相邻。这里村后有山，山上苍松翠竹，满眼绿荫；村前有田，田倚登源大河，协济桥横跨南北，桥上行人匆忙，桥下流水潺潺；这里有粉墙黛瓦的朴素，青山碧水的清纯，田园风光的恬然……

北村全景

　　走进村庄，民居有新有旧，既有古色，又有新潮，既体现了时代变迁，也见证了地方发展的脉络。古祠、古庙、古民居、十字街、石板巷、天然渠构成特有的徽风古韵。北村地处歙、绩交界，以七峰山东麓之水岭为界，水岭以南为歙县南乡，水岭以北为北乡，北村在水岭以北，村名即由此而来。

从除夕到正月初三，北村"四十同庚祭社""舞板龙"两大民俗活动演绎出最火的年，最乐的节，最浓的味。在这里，你可以尽情观赏"四十同庚祭社"的壮观场面，体验"舞板龙"的乐趣，享受古老而又神奇的徽州年味，同时又可以品味淳朴独特的徽菜——十碗八盘……

普天下，四时八节，祭祀神仙天地，最悠久的莫过于"祭社"。《礼祀·祭法》："共工氏霸九州也，其子曰后土，能平州，故祀以为社。"古代称天

章衣萍祖居

为皇，地为后，合称皇天后土，后土即大地，后演化为掌管有关土地事务的神，并定立春后第五个戊日为春社，立秋后第五个戊日为秋社，从皇帝到百姓，每年两次祭祀，年年不断。但是各地的祭法各异，更多的是通过文化娱乐形式来表达老百姓祈求风调雨顺、五谷丰登的美好愿望。

北村的大姓程姓，每年的春节期间，村中年登不惑的男子都要主持祭社活动。北村人称为"做四十岁"，又曰"做社头"。

祭社过程十分隆重，宰杀社猪则是祭社的重头戏，装扮料理更是不能马虎。除夕这天黎明，三声炮响，亲友帮衬，师傅操刀，宰杀社猪。说起社猪，特有讲究，必须是精心饲养一年以上的大肥猪，以大小、重量、肥壮来显示各自的勤劳与虔诚，否则即显得该家的无能和对神的不敬。社猪宰杀

之后，细心修理，留鬃毛，结尾辫，眼嵌明珠，口含红果，披红挂彩，插戴金花，置于架上，栩栩如生，十分神气。心灵手巧的主事人媳妇，精心准备各色供品、琼碗，烹调技艺讲究，品种与众不同。程姓年轻媳妇均来学习，赞不绝口。

除夕正午置"祠景"，由本年主事的程姓男子，迎接社神牌位、神像进祠堂，沿途敲锣打鼓，箫笛唢呐齐奏，鞭炮争鸣响，土铳冲天放，祠堂内张灯结彩。诸家主事依照长者指导，悬挂神像、对联，摆放牌位、香案。

随后，由本年主事的程姓男子，按出生月份大小依次抬社猪进祠堂。鼓乐声中，二三十人手捧猪、鸡、鱼三牲供品及各式各样的琼碗进入祠堂摆设。最引人注目的要数社猪、寿包、寿粽和寿条。祠堂内，诸家主事都于神像前点燃特大红烛，按规矩摆设各色供品和五光十色的琼碗，祭祀神灵。

下午举行隆重的祭礼。礼生并乐队20余人，赞礼进退，温文尔雅，捧供品、依礼数跪拜，程姓长老诵读祭文，祝愿风调雨顺，人寿年丰。秩序井然，场面壮观。方圆几十里的村民，都赶集似的聚集在祠堂内外观"祠景"，比社猪、赛琼碗，拜神像，叙家常，论社包，尽情抒发节日欢乐之情，分享人寿年丰的幸福之果。

正月初一发"社包"。值年的程姓男子，把用上等精粉蒸做，每只旧秤四两重的社包分赠20岁及以上的同姓男丁。正月初二起摆社宴。初二清晨，本年40岁程姓男子进祠堂将社猪请回家。正月初三，在家中摆设喜宴，邀请亲朋好友及众邻居相聚。早上吃长寿面，晚餐摆宴席。席间，众宾客饮喜酒、品徽菜、谈见闻、拉家常、互祝愿。同时，主人家向各位宾客回赠寿包、寿条、寿粽，顺祝健康长寿。

祭社活动，场面壮观，祭祀有序，留下了先人"天人合一""族群和合"的理念。

　　舞板龙，又称撑龙灯或舞龙灯，是北村农民群众自编自演的大型龙舞艺术。一般在逢年过节或重大节日喜庆活动中表演，流传至今已有几百年历史。

　　有这样的记载："编竹作龙，节节蝉联，糊裱画鳞，色彩斑然。"板龙是由龙头、龙尾、龙身（节灯）组成，用竹篾编制固定在木板上，木板两头留有圆眼，板与板之间用木棒穿插圆眼进行连接，连成一条长龙。整条长龙内装蜡烛，外面用棉纸糊裱画鳞，夜晚舞之，灯光闪烁，观赏效果奇佳。

　　舞板龙过程：接龙——舞龙——拆龙。正月初三傍晚，在村西头大街上，节灯跟上龙头，一节节把龙灯接上，然后选择吉时，礼炮三声响，龙灯启程。几十个汉子组成的舞龙灯队伍，从接龙处出发，威武的龙高高抬起硕大的头，缓缓行进。此时，锣鼓喧天，鞭炮齐鸣。龙灯最长有50余米，汉子们撑着它时而穿过大街，时而绕过田野，时而缓行，时而盘旋，龙灯所到之处，农户自备香烛，点燃鞭炮、烟花，俗称接龙，为龙助天威，为民接地气。撑龙灯的汉子们，鼓足了劲，把最威武的精气神展示给观众，他们踩着鼓点行走，兴趣来时，吆喝连天，边走带跑，前面一旦急刹，就出现剪九夹，龙板子发出咯咯响，表演甚是狂野。来到表演区，板龙抖动身子，盘旋起舞，烟花燃放，绚丽多彩，高潮迭起。周边各村男女老幼都来北村观看龙灯，街道被挤得水泄不通，热闹非凡。特别是那些半大的孩子，跟着龙灯一路闹、一路跑，孩子们跑到哪里，就把欢歌笑语留在哪里。

　　当龙灯游到村前的田野，龙头溯流而上，汉子们游龙的步伐又变得那么平稳，有节奏，又那么的虔诚，让龙在田野中"戏水"，旨在祝愿国泰民安、风调雨顺，预示来年有好收成。龙灯顺着田野游至登源河上的协济桥正中折回，到村

北村舞板龙

东头的"五分祠"拆龙灯，龙头、龙尾带着对来年风调雨顺的愿望回到祠堂，龙首居中，龙尾随后，停留三天后归位。节灯各自背回家，平放堂屋，重新点燃蜡烛，烧上香纸，保佑一年平安、家门和顺、五谷丰登。

舞板龙，以它独特的艺术价值经久不衰，它是一种大型的群众性文娱活动，具有互动的特点，雅俗共赏；它促进了人与人之间构建和谐相处、团结一致的良好关系。

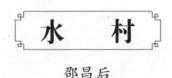

水 村

邵昌后

　　登源河与平银河在七姑山下汇合折向西南而去，在二水交汇处形成一块宽阔的平地，唐末王、叶两姓先后来此定居。平地里盛产水竹，故名水村。

　　南宋绍定年间，歙县雄村一位许姓秀才受聘落根水村，当蒙童馆先生。方言"许""水"同音，"近水楼台先得月"，许姓繁衍很快，超过了王、叶两姓，出现了"水（许）到黄（方言黄与王同音）叶落"的说法。王、叶两姓也认为"水气"被许姓占尽，于是纷纷外迁。乾隆年间，方、程、汪、洪、余等诸姓陆续迁入，虽水村为多姓村，但许姓人占绝大多数。

　　据说许姓一枝独秀归功于祖上的行善积德。清康熙四十一年（1702），水村善士许国佐，领头募建北村、水村之间的协济桥（俗名水村桥），其他姓捐的银数远远少于许姓所捐，所以，上善若水的许姓成了旺族。

　　水村是徽杭古道的必经之路，登源河似龙穿村而过，是一个口凤形金钩卷帘的古村落。村中仍保留着古树、古亭、古民居、古门楼群、古祠堂等。古建筑群利用地势巧妙地依山而筑，逶迤伸展，宛如一幅立体山水画卷。它集徽州古村落特色之大全，被专家誉为"徽州古文化的活化石"。

　　水村面对七姑山，一山并列七峰，峭拔可爱，其中一峰耸峙如门状，云雾缭绕，相传昔有七位仙女群栖于此，故

水村远眺

名。峰上有石棋坪、洞天跃水、奈何桥、水竹坪、鸡头颈、冯石、老虎嘴、观音庙等景观，还有御敌石卡，这些景点有许多扑朔迷离的传说。七姑山远眺像一尊仰卧的佛，故又称卧佛山。

水村毗邻鄣山大峡谷4A级风景区，其"伟人头像石""冠顶生花""百丈岩""葫芦潭"等景观极具特色。

水村至今已有800多年历史。唐天宝四年（745），宦官在鄣山峡谷的蜈蚣岭上开采银矿，就地冶炼铸钱，现仍有银棚、银场坦遗址。提炼出的银子运到峡谷口的小村品分等级，该村就叫"品银村"。明万历三年（1575），在品银村建大鄣山敌楼，募兵10名防守。清同治五年（1866）夏，暴雨成灾，七姑山麓拦河石坝冲毁，品银村及四周一片汪洋，洪水退后，村落变废墟，田畈沙淤厚达六七尺。经当地民众数年努力，重建了村落，改名平银村。四周田野成了沙滩，称平银沙滩。

水村老宅

1974年，北村初中搬至平银沙滩，17000平方米的校园内，书声琅琅，桃李芬芳。现北中校舍改作伏岭镇敬老院，老寿星们闲梳白发，欢歌笑语乐陶陶。

水村徽商辈出，村人旅外经商，足迹遍布全国各地，经营种类多样。名商许文瑜，13岁到上海四尔楼菜馆当学徒，16岁就当师傅，后来自己先后开设了7家酒店、百货店，40岁成为菜馆业巨头，其中比较有名的是上海大新酒楼和大新百货店。

胡适在大陆吃的最后一顿徽菜就在大新酒楼，当时宴请者是著名出版家亚东图书馆的汪孟邹，作陪的有曹诚英、汪原放、洪范五、程士范、胡元堂和许文瑜，买单的是许文瑜。大新酒楼董事长文鸿，经理文瑜，襄理文路、文湘、元兴（兼账房），大堂经理士元，均为水村许姓，赴宴者全是新文化运动的领军人物。谈笑有鸿儒，当年水村文风浓郁、儒商鼎盛可见一斑。

许文瑜热心公益，1937年带头出资将水村永明小学建成中心国民学校，1943年出资900元修徽杭古道……解放战争时期曾资助中共路东工委游击队药品、棉布、收音机等物资。

水村还是绩溪的红色革命策源地。

1931年春，北村人章洪刚（章衣萍胞弟），受皖南党组织委派，从休宁万安回到绩溪开展地下工作。他利用探亲访友、参观学校的机会，首先在北村一带开展活动。他的舅父和胞妹都在德锦村，因此结识了德锦小学教员胡健斋和六亩小学教员张世芳，并发展他们为反帝大联盟成员。

同年初夏，上级党的领导人熊一飞到北村指导工作，同胡、张见面谈话后，认为二人基本已具备入党条件，即和章洪刚研究决定介绍他们加入中国共产党。入党仪式在水村坝石灰窑举行，熊一飞主持会议，宣布中共绩溪支部建立，指定章洪刚任支部书记，胡健斋任组织委员，张世芳任宣传委员。会议还讨论了党和群众的工作问题。

中共绩溪支部的建立，是绩溪历史上的大事件，从此，绩溪人民在党的领导下，开始了新的战斗。在中共芜湖中心县委指导

中共绩溪支部诞生地

下，支部宣传党的方针、政策，教育、提高群众觉悟，建立和发展群众组织，发展党员。到1933年6月，支部又发展了28个党员，建立了岭北、二三都和县城交通站支部。中共绩溪支部改为中共绩溪中心支部，指导其他三个支部的工作。

1934年5月中旬，中共绩溪县委在德锦村汪家祠堂建立，

县委设组织、宣传、民运、保卫4部，书记方仁，副书记章洪刚。下辖3个区委，29个支部，有260余名党员。

　　水村历史悠久，三面山环水绕，自然生态良好，旅游资源丰富，交通十分方便。有着光荣革命传统的水村人民，依托毗邻郭山大峡谷景区的地理位置优势，大力发展旅游经济，以清凉峰大酒店为代表的"农家乐"经营示范户发展迅速，带动了全体村民因地制宜，多种经营，促进了经济的全面发展。2016年，水村定为安徽省美好乡村中心村；2019年，入选第五批中国传统村落名录。

西 川 村

邵昌后

　　在皖南绩溪的伏岭镇，有一个古老而清幽的村落，历史悠久，群山怀抱，远峰眉黛。跌宕起伏的马头墙，斜阳映衬、炊烟缕缕。西川、桐源两水汇流，水街逶迤，桥梁如虹。有舒、任、程、高、章、胡、唐众姓居住，和睦相处。该村获"美丽乡村示范村"称号，2019年被列入第五批中国传统村落名录。这便是西川村，辖河东、河西、上西、桐坑四个村民组。

西川村全景图

　　西川古称西坑，处于登源古道交通咽喉部位，地理位置极其重要。宋代属遵化乡，一度为乡治所在地。靖康初年，岳飞统兵经兵坑、西坑、竹山，攻杨么（一说汪天石）义军，功成后命名为成功山。元代在此置镇守军营，陈兵防守县东北地区，称西坑寨。村南高高的山岭上筑有烽火台，在岭头的寺庙中架设一口大铁钟，一有敌情，即点燃烽火，敲响铁钟，因此村南的大岭被定名"闻钟岭"。明初，在西坑寨设巡检司，西坑成了县境东部的军事政治中心。清朝和民国初年，西坑属十四都，曾为都董驻地。民国21年（1932）设区、镇，西坑属第四区，为区公所驻地。

西川景点棋布、古建林立：有文峰笔架、古寺闻钟、山寨风云、犀牛望月、夕照流霞、甑峰飞瀑、长桥双月、三墩拱秀八景和岭麓双桥、上店桥、舒家桥、高家桥、西川桥、流复桥、西川新桥八桥，八景八桥，争相媲美，一派诗情画意。古桥、古井、古庙、古寨、古树、古墓、古碑、荷瓣石香炉、如来柱，这些都彰显了西川村的古老和特有的文化内涵。

西川老宅

村中有众多粉墙黛瓦、门楼精雕细刻的徽派民居，鳞次栉比，保存完好，其布局建造、三雕装饰等各方面技艺无不凝聚了徽派建筑的精华。官宦及富商家中，珍瓷古玩、红木家具、名人字画，比比皆是。程良骏宅、程裕有宅、汪氏宗祠被列入县级文保单位。

早在宋、元年间，就有汪姓居西坑上宅，沿古道商店林立，称上店街。后西坑村发展成以西坑桥为中心的村落，民国时期水街两岸开满店铺，有杂货、布匹、猪肉、烟酒、药材、棺材、轿行、旅店、理发店等，还有烟馆和赌场，周边各村打店都来西坑。旅外经商户占全村总户数的3/4，从外地挣回大量财富。村中殷实户较多，经常将田地出租给邻村一些农户耕种，一年到头烧饭的柴薪也靠购买，以致流传下"交租向西坑交，卖柴向西坑挑"的谚语。

古树群有红豆杉、三角枫、皂角（树龄220~300年）。近些年来，勤劳的西川人又在房前屋后和四周山包上栽下了许多桃、李、梨、柿树……春暖花开时节，整个村庄就像一幅美丽的五彩画卷，仿佛置身陶渊明笔下的"世外桃源"。

西川村自古崇文重教，以其民风淳朴、文化积淀深厚、教育成果斐然被誉为文化村、文明村，各类人才层出不穷，文化精英灿若星辰。

清同治年间，舒安人、舒志卿一对堂兄弟同赴南京赶考，分别中文举人、武举人，获知府文经魁、武经魁金匾。自此，凡府以下朝廷命官到西川，均要"文官下轿、武官下马"。

程裕有（1890—1956），出身清苦。1914年，在芜湖创办同庆楼酒菜馆，因经营有方，很快即成为当时芜湖最著名的饭店。凡绩溪乡亲，在芜湖遇到困难，找到同庆楼，一律热情招待，免费安排食宿，帮助排忧解难，口碑极佳。

程中一，绩溪新文化运动倡导者之一，民国时曾任安徽省池州地区专员，解放后任浙江文史馆馆员、杭州市政协委员、教授。

胡钦涛，1947年参加新四军游击队，不久加入中国共产党，先后任乡长、县大队二连连长、徽州军分区司令部军训科参谋、代科长等。

程良骏（程中一子），著名水力机械专家、华中理工大学教授、博士生导师。系长江动力公司董事长、水轮机研究所所长、国际水力研究协会会员、诗人，曾被美国ABI评为"全世界100位有卓越成就的人"，载入英美编印的《世界名人录》。

程尚远，军旅文化干部。离休后应聘参与修志工作，任《绩溪县交通志》《绩溪县公路志》主笔，《绩溪县志》"交通章"编纂。钟情于徽州乡土文化的收集、整理工作，著有《梁安撷趣》《绩溪村落的绿色水口》《绩溪亭阁文化》等书，治学严谨，知识渊博。

西川新貌

汪灶雄，绩溪县新四军历史研究会常务副会长，主编《徽山烽火》会刊；出版了《绩溪英烈》《难忘岁月》《九华风云》《红色绩溪》等绩溪县革命斗争系列丛书。

西川考入各类高校者众多，其中获硕士、博士学位的不乏其人，现获国务院特殊津贴的专家有四人。他们事业有成后，不忘家乡，其桑梓情结令人感动。

在浓郁的文化氛围下，西川村民的整体素质不断提升，昔日荷锄扶犁的农夫村妇也各显神通。现全村有专业合作社六家，家庭农场八个，流转土地170亩，种植大棚132座，还办起了玩具厂、金刚石磨具厂、花岗岩板材厂；开辟桐坑源旅游新景区，美化村庄、改善整体环境和文化乐园建设，增强示范效应……

时代特色与古老文明巧妙链接，西川村将迎来一个光辉灿烂的明天。

江 南 村

邵昌后

江南村因村委会位于"江南第一关"出口处而得名。

中心村原名竹山，宋时有大片竹林。岳飞奉旨剿"寇"，毁竹林，不让"寇"藏其间。里人取竹山谐音，改村名为"祝三"，田畈仍称竹山干。祝三有三绝，是该村的亮点和村魂。

江南村远眺

古 道

江南村境内的徽杭古道精华段"逍遥岩"始建于南宋宝祐年间，大石门胡润捐金鸠工开辟，凿去巉岩，甃成阶级。元、明两朝续有修整。相传明成化贵妃邵娘娘系伏岭邵姓后裔，她回浙江昌化省亲时，曾经徽杭古道到伏岭寻根祭祖，邵姓宗亲到皖浙交界处设栈恭迎娘娘，提壶携浆在古道两侧招待省亲队伍，于是便有了栈岭地名和古道三里一路亭、五里一茶亭的独特文化。

万历九年（1581），朝廷将岩口至栈岭40余里徽杭古道两侧山场划拨给邵叙伦堂作为祠产。邵姓族民捐钱、出义工，集众铺路、造桥、建亭。此后历明、清、民国、新中国，至今一直未间断过，其善举载入府、县志及《邵氏宗谱》者，人数之多、数额之巨，难以枚举。

1990年，旅台里人胡泉波捐5万元重建岩口桥。越四年，胡泉波、胡观德、汪仲民、邵秋人诸旅台同胞集资万余元重建岩口亭。

祝三村有十月半集众修古道习俗，后约定俗成为"路会"至今。民众集腋成裘、聚沙成塔，把徽杭古道打造成集自然风光及旅游文化于一体的皖浙商贸捷径，曾产生巨大的经济、文化、军事影响。人们将其与丝绸之路、茶马古道相提并论，堪称一绝。

徽杭古道如今是国保单位、4A级景区、省森林旅游示范景区、中国体育旅游十佳精品线路、全国驴友休闲示范基地、中国十大徒步古道、中国八骑行天堂、华东第一徒步古道。如今逍遥谷底南侧又开辟一条新旅游线路，新增若干景点，古道、新路交相辉映，夹谷欢迎游客光临。

雄　关

逍遥谷，高峰巨岩南北夹峙，怪石嶙峋，峭壁峻立。在北岩石壁之中，用人工凿开横档，嵌入长约2米的花岗岩石板，筑成栈道。1400余级石阶宛若天梯，直插白云深处。北侧峭壁擎天，南边深渊无底。初登者心悸目眩，扪壁而行，不敢俯视。谷底溪水潆回跌宕，轻吟怒啸。秋高气爽，登关赏景，和风习习，心旷神怡。谷底泉水叮咚，似少女抚琴倾诉绵绵情思，令人如醉如痴；雨季山洪暴发，惊涛骇浪，摄人心魄。昔时栈道施茶亭内有楹联"古道萦回，重重水口；关山险阻，步步惊心""庙居灵岩，卓显神威庇众庶；亭当险道，常供茶水惠行人"，道出了古道的险峻，告诫行人注意安全，表明先辈在此建亭造庙的善雨慈风。

栈道最险处"小心坡"西头，垒石为门，上架6根千斤石条，一孔朝天，成江南第一关隘口。关门门楣西刻"江南第一关"，东刻"徽杭锁钥，同治二年里人修，邵道棠题"。当地民众与太平军精锐部队在此有过一场恶战，结果是太平军屡攻不克，"败趋岩，岩径断，奔而颠死者千计"，足见江南第一关险要，一夫当关，万夫莫开。

1934年12月5日，红军抗日先遣队在师长寻淮洲带领下，兵不血刃，胜利突破天险，奔赴抗日前线。新四军利用"江南第一关"进可攻、退可守、游可击的天然优势，建立皖浙支队。1949年初，皖浙支队进驻祝三村进行整编，配合大军渡江、解放全中国。

逍遥岩栈道以"险""奇"享誉全国，一步一景，主要景点有磨盘石、将军石、江南第一关、漏米礐、天冠石、观音洞、磨刀口、滴水石等，每景都有神奇美妙的故事，是江南村的第二绝。

地灵人杰

江南村辖祝三、虹溪桥、岱下、黄茅培四个村民组。

虹（横）溪，明代即为徽杭古道交通枢纽和货物集散地，店铺林立，其中"同义和"商号民国初年就兼营邮政代办业务。抗战时期杭州沦陷时，笔者祖辈离杭返里，与人合资在虹

雨后的江南村

溪桥开了永安商店，除卖百货、杂货外，还经营肉铺、糕饼坊、寿木铺；与岱下经营水碓的亲戚合办油坊；率领乡亲在黄茅培的水阳坑种植香菇、银耳等，编《工艺新法》《提倡高歌一曲》《大饼歌》宣传提倡国货，反对列强的经济侵略和武装侵略。

祝三寓"祈祝三多（福禄寿）"之意，岱（凤凰墩）下凤凰飞，还有建蓄能电站搬迁来的岭前新村意为"麟潜"。以上吉祥村与徽杭古道旅游开发公司已连成一片。江南村融合各种优势，新增9家餐馆旅店，成为"味道"特色小镇核心区。

江南村涌现的杰出人物有：

高耀水，1958年浙江省厨艺比赛一举夺魁；1960年选调北京当国宴厨师，后掌厨国务院第一招待所，为国家领导人和科学院老前辈服务。中央领导赠其"高师傅，高师傅"书法条幅，夸他是"高师傅，高明的师傅"。

高耀煊，山东临沂林业局总工程师，享受国务院特殊津贴，第七届全国人大代表。他是"杨树速生丰产栽培技术研究与大面积应用"项目第一负责人，该项目提高产量3~5倍，缩短成材年限5~10年，经济效益提高3倍以上，为国内同行业先进水平。1984年获山东省劳模，1985年获国家科技进步二等奖，1986年获中青年突出贡献专家等殊荣。

胡洪凯，内蒙古赤峰市农科所研究员，市政协副主席，享受国务院特殊津贴，第七、八、九届全国政协委员。1961年从事耕作和谷子诱变良种、谷子杂优育种研究，合作完成"旱薄丘陵地区综合增产技术研究"，获内蒙古自治区科技成果三等奖。选育出早熟备荒新品种"赤峰三号"，首次发现"谷子显性核不育基因"，1986年获内蒙古自治区科技进步一等奖；同年获自治区劳模称号。1987年，获国家科委"国家级有突出贡献的科技专家"称号。1999年，北京全国科学工作会议期间，国家最高奖——自然科学奖颁发仪式上，全国1550项申报项目的57项入选成果中农业方面有2项：袁隆平主持的"水稻光敏核不育"项目获三等奖，胡洪凯主持的"谷子基因互作型雄性不育的发现、起源、胞质转换与应用体系"项目获四等奖。

山区小村，有如此厚重文化、丰富资源、杰出人才，实为第三绝。盼江南村振兴崛起，名扬四海。

磡头村

许金河

曾经有位学者这样描绘古徽州："你信步走进一个村落，就会翻动一页历史；随处踩动一块石头，就会触动一个朝代。"绩溪县的磡头村就是这样一个神奇的村落。

磡头村坐落在绩溪县家朋乡境内，是乡政府所在地，地处天目山脉西段大嶂山麓的一个山间盆地。村庄平均海拔280米左右，村区面积约16平方公里，现有2297人。这里山环水抱，四面青山尽收眼底。村外围有海拔千米以上的饭甑尖、黄茅尖、门前岩、山云尖、台炮尖、磨刀石山，六山环峙，势若擎天；村边有寿山屏、阳和屏、平顶山屏，三屏鼎立，宛如屏障；村中有文笔墩、狮子墩、八卦墩、塔岭墩、东山营墩，五墩分布，形同房基，形成天然的风水建构。历史上

磡头村全景

文人雅士归纳出"涧洲八景"：甑峰毓秀、逢石作壶、石室清虚、岩存仙迹、屏开锦帐、峦回天马、洲涌金鱼、玉泉鸣珮，散落村内外，犹如锦上添花，给村庄平添神奇的色彩。发源于山云岭的云川溪（又称涧溪，俗称磡头河）蜿蜒曲折奔流而下，由南向北呈"S"形穿村而过，在村北的泉坑口与溪中心河、仙人庵河汇聚为戈溪河，成为水阳江之源。

磡头，土名竹坑。明代许姓迁入后更名"涧洲"，为怀念祖居地，又称"云川"。宗支繁衍，村域拓展，村民就地取材，沿云川溪两岸依山筑舍，石坎遍村，进门就上坎，出门也是坎，就俗称之磡头。"磡头坎，上床三档坎"八字民谣，将磡头村跌宕起伏、崎岖不平的地形地貌描绘得淋漓尽致。

据1913年编纂的《涧洲许氏宗谱》记载，明洪武二年（1369），许氏始祖泰来公相中了这块"云山拱秀、山水潆洄，八景回环，三屏分列"的风水宝地，遂从祖居地云川杏园梅树下（今霞水村）迁来开基立祠，历650多年，繁衍成"千灶万丁"的岭南大村。村里的古建筑90%以上为明清和民国时所建，历史上虽经历了多次特大洪灾的洗礼，但古貌依旧。

穿村而过的云川溪把村庄分成两片，长约2华里，中间大两头小，呈金鱼状。溪两岸用石板铺成水街，沿河用花岗石护栏，河宽6~10米，由麻石垒成的河磅高3~7米，从村头到村尾水位落差近30米，溪水终年不断，流水随落差日夜不停发出潺潺的水声，仿佛弹奏着一首美妙的摇篮曲。

沿水街两边拓展的民居，白墙黑瓦、鳞次栉比，高大的马头墙层层叠叠，错落有致，掩映着纵横交错、深幽曲折的小巷。随意走进一座座古朴的宅院，均是四水归明堂、三间两过厢的二层楼结构。斗拱飞檐，窗棂槅扇，雕梁画栋。厅

碣头村水街

堂摆设条几、八仙桌，悬挂匾额、字画，体现出鲜明的古徽州建筑特色。

　　"一溪流水似长虹，十桥横亘如云梯"，走进碣头，一步一景，步移景异，令人陶醉。清人宋履丰（曾任绩溪县知县）游碣头村后写了《涧洲村记》，高度评价："有明一代梁安称文物之盛者，推许氏村为最。"据安徽省建设厅高级工程师罗来平考证统计，碣头村水街两侧有10巷（今整理出24巷，挂牌为旅游景点），村头到村尾有10座古桥，10座古祠，5座古庙，5处古碾（水碓），4座古坊，1座古楼，还有28处取水石碣。罗来平称碣头是"徽州古村落的明珠"。

　　明代经几次重建、修缮的许氏宗祠，现为省级文物保护单位，堂构巍峨，五间五进，后进过金水桥，两边拾级而上进享堂，非常气派，在古徽州迄今保存较好的明代祠堂建筑中堪为上品。尤其是宗祠的大门外耸立着的石牌坊"节妇坊"，四柱三门五楼，在封建社会极为少见。这是一座皇帝恩赐，为表彰许氏六世祖许金祖母章义体守节抚孤而建的，彰显了碛头许氏对妇女的敬重。祠堂外沿水街还有一座听泉楼，张挂着清咸丰年间县令王峻题赠的"听泉"匾额，楼角悬挂着风铃，随风辨铃声可以知天气变化。夏天斜靠在美人靠上，任凉风吹拂，听楼下水声如击珮，捣衣声阵阵，惬意无比。此为涧洲八景之一的"玉泉鸣珮"。村中间的怀恩堂为明代广西都司断事许时润的府第，七檐门楼，两边建有钟楼和鼓楼，大门前辟半亩方塘，形如半月，名为"伯雨洗砚池"（伯雨是许时润的号），门楼上有"赞理戎政"石匾，至今犹存。水街上还有一座百粤司平坊，也是敕建嘉奖铁面都司许时润。

听泉楼与牌坊

碛头是一个以许姓为主的大村（90%的村民为许姓），许氏被誉为忠烈世家，唐代有忠烈王许远，宋代有抗金英雄许寿，抗日战争、解放战争牺牲的革命烈士许德如、许灶益等，解放后又涌现出英雄许家朋。1953年7月，在抗美援朝战争中许家朋烈士用自己的胸膛堵住敌人的机枪口，用年轻的生命为部队胜利前进开辟了道路，牺牲时年仅21岁。中国人民志愿军给他追记特等功，授予一级战斗英雄称号；朝鲜民主主义人民共和国最高人民会议授予他"朝鲜民主主义人民共和国英雄"称号。1973年，为纪念许家朋烈士牺牲20周年，家朋公社在村边社屋山建造了许家朋烈士纪念碑，1989年8月被安徽省政府批准为第一批省级重点烈士纪念建筑物保护单位。2009年，在社屋山山脚新建了300平方米的纪念馆和1200平方米的纪念广场。2022年11月，许家朋烈士陵园更名为"绩溪烈士陵园"。今天这里已经成为省市级国防、爱国主义教育基地，一代一代传承着红色基因。

础头村的民俗活动丰富，祭祀汪公大帝和忠烈王许远的庙会一直延续到解放后，衍生出闻名遐迩的础头大鼓，现已被列为省级非物质文化遗产；岁岁年年的徽剧、黄梅戏表演，为十里八乡群众带来无穷的欢乐；祈祷五谷丰登的"安苗节"，演绎出家家做包做粿的传统风俗。近年来随着旅游业的发展，又增加了"油菜花文化旅游节"，迄今已举办了十四届，家朋的知名度得到了进一步提高。传统的放飏灯放飞着础头人民对美好生活的期盼。础头村以优美的自然景观和丰厚的历史文化遗存，2009年被命名为安徽省"历史文化名村"；2019年入选第七批中国历史文化名村。

家朋乡紧紧抓住机遇，大力发展以山核桃为主的经济林产业和以家朋村、尚村为重点的乡村旅游业，带动了全乡的发展。随着社会主义新农村建设的全面推进，础头——这颗徽州古村落的明珠将焕发出更加耀眼的光芒！

尚　村

许守有

"一个天理地理物理山水奇丽的千年古村，一幅天道人道商道和谐统一的历史画卷，一座古徽州十姓九祠原生态遗存博物馆，一处体验十八班工匠手艺休闲乡村之地。"这是中国城市规划设计研究院古村落保护课题组专家对尚村的赞誉。

尚村远眺

唐朝末年，尚村开村始祖、高阳郡许氏，从鸿儒故里歙县许村徙居于此。村子依山而建，东有五龙蜿蜒天门开，西有大鹏展翅地门锁。俯视全村，酷似一幅祖国地图。

许氏之后，婺源甲道的张氏、渤海郡的高氏、河南郡的唐氏、福建蒲城的章氏、山东郡的周氏、歙县霞坑的方氏及叶氏、胡氏和李氏先后落户尚村。有《许氏族谱》记载："绩城之东北有许氏焉，巨族也。五龙蜿蜒，形势雄壮。族人于其岭麓建筑祖祠，环祠而居者，无他姓……由宋而元而明而清以迄民国。"村东的岫云古庵，村西的哪吒殿与村水口外的太子庙，世代护佑着尚村的平安。哪吒庙始建于清康熙年间，其时天下太平，百姓安居乐业，故长者合议修建庙宇一座，供全村民众作佛事及公共活动、喜庆之用。每年正月里举行庙会，俗称"大年会"。"大年会"期间，请戏班和和尚来登台助兴，沿村表演抬王公、坐太子爷、舞龙、跳狮和其他民俗节目。新中国成立之初，为发展教育事业，在此兴办完小和附设初中，学生数最多时有300多人，教师、工友14人。近年生源锐减，学校拆并。2015年，村民集资30万元新建了哪吒庙戏台。2016年8月，全国首块摄影小镇揭牌仪式就是在这个戏台上揭幕的。

千年历史为尚村留下了一大批明清古建筑：许党子老屋、明亭子圆门阙、周家党通转楼、章家石坦上内外堂、章家上下堂、巷弄里高家通转楼、唐家上下堂、高家上墙围、方家通转楼……这些民居古祠如岩石一样朴素，在风云变幻的历史沧桑中静穆矗立着，没有夺目的精雕细刻文化，默默无闻，名不出乡。

尚村的古巷

尚村至今保存完好的宗祠有许氏宗祠、高氏宗祠、章氏支祠、方氏支祠、周氏支祠及唐氏、胡氏、张氏、王氏的家庙瓮座的建筑，故称"十姓九祠"。许氏宗祠清末民初作为绩溪的考棚至今已有300多年历史，宗祠留下了两幅珍贵的彩色壁画，从壁画中我们可以清晰地看到钓鱼岛、南海、外蒙古都在我们中国的版图内，这两幅壁画是开展爱国主义教育的最好佐证。

章氏支祠建于民国29年（1940），在祠堂里我们可以看到中纪委推荐的196个字、中国"八大家训"之一的《章氏家训》，这篇家训成了章氏后代子孙的灵魂和精神支柱。

高氏支祠，格局虽然不大，但高家子孙一直秘密保管着整个绩溪县最完整的《高氏族谱》16卷，代代相传至今。在高家辈分排行中，有男排行，还有女排行。女性入谱，这是高家的一大创举，提倡男女平等，挣脱封建思想男尊女卑的束缚，说明高家早就走在了时代的前列。

尚村历来重视村规民约的建设，现在还保留着各种徽州文书：族谱、族规、家训、规约、契约、禁约、阄执、继书、仪谱、状书等。如清光绪三十四年（1908）尚村《设赏罚规例》，民国2年（1913）《设积谷会规约》，清光绪二十五年（1899）《继书》……从这些村民保留的文书中可以看出尚村人在处理身边事时注重程序和形式的规范，宗法与礼仪并重的文明风气。

明清时期，徽商崛起，尚村也开设了各种各样的店铺：永泰炉坊、德祥炉坊、森泰油坊、唐源盛、和茂源、爱日升、味乐斋、献元堂、存诚堂等，它们依托徽安古道、龙杭古道和徽杭古道迅速繁荣。

尚村史称"砚瓦村"，历来尚理崇文，秉承尊师重教的乡风，各大姓皆有自家的蒙童馆，规模较大者有长风书院、东山书院和中山书院。十室之村，不废诵读，松风明月，锦里流芳。近代有担任浙江绍山中学校长、台北国民中学教务主任、苏州大学教务主任、清华大学动力系主任等。在教育战线上汲汲于学问的尚村教职工，孕育出一代代社会贤达和志士仁人。20世纪60年代，尚村一年考取6个大学本科生，轰动乡村邻里，尚村又被誉为"文化村"。改革开放以来，共考取博士生3人，留学生3人，研究生5人，大学本科生42人。

到过尚村的儒雅人士如是描述："绩溪美景在家朋，家朋美景在尚村。"登上山云岭饭甑尖的文人墨客惊赞："攀上山云岭，不看黄山景，观止矣。"

风景如画　大美尚村

尚善古村，如今面貌焕然一新，宛如少女揭开神秘的面纱，婀娜多姿，惊艳世人。尚村近年来先后获得中国传统文化村落名录、中国美丽休闲乡村、中国传统村落数字博物馆建馆村落、国家3A级景区、全国生态文化村、全国森林村庄、全国乡村旅游重点村、全国乡村治理示范村等国家级荣誉称号，还是省级旅游示范村、安徽省民主法治示范村、安徽省脱贫攻坚先进集体。朴实勤劳和聪慧时尚的尚村人，正凝心聚力，聚焦机遇，潜心阶梯式发展，筑梦时尚和美家园。

霞水村

胡清宇

　　霞水是一条河，即霞川河，由竹里河、云川河和东坑溪三条溪流汇聚而成，"高柳簇桥初转马，数家临水自成村"，村依水名，称霞水村。

　　霞水村位于山间幽谷之中，离绩溪县城约40公里。据宗谱和地方志等史料记载，古霞水村的雏形早在唐代就已形成，至今已有1500多年历史。主要姓氏有许、唐、胡等。村名多次演变，最早叫借溪，以山为名——村东有山名"借溪山（云山）"；后称云川，以川为名——云川河环流周围诸村；三名下许村，以族姓为名——南宋末年，居村许氏成为旺族；四名下水村——方言"许""水"同音；五名霞水，

霞水之光

因"下水"词义不吉，"霞"义美好，遂用霞水村作为正式村名沿用至今。

由西面进入霞水村，一块巨石上镌刻郭因先生题写的"临水望云"四个大字。踏过一座古桥，可见水口，数株古树婆娑；路边竖立着一块民国初年严禁砍伐水口树木的"禁碑"，为古代乡村治理的实证。往前走300多米，原有一座回龙庙。庙为全木架构，有榫无楔，殿内不生蚊蝇蜘蛛。走廊南北门楣上分别题有"云山引秀"和"霞水潆明"四个大字。该庙始建于唐朝末年，传说建殿上梁吉日，鲁班师临场点化过上梁绝技。清光绪年间重修。2002年，由时年50岁（属龙）的村民集资重修走廊，现存残墙。再往前有一路亭，始建于明代，亭长6.5米，宽4米，高约7.5米，西向拱门门楣上写有"霞川古里"四个大字，笔力遒劲。路亭旁的太子庙占地面积约1500平方米，分上堂、下堂（戏台）、会所（西厢）、厨房及中间空坦五个部分。2015年修缮，上堂楼上辟为"霞川书屋"。在云川河与竹里河交汇处的东岸，一棵古柏树直插云霄。此树为村中唐姓始迁祖所植，至今已有400多年树龄，依旧枝繁叶茂，成为霞水村沧桑历史的见证。

霞川河穿村而过，全长约600米，宽约10米，高低落差约9米。两岸砌有石磅，村人沿石阶而下，到河中浣衣洗菜，河上小桥的倩影倒映在水中。清澈的河水缓缓而下，小小的鱼儿欢快游动，两岸人家参差，绿树成荫，鸟语花香，一派古色古香、宁静祥和的气氛。这一条长长的水街构成了霞水村最鲜明的特色，弥漫着幽雅的神韵。进入村内，但见传统的街巷布局，条石铺砌的巷道，路面整齐干净，高高的马头墙，夹住一条条狭窄而幽静的曲巷，大门上的楹联和门楼窗楞上的匾额、雕刻优美雅致，这个山间古村保存的文化艺术传统如此深厚绵密，让人如梦如醉。

　　沿着河磅上的石阶，我信步走到河边，凝视着流水，聆听着小河的倾诉——正是这河流赋予了土地和村庄以灵魂。这里的灵山秀水孕育了灿烂的村落文化，2017年被国家住建部确定为中国传统村落。明静的溪河日夜流淌，霞光照映下的河面上波光粼粼。而历代霞水人筚路蓝缕所创造的骄人业绩和从这里走出去的精英人物同样也是光芒四射。

古村春色

　　这里是"文化教育之乡"——早在民国元年（1912），村人唐昭裕、唐德政率先创办了私立云山国民学校，开绩溪十五都学校教育之先河；稍后（1918），原在石川创办私立修古国民学校的霞水村人胡震全，回到本村创办了另一所小学——霞川小学。其后，胡大刚在原两所学校基础上创办了私立成章小学。据1939年统计资料，学校有学生68人。20世纪30年代，每年春节期间村里都要举办故事会，传扬儒家文化。1938年，唐明生等人牵头组建了"霞水剧团"，一直到20世纪80年代中期，绵延近半个世纪，为乡村文化艺术的发展发挥了重要作用。民国11年（1922），村学校编印《暑期周刊》；1926年，村学校教师组织"青年研究社"（后更名为绩溪研究社），编印《朝阳》半月刊。

这里是徽商（厨）之乡——自古以来工匠、商户、厨师众多。特级厨师唐德宝，在中国驻印度尼西亚大使馆工作期间曾作为参加万隆会议招待外宾时的主厨。

这里是红色热土——1945年，新四军游击队深入敌后，发动群众，打击国民党反动派及其反动势力，霞水村党组织从此建立。先后有7位村民参加了中国共产党。解放战争时期，胡在庭、周邦铃、许华顺3位烈士为全国解放献出了自己宝贵的生命。1949年后至今，已有近50人参加中国人民解放军。

这里是名人故里——近代以来，士农工学商医各界均涌现出许多杰出人物，其中尤以胡大刚和郭因为代表人物。胡大刚（1886—1959），其父系名中医。胡大刚先后入安徽省立二师、国立南京高等师范学校农科、东南大学学习，毕业后任东南大学农业经济研究员。曾在南京创办《三民导报》，任社长。抗日战争期间，曾组织部队并任司令，抗击日寇侵略。新中国成立后，响应政府号召，携家去甘肃，直至去世。

郭因是我国著名美学家。他19岁离开家乡，1948年在香港参加中国民主同盟，被派回上海从事学生运动，随后回皖南参加中共领导的皖南游击队，解放后长期从事文化文史工作，曾被错划为右派并劳教数年，饱受屈辱。1978年平反后历任安徽省文学艺术研究所副所长、省政协常委兼文史资料委员会办公室副主任、省文史研究馆驻馆馆员等，著有十二卷本《郭因文集》等，被中国文联和中国美术家协会授予"卓有成就的美术史论家"称号，被国务院定为"对文化艺术事业作出了突出贡献的专家"，终身享受国务院特殊津贴。2019年，荣获中共中央、国务院、中央军委颁发的"庆

郭因祖宅

祝中华人民共和国成立70周年"纪念章。

　　郭因热爱家乡，情牵故里。2017年2月，在绩溪举办了"情牵故里"郭因先生捐赠书画展；2018年，郭因文墨馆在绩溪博物馆正式开馆。他在文章中写道："生我养我那村子，叫霞水村，村名雅得诱人，风景更使人着迷。""山是故乡绿，水是故乡清"，郭因先生说，"我常常想起我绿色的故乡。"正是这绿色故乡的这一方水土和文化，涵养了他的思想情怀和艺术风范。

　　霞水村精致巧妙地保存了世世代代积累的生存智慧、生活理想、博大情怀与生生不息的生命轨迹。霞水之光，如水一样温润而恬淡；霞水之光是一个绿色的梦，梦境里霞光万丈、鲜花绽放。

鱼龙山村

方龙华

鱼龙山村位于绩溪县东南，是家朋乡尚村行政村下辖的一个自然村。该村始建于明末成化年间，距今已有500余年历史，始迁祖为绩溪城南方氏十八世祖克光公。鱼龙山村现有户籍人口100余人，是一个古朴典雅、民风淳朴的山间小村落，2018年被国家城乡建设部列入第五批传统村落名录。

鱼龙山之名，源于村东的来龙山，又名龙龙山。它从山云洞口逶迤而来，在东山的二眼塘分岔，一支由大塘坞伸展延至岱上为火龙，一支沿后龙山绵延至水口为水龙。水龙的龙口处有一股清泉从地下岩洞喷涌而出，冬暖夏凉，常年有鱼游弋，现在这个地方还叫水龙口。《琵琶记·南浦嘱别》云："孩儿出去今日中，爹爹妈妈来相送。但愿修得鱼化龙，青云直上锦衣还。"鱼化为龙，比喻金榜题名，家族兴旺，来龙山因此又叫鱼龙山。

鱼龙山村四周环山，村落有徽派风貌的清代和民国老房子50余栋。以老屋下为中心，主街长千米有余，又有磅上和对面两条小街巷。鳞次栉比的民居依街、巷而建，层叠有序。村中央的水塘，状如神龟，水面清澈，微风拂来，波光粼粼，恰似龟背。站在村东头的白果树岭上放眼俯瞰，早晚时分，村里炊烟袅袅，鸡犬相闻。远眺四周，东边岩山雄岩峭壁，海拔1349.6米的饭甑尖直插云霄。南有长岗岭、放牛山，山峦绵延，林木青翠。环村有数百亩层层叠叠的农田，夏秋时节，麦浪翻滚，稻谷飘香。数百年来，鱼龙山村民日出而作，日落而息，过着"林泉入画，鸡犬皆仙"的农耕生活。

村在云山雾海中

村中间有宗祠一座，始建于清同治元年（1862），距今有160余年历史。正门上方有隶体大字"方氏宗祠"匾额，一对石鼓分立正门两侧，庄重威严。宗祠有三进，总面积218.6平方米，中厅开阔，天井明亮，正中有思爱堂和"黟侯世家"匾额，柱梁之上有雀替、倒爬狮等雕刻。后进寝室置香火堂牌位，有木梯上阁楼，为藏谱及祭祀礼器、响器之所。20世纪70年代，祠堂前殿被拆除，改为生产队的养蚕室。近年来，村民踊跃捐资，重修了前殿，还原了祠堂原有的面貌。除了方氏后人在此追思前辈、祭奠先祖外，但凡家有红白事，皆在此办理酒席，宴请亲朋好友，祠堂在新时代又被赋予了新的用途。

村西内水口，栽有一株300多年的古沙棠树，树干粗壮笔直，冠如伞盖。树桩处有光绪三十三年（1907）重修的始祖克光公、张元妆夫妇合葬墓。水口石磅东面，立有石碑，上刻"水龙"二字。水龙口是村民取水、用水的地方，水量足够村人四季饮用。20世纪七八十年代，村里人口多，这里是村里最热闹的地方，每天清晨，水龙口就围满了洗衣、担水的村民，捶衣的棒槌声，喧闹的嬉笑声，此起彼伏，各种家长里短、逸闻趣事都在这里交流传播，成为当时村里一道亮丽的世俗文化景观。只是现在人口大量外流，加上家家都安装了自来水，彼时盛况已难得一见了。

从内水口往外50米左右，筑有碾米、磨面的水碓，碓屋前些年进行了修缮，保存基本完好。推开门，可见悬挂的4支"T"字形的水碓，右侧有石磨和箩仓。碓身为硬木做成，套有铁质碓头，碓口（石臼）是用当地的花岗岩凿制而成，如倒立的簸箕，前低后高，碓后有环形水车，舂米时将稻谷倒入其中，水车带动水碓上下运动，将金黄的稻谷变成如玉的白米。小时候，我常陪妈妈在此舂米磨面，磨面时，我们看着好玩，偶尔也上去踩踏板打箩，白面和麦麸在"嘭嘭"的响声中被分离出来。舂米和磨面是一件非常辛苦的活，有时半夜三更，妈妈挑着舂好的米，我在前面打着葵花杆做的火把，红红的亮光撕开了浓浓的黑夜，在那艰苦年代给了我们幸福的希望。出了碓屋往外，就是村里的戏台、学校和汪王庙，形成了外水口，构建了完整的鱼龙山村落版图。

随着岁月的流逝，上百年的老房子基本都完成了它的使命，难逃被改建或湮灭的命运，但20世纪60年代前后修建的三间带厢房砖木结构徽派房子还有不少，这些房子虽历经60余年风雨，依然保持浓浓的烟火气息。走进任何一家有人居住的房子，正中的板壁上一般都挂有中堂画轴。小时候，家家都挂有伟大领袖毛主席的画像，现在挂的多是山水和松柏、白鹤之类的画，条桌、方桌、自鸣钟也都是当时摆设的标配。东西两边的厢房，是用杉木打制的皮门和卡子门装修，经久耐用。那时，建房子确实不易，老一辈中就有一代建房、三代装修的说法。小时候看起新屋，吃蒸米饭，依然历历在目。最难忘的是巨大木梁、上千斤重的石门岩，在几个壮汉的号子声中被绞盘吊上去的情景，现在想来还是那样的惊心动魄。

鱼龙山村虽小，但村民一向崇文重教。据《城北方氏宗谱》记载，旧时村里就建有私塾，有文人游学，培养庠生、监生5人，武秀才1人。解放初期旅俄留学1人。20世纪70年代末恢复高考制度，1979年考入安徽大学1人，第二年又有3人考取了中专，那时录取率低，考上不易，小小村子，接二连三有村里娃跳了龙门，此事也一时成为佳话。

鱼龙山村最美的时候自然是每年的清明前后，田野山间，到处是春意盎然，繁花似锦。站在尚村的观景台上往下看，一条村公路如白练盘旋而下，路两边金黄的油菜花层层叠叠，美如绸缎，一直延续至霞水村口，周边的山上，粉红的映山红一簇连着一簇，点缀在满山的绿意中，更显得淡雅傲娇，吸引着众多游客纷至沓来，赏花打卡。

无边花海漾春光

鱼龙山是"大美尚村"和"千年霞水"珍珠串中不可或缺的重要一环，随着时间的推移，它深藏的丰富文化底蕴，美如江南处子的风采，必将在发展中被发现、被认识。

松木岭村

胡清宇

这里是绩溪县的东部一隅，离县城45公里，海拔1000多米；这里溪水潺潺，群山环抱，岭前山后遍布松树，郁郁葱葱。山下有一个半月形的小村庄——松木岭。

松木岭山、石、水各显奇崛与秀雅，田园层叠，云雾缥缈，四季风光皆有旖旎景致。清末《松岭周氏宗谱》中列有"松岭十景"：松岭风涛、谷堆烟霭、双溪绩月、五峰排云、东坞雪梅、西堤雨竹、平畴农歌、印石仙棋、爵峰朝旭、古庙晚钟，并为十景诗，其中一首《松岭风涛》"梅干竹里友相邀，笑指苍松一岭高。万里长风何处至，半天声转广陵涛"，诗情画意跃然纸上。

松木岭村全景

松木岭水口风光

　　从霞水村自下而上，先到水口。但见两山对峙，狮象把门，形成一个天然的门户。一股清澈的溪水在坦背山脚下的巨石缝隙之中哗哗流淌，这条俗称山云河的小河是水阳江的源头之一，流经松木岭等村庄后汇入戈溪河进入宁国，最终汇入万里长江。河上建有一座单孔石桥，长约13米，离水面6米，小巧玲珑，简朴雅致。站在石条铺就的桥面上，迎面可见几棵高大的古树，浓荫蔽日，桥下流水淙淙，浪花飞溅，清风徐来，松涛阵阵，令人心旷神怡。不远的平坦处立着两座古庙，一大一小。村民传言，庙内百年从未见有蜘蛛网，墙面上不积灰尘，应为风水宝地。庙前置有石桌、石凳，供人休憩。如此水口，山、水、堤、树、庙俱全，构成一处天人合一的绝妙佳境。河滩上有十余人正在修筑河坝，琢石声在山谷间回荡。交谈中得知，松木岭村于2019年获批中国传统村落，国家有专项资金补助，水口整修即为古村保护项目的一部分。眼见着村民们为古村保护而干得热火朝天，着实让人心生感动。

　　出水口，沿着石板路拾级而上，映入眼帘的是一道长有古柏、冬青树和毛竹大石块垒成的石坝，长20余米，高5米多，坝上长有古柏、冬青树和毛竹，村人称之为西堤，建于清同治年间。为何此处有坝？村中老人说护村坝并非用来防洪，而是因为松木岭村依山傍水而建，东高西低，坝立此处，便可聚财。这样的创意设计颇有特色，在绩溪县内的古村落中绝无仅有。

穿过村坝豁然开朗，岭上古村即在跟前。离村不远的河边，曾有一座和尚寺，是山云岭深处山云寺的下院。这里有一座始建于清乾隆三十七年（1772）的水碓，占地面积95平方米，水车、碓、石磨和磨粉仓等器具均保存完好。同行的摄影师见此水碓，连忙咔咔拍个不停，他说如此完整的水碓现已很难看到了。古人笔下"虚窗熟睡谁惊觉，野碓无人夜自舂"的优美意境在此完美呈现。

松木岭的碓房

据村志记载，松木岭最先由吴姓人家始居，约明代嘉靖年间，周姓十八世文昱公"性恬静，爱松岭幽胜"，遂自湖里村迁入，聚族而居形成完整村落，迄今已有500多年历史。村庄格局依据旧时的风水理念，背依山云岭，两边山势左青龙右白虎，山云河从山云岭发源，流过八里地到大松木岭，河水在村头分支，又在村尾合并，离而复合，甚为巧妙，形成了"双溪绩月"的特有景观。村中建暗渠引水入村，形成一条千余米的活水系统，设有多个水池，区分饮用和洗涤等不同的功能，彰显古人智慧。一条石板路从村中央一穿到底，两旁的徽派民居依地势高低错落而建，有的房屋直接建在整块的巨大岩石之上。水口亭为清代建筑，是村庄之标志。现存的民居约有40多幢，多为清末、民国时期建造，青砖墙，内木隔，两层结构，一条条窄窄的石铺小道蜿蜒伸展至家家户户，村民可以不走泥泞路。在这里可以看出，从古到今村庄治理是规范有序而富有成效的，鸡犬相闻人相亲，人间烟火更温馨。行走于巷道中，我不禁想起儿时在老家，也是在这样的马头墙下、石板巷道里，驮饭碗、听说鳖、学民谣，乡愁如斯，几多欢喜。

松木岭村小人口不多，鼎盛时期全村65户240多人，但十室之村不废诵读，村民向来崇文重教。民谚道："三代不读书，等于一栏猪。"周氏祖训告诫："诗书可以明圣贤之道，不可不重视……如果品学都好，即使不发达，一样有光门户。"早在清同治年间，村里就办起了私塾，至民国时期，大部分孩童都接受了启蒙教育。解放后，村小学延续了60多年。小小山村，先后走出了数十名大学生。1954年，村里还办起了一个业余剧团，村民集资置办服装、道具、乐器，新建了百余平方米的戏台，平时忙于劳作，逢年过节登台唱黄梅戏和越剧，还受邀到四乡八村演出，声动百里，给乡亲们带来几多美好时光，一直延续到20世纪80年代。

为了生存，村人真可谓想尽千方百计，吃尽了千辛万苦。村人外出挣钱主要的渠道是经商开店做厨师，走村串户做手艺，几乎家家有"出门客"，人人学有一门手艺，诸如木匠、砖匠、石匠等等，一应俱全，所涉行业达30多种，农忙耕种，农闲做工，凭本事吃饭。我的一位同学，老家是松木岭的，据他回忆，过去松木岭的窑工特别多，俨然成了烧窑烧灰的专业村。其父辈兄弟三人都是砖瓦匠，其父亲有一手看天预测天气的绝活，就是做砖瓦的时候摸索总结出来的经验。由于刚做好的砖瓦要晒干，绝对不能淋雨，其实也是被逼出来的。真是千般生意万般难。改革开放以后，仅有百余人口的小村，从事烹饪业的就有二三十人，被誉为"厨师之村"。

耄耋之年的周文甫先生是土生土长的松木岭人，曾任绩溪县教育局局长、绩溪中学校长等，2020年主编了《松木岭村志》。他在"编后语"中深情地写道："数百年来，先辈们在松木岭这片荒瘠的土地上创造了传统的农耕文明，作为后人，我们能为守护传统村落、传承文化根脉做点什么呢？"村党总支书记、村委会主任、省劳动模范周明飞，带领村民奋斗十年，把一个偏乡僻壤的小山村打造成了"中国美丽休闲乡村"和全省闻名的旅游景区，尚村行政村所辖的尚村、霞水、松木岭、鱼龙山4个自然村均被列入《中国传统村落名录》。

《松木岭村志》中收录有几份旧时村民的分家"阄书"，其中一份"阄书"的结尾写道："自此（兄弟分家）以后，惟愿协力同心，毋荡废，毋闲游，黾勉自持，以承先绪是则。予之望也！慎之勉之！"

数百年风雨飘摇，一代又一代的松木岭人所传承的不就是"协力同心、黾勉自持"的精神吗？或许，这就是传统村落之魂吧。

大石门村

叶　雨

　　十多年前，上海同济大学一个研究团队来到绩溪县扬溪镇的大石门村，对这个传统村落的水口进行了专题考察并形成论文。之所以选择这里作为个案研究，是因为大石门村的"水口空间及其支撑体系极具典型特征"。此处巨石高耸，对峙如门，村名由此而来。

　　"水口者，一方众水所总出处也。"大石门村址坐东朝西，东西倚山，小河由北向南穿村而过，出村转弯的地方就是天造地设的天然水口。水口处的石崖，是白石尖伸出的一脉，蜿蜒起伏至石门盆地南端止于河边，凸起一山岗，势如雄狮踞于河畔。从村的东面群山伸出一脉止于河西岸，状似大象伸出长鼻饮水，与东来的狮山紧相对峙，形成"狮象把水口"的奇观。先辈人在狮、象两峰间架了一座单孔石拱桥，桥上游筑拦河石坝；狮峰悬崖下建了一座楼阁，内供观音菩萨，称观音阁。赭色的石崖上缀满藤萝，春日里盛开出鲜艳的花朵。狮山顶上有一座观景亭，俯观四下，村庄阡陌，一目了然。石门巍巍，流水淙淙，自然与人文相得益彰，美不胜收。

　　"两山并峙石为门，石势峻嶒虎豹蹲。晓雾垂垂如雨集，生烟漠漠似云屯。丹崖花缀山成锦，翠浪鱼翻浦作盆。正是朝暾犹未上，已闻人语出深村。"这是清朝诗人葛洪范的一首《大石门晓望》，它为我们展现了石门水口优美的自然风光，勾勒出一幅清新秀美、祥和欢快、人勤春早的山村图景。水口曾经是古村落最华丽最壮观的部分，代表着一个宗族的经济文化水平和伦理教化成就。大石门水口是传统村落公共空间的一个典型素材，以水口为切入点加以研究，可为保护古村落自然生态环境和延续传统文化提供一个具有积极意义的参考。

大石门村全貌

大石门村连接两条古道，一条是石头岭古道，另一条是闻茶岭古道，意为十里闻茶香，民间以谐音称"门茶岭"。山岭东坡建有一座茶亭，一对夫妻住亭施茶，一直延续到20世纪七八十年代。大石门村位于闻茶岭下的盆地之中，昔为徽商经徽杭古道走出大山的第一个驿站，承载着几多繁华的记忆。

古时大石门属绩溪县十四都，在宋代以前这里就是一个大村庄了。村北东山岗上有一古墓，名"状元坟"。据旧谱记载，绩溪湖里明经胡始迁祖胡延政之孙胡汾，状元及第，授翰林院学士，卒葬于此。大石门村胡氏始迁祖胡岳兴于北宋嘉祐七年（1062）由婺源迁来定居。现有周、高、姚等姓氏。早在700多年前，大石门的胡氏家族已是人财两旺，南宋宝祐五年（1257），大石门人胡旦（润）在京城为官，往来于杭州与家乡，深感交通艰难，遂捐巨资开辟了逍遥岩栈道，是徽杭古道的肇始者。如今在逍遥岩施茶亭附近岩壁上还可见记载这一壮举的摩崖石刻，文曰："圣宋宝祐丁巳六月旦日，大石门胡八十府君惠润，捐金用工开辟，凿去巉岩，改成台阶，以便往来，永无危险。"

不久前，我们县政协文史委一行专程到大石门村调研。一场大雨过后，村内外云蒸霞蔚，树木葱茏，鳞次栉比的徽派民居显得格外清幽雅致。行走于石板路上，随处可见保存完好的古房、古巷、古桥、古道、古戏台、古祠堂等古建筑，其中太尉殿、古戏台和周氏宗祠为省级重点文物保护单位，现已修缮完毕，彰显着大石门村悠久的历史和灿烂文化。

太尉殿位于大石门村西南，占地面积约10亩，是大石门村的标志性建筑。太尉殿为广福寺庙宇群的建筑之一，原庙宇群包括东殿太尉殿、正殿螺丝佛殿和南门社殿，现存东殿太尉殿，为纪念在唐朝平定"安禄山叛乱"中殉难的南霁云、雷万春二将（被唐王追授为太尉）而设。太尉殿的殿宇肃穆恢宏，红墙黛瓦，歇山式脊顶，两角飞翘，中央的锡葫芦顶闪闪发光，十分壮观。正面四根花岗岩方柱竖立，列为五开间，中三间为栏栅式大门，两边间砌粉墙，上开大型圆窗，旁边墙上书有楹联："松运影中迎月到，石门清处恁风来。"

古戏台（万年台），位于太尉殿南，建于清代。歇山屋顶，翼角腾飞，戏台面阔12米，进深9.2米，戏台后面设"出将""入相"二门，左台口设文武场，整座戏台由几十根矮柱支撑，前额枋雕刻精美。如此完整且艺术性较高的古戏

大石门村的古戏台

台，全县仅此一处。

周氏宗祠占地面积约548平方米，分前、中、后三进，前进面阔五间，进深二间，中设仪门，歇山顶，砌封火山墙，抬梁式梁架，斗拱承挑出檐。外檐南北稍间封砌八字形墙体，饰少量砖雕。门后有庭院，条石地坪，进深四间，抬梁式梁架，三合土地坪。其后是寝楼，面阔五间，进深二间，抬梁式梁架，木雕构件雕刻精美。村北石门河上游，有一座三孔石梁古桥。相传清道光年间，张姓富户的女儿许配给程家，不巧大水冲毁木桥，使迎亲往来不便，张家便捐资在此建成石桥，取名联姻桥。

路文彬是从大石门走出去的徽菜大亨。他幼年丧母，8岁时去苏州、上海面馆学徒，成为徽馆名厨师。清末年间开设了"聚乐馆"等徽菜馆6家，并在20余家徽馆中投股，是上海徽菜馆的创始人之一，曾任徽宁旅沪同乡会会长8年。洪范五，1893年出生于大石门，曾留学美国，回国后任大学教授，1925年倡议成立中华图书馆协会，并任董事等；解放后任南京大学教授兼图书馆主任，后受聘国务院科学规划委和

周氏宗祠

科技委图书组成员，是我国现代图书馆事业的奠基人和开拓者之一。

　　"二月二，龙抬头，家家户户裹粽子"，这是古徽州的传统习俗。而大石门村在每年九月十二这一天也要包粽子。原来，每逢农历九月十二太尉老爷祭日，大石门村都要在太尉庙前杀猪宰羊，献上供品，隆重祭祀。传说太尉老爷雷万春生前脸上中箭成瞽，其生前爱听戏，故在太尉殿南侧兴建了万年台用于演戏。庙会期间演戏数天，远近乡民纷纷前来烧香看戏。村干部告诉我们，大石门村素有演戏之传统，直到20世纪50年代，村里还有凤春和、长玉春两个戏班。现村里还保存部分古装戏服，每年夏季要把戏服搬出来"晒霉"，以利妥善保管。1943年春，县内有识之士将大石门广福寺庙宇中的佛像移去，在此办起了一所职业学校，设染织科两个班，校办工厂设染织、制烛两个车间，学制三年；历六年四届，毕业学生210人。该校"以推广乡村职业教育悬为唯一之鹄的"，在绩溪教育史上留下了浓墨重彩的一笔。由于大石门的"太尉老爷"影响深远，周边各地每年秋季都要翻山越岭到大石门"接太尉"，供奉祭拜后送回时旌幡蔽日，爆竹锣鼓喧天，山门铳声响彻云霄，长长送神队伍轰动沿途村。村人在庙会期间包粽子用于祭祀，并招待和馈赠宾客。久之，便形成了九月十二包粽子的习俗，至今不绝。

大石门村的草龙舞，迄今已有600年历史，2017年被列入省级非物质文化遗产名录。制作草龙的主要材料是稻草、竹、剑麻。草龙长18米左右，由10多个青壮年擎舞，小龙身长约2米，由两个少年随舞于成龙之后。擎舞时先是设台祭拜，称"请龙"，继而鞭炮齐鸣、鸣锣开道。龙珠引导，龙前两名小伙不断用稻草扎成二三尺长的"草辫"（又称为"草炮"）摔打，发出噼啪响声。草龙穿梭于村中街巷，游到广场时便舞出各种摇头、摆尾、翻火球、腾跃、缠龙等花样，晚上游舞，龙体插上点燃的香火，舞动时点燃的香火随风飘动，似活龙在天，故又称为"火龙"。火龙在夜幕中腾飞漫舞，妙趣横生，一直闹到深夜，最后将火龙送到村水口外，抛于河中，如此，便能驱魔祛灾，保境安民。

那天我在大石门村采访时，恰逢草龙舞的非遗传承人，利用夜间的空闲，带领几位村民在扎草龙，准备参加近期县里举办的一个非遗展示活动。眼见着一根根金黄的稻草来回穿梭，那缠绕和编织的其实是世世代代对风调雨顺和五谷丰登的期盼与喜悦吧。大石门这个传统村落千百年所传承的民俗，让人真切地感受到农耕文明的精髓和无穷魅力。诚如一位学者所言：乡村是中华文化的精神创生地，中华文化的根在乡村，我们要从根部去关注它。

龙 川 村

洪树林

东耸银瓶龙须山，
南依天马贵人峰。
西形鸡冠若凤舞，
登源河腾似飞龙。

　　这里，离绩溪县城12公里，原来是一片长满黄荆条的荒河滩，名荆林里。东晋大兴元年（318），散骑常侍胡焱提兵镇守新安，一日，从华阳沿登源河巡游到此，情不自禁地吟出上面这首诗，认为是神灵将自己引至这块风水宝地，致仕后便举家迁居于此，披荆斩棘，开垦耕耘，繁衍生息60多代，历经1600余年，建筑起龙川这一片家园来。现在已经名列中国传统村落、国家5A级风景区。

龙川远景

郈山及其南延的七姑山、龙须山、石京山形成了一个长长的畚箕形谷地。冬天，西北风刮到这里，已不很凛冽；夏季，海洋性气流从南口徐徐吹来，为盆地构成了冬温夏凉的宜人环境。发源于天目山主峰——清凉峰的登源河绕过了九十九道弯，在七姑山麓收容了平银河和卓溪河以后便浩浩荡荡地直流南下，进入龙须山和石京山之间的小盆地，水势平缓了下来。龙须山和石京山相向往盆地分别派生出许多小山脉，不仅为盆地留住了土壤肥力，而且比其上下左近的山村有更长的光照时间，正所谓"得山川之灵气，受日月之光华"。

龙川整个地形如同一条大船，不由得不让人产生联想，正是胡氏家族驾驶着这条大船，行进在历史的长河上，孕育了一代代闻名遐迩的杰出人物，广泛吸收了外部世界的物质文明和精神文明，创造了并留下了丰富的、灿烂的、举世瞩目的物质文化遗产和非物质文化遗产。一村出了14名进士，任县令以上官职的有20多人；近代还有名医世家胡雨田、徽菜大师胡安生、缫丝实业家胡炼九等人，他们都为龙川留下了辉煌的一页。全国重点文物保护单位——胡氏宗祠，14座石牌坊中幸存下来的奕世尚书坊和都宪坊，以从善堂和善庆堂为代表的清末民初徽商故居，修复的胡氏21世祖胡念五故居仁和园，寓意龙凤呈祥的水街等等，龙川这条大船正满载着历史遗存乘风破浪驶向未来。

发源于石金山的龙溪，亦名龙川河，由西向东汇入登源河，村夹溪而建，故因河而名龙川。为了避免刺激皇帝多疑的神经，又从《庄子·天运》"在谷满谷，在坑满坑"一句，取了个很俗的土名：坑口。直到1988年，村中的胡氏宗祠被批准为国家重点文物保护单位后才恢复"龙川"村名。

龙川河南岸的堤坝称为"龙堤"，中间纵铺石板象征龙脊，两侧罗以鹅卵石为龙麟；河北岸称为"凤街"，花岗石

龙川水街

条横铺，好似凤凰的片片羽毛。两街合意为"龙凤呈祥"。

　　水街南首的景区入口处，原是龙川胡氏21世祖胡念五的居所仁和园。胡念五是龙川胡氏发展史上承前启后的人物。谱牒中记载："创业之盛，莫过于此，流派之盛亦基于此。田土三万余顷，遍于邻郡；徽州六邑，莫有富于公者，时人报为大户，于是照田纳粟五万石，赈济凤阳等府，敕封父子官爵为提干。……生七子，分为七架。""田园建于徽、严、杭、宁四郡，每岁进粮十万（石）。秦桧忌公富，令公筑杭州新城之半，城成且速，诏封提干。公畏桧奸，受诏不起，隐居不仕。"

　　距仁和园之东不远是清末民初徽商胡炳衡的故居。清代道光年间，胡炳衡的祖父胡沇源由亲戚荐往江苏东台茶叶店学徒。沇源笃诚敦厚，勤敏刻苦，不畏艰苦，满师后，以店东奖励他的一笔可观酬金起家，先后开设了裕泰和茶号和胡源泰茶号。传于儿孙四代，历经百数十年的经营，先后开设茶庄、茶栈12爿，其中有5爿经营至新中国成立后的公私合营时期。徽人经商业有所成后，都忘不了扩建祖屋，一是以此光宗耀祖，二是为自己预备一个颐养天年的场所，三是为子孙留下一个进有后援、退能守成的基地。因此，胡炳衡建了这幢占地面积220平方米、三进前厅后楼、三间两过厢、另加一厨一院的住宅，取名从善堂。前厅两副对联："为爱清香频入座，欣同知己细谈心""俭为上孝为先修身之本，勤致裕善致庆和气致祥"，恰如其分地概括了胡炳衡几代人修身治家经商的理念和品行。

回到竹木扶疏的龙堤，有座亭，名"如心"。这个亭子的结构是根据徽派建筑中障空补缺的理论而建的。更有意思的是，在亭西安置了三级石阶出亭子，这是很少见的构思：入亭后，必能如心，后步更比前步高；出亭去，则是如了心愿就是连升三级步步高。过了如心亭，便是奕世尚书坊。

奕世尚书坊，是龙川村历尽沧桑浩劫仅剩的一座石牌坊，建于明嘉靖四十一年（1562），南北朝向，横跨官道，高10米，宽9米，三门四柱五楼。为彰表的胡富、胡宗宪而立。胡富，明成化十四年（1478）进士，官至户部尚书，赐

奕世尚书坊

少保衔；胡宗宪，明嘉靖十七年（1538）进士，官至兵部尚书，赐太保衔。两人科第相隔60年，都任尚书之职，享宫保之衔，故称"奕世尚书""奕世宫保"。风街中段在原胡宗宪故居的遗址上，已经分别建起了胡富纪念馆和胡宗宪纪念馆。

与奕世坊隔桥相对的都宪坊，也是明嘉靖帝下旨，为辽东巡抚胡宗明建的。胡宗明在安边任上，"严武备，明赏罚，申禁令"，多有建树，因此明朝政府在龙川村建的14座功德牌坊中数他的最多，计有进士坊、地官坊、大方伯坊、都宪坊4座。4座牌坊都毁于"文化大革命"中，都宪坊是2004年由航佳旅游总公司恢复重建的。

风街东端、位于登源河和龙川河相交处的龙川胡氏宗祠，始建于宋代，明嘉靖年间胡宗宪予以扩建，清光绪二十四年（1898）再度大修。宗祠坐北朝南，砖木结构，三进七开间，由影壁、泮池（龙川河代）、平台、门楼、天井、廊庑、祭堂、厢房、寝厅、特祭祠等十大部分组成。纵深84米，宽24米，总建筑面积1564平方米。宗祠由前至后，依次递增高度，墙基都用花岗岩条石砌成，其上是高大矗立的风火墙。建筑格式采用中轴线东西对称布局。门楼重檐歇山式，由28根立柱和33根月梁架构而成，斗拱承挑屋檐，戗角腾空，脊吻架云。仪门上彩绘尉迟恭、秦叔宝两门神，仪门两侧石鼓相对，石狮蹲峙。门楼与正厅之间和左右两廊庑连接，廊庑的前沿柱一律采用方石柱，上架木层架。胡氏宗祠装饰集徽派建筑木砖石三雕和彩绘为一体，而以600多件木雕部件最为精湛。梁枋、斗拱、博风板、雀替、驼峰、平盘斗、替木、叉手、隔扇、柱础、梁桥，均以雕刻为装饰，大到五凤楼前后的大额枋，小到100多扇隔扇门腰华板和直径仅十几厘米的梁脐，均雕刻得一丝不苟。雕刻内容有人物、飞禽、走兽、花卉、博古和标志物六大类型，因而被誉为木雕艺术厅堂。1986年被定为全国重点文物保护单位。

近几年，龙川村立足全县"登源河百里历史文化生态走廊"龙头这一定位，按照争建全国最美乡村、争做全国最美市民、争创全国最美景区的要求，组织实施了村容村貌、生活水平、村民素质、景区建设、基层党建五大提升工程，美好乡村建设取得显著成效，先后被授予全省历史文化名村、全省新农村建设千村百镇示范村，获得安徽省村镇建设十佳村、全省五个好村党组织、全国民主法治示范村、全国妇联基层组织建设示范村、全国生态文化村、全国文明村、全国历史文化名村、宣城市十大美好乡村等荣誉。

龙川胡氏宗祠

目前，龙川村共发展"农家乐"40余家，民宿接待床位达500余张，新开发建成花卉观赏园2个，休闲采摘园1个。依托"上街去"平台核心，发展电商20余户，全村从事"农家乐"、旅游农产品经营、乡村导游等乡村旅游相关行业农户300余人。

瀛 洲 村

洪树林

瀛洲村，地处绩溪县东南、登源河中段西岸，距县城绩溪9公里。全村472户，1570人。村民以章姓为主，占80%，是有近千年历史的徽州古村落。相传宋宣和二年（1120），章运公由浙江昌化县览村肩担而来，觅得背靠瀛山岩、面临登源水的"宝地"——油坑口而落脚生根繁衍，成为徽州最大的章姓聚居地。

后来有村人章仲润出资在前街村口油坑溪上筑一座石板桥，桥头建一座财神庙，需要在门楣上题几个字，征求大家意见。大家各抒己见，争论不休。有位书生说："还是题'瀛洲'最合适。"有人问："瀛洲是东海里的一个仙岛，我们这里远离海边几百里，又是群山环抱着，怎么个合适法？"书生说："这世上事往往让人感到不合适却又成了事实，才会与众不同，让人感到新鲜。如果我们题上几个人人都觉得合适的字，还有味道

瀛洲村口亭

吗？"章仲润听了，觉得很有道理，而且是取自唐代大诗人李白诗句中，很有寓意，更比油坑口这俗名好听悦耳，就拍了板，让书生写了这两个字，由砖雕师傅镌刻在青砖上，嵌于门楣中。从此，"瀛洲"作为村名叫开了。

而今立在前街村口石桥南端，仰视街口亭门楣上的两个赫赫的遒劲古字——瀛洲，给人的第一印象就是一幅"青山横北郭，绿水绕村东"的山居图。

走进瀛洲，便会被一种徽镇古韵所深深吸引。给人印象最深的就是全村大小道路，即使是巷弄，都是铺一色的麻石板，只是路的规格或档次不同，铺就的格式不一样。前街，1公里左右，因为是商业街，人多物聚，繁华昌茂，铺法就有讲究了。麻石板1米见长，全部横铺，石板两边还用小鹅卵石垒成，相互簇拥着，很有些野朴味道。由于年代久远，走的人多，石板磨得锃亮锃亮的。后街是居住区，没有店铺，没有前街宽阔，1米见长的石板则直铺了，也没有"小不点"相衬，这样就少了一份脚步沓沓的嘈杂声，宁静得多。

瀛洲地处绩溪登源古驿道上，又是登源河中游区域的中心，一直还是里、乡、公社、镇政府所在地。瀛洲前街也就顺理成章成了商业街。尤其抗日战争期间，黄维兵团的六十七师驻扎在登源一带，师部设在离瀛洲2.5公里地的南观村，瀛洲上下人口骤增，将瀛洲前街的商业推上了鼎盛。计有大小商号、店铺、摊点50余家，杂货、肉店、百货、糟坊、酱园坊、糕饼坊、药店、豆腐店、饭店、烟草专卖店、理发店、裁缝铺、嫁妆店、铜铁锡匠铺、纸扎店、澡堂、棺材店等应有尽有，吃、喝、穿、用一应俱全。在大约600米的街道上，行人如梭，熙熙攘攘，摩肩接踵，热闹非常。

比较有影响的商号是章夏生的天源栈、章社政的章源泰，章社金和章本法各自开设的糟坊、肉店、杂货店。前两家，鼎盛时有骡马八九上十匹贩运货物。豆腐店有4家，老板分别是韦建中、炳元师、石塔佬、艾英娘。韦建中是外地人，剃着光头，而人们称其为"光头老板"，人缘好，新中国成立初还被选为村长。一个外地外姓的生意人，在这样一个章姓大族聚居的大村庄被选为村长，这是不多见的。可见他在当地人心目中的地位。而艾英娘的豆腐店也是远近闻名的。丈夫早逝，独自抚养子女。寡妇开店难上加难，艾英娘以严肃正派而热情大方的性格，实行坐贾与行商相结合的办法，赢得了村人和顾客的尊敬与支持。

瀛洲前街有三家药店：章永济药号、芝生堂和来复堂。历史比较久远的是章永济药号，创办人是章渭翱，时在光绪初年。同时还兼营邮政代办所，又曾是共产党游击队的地下联络站。芝生堂老板章林生娶了本县霞水村的姑娘后，又去霞水开了分店"回春堂"。抗日战争后期，来复堂歇业了，前两家药店一直经营到1954年公私合营，有意思的是公私合营后的瀛洲药店却挂牌来复堂。

除有店面的商家外，瀛洲前街还有一些摊点，零售诸如香烟、火柴、糖果、水果、针头线脑、小孩玩具之类的小商品。章金德从摆摊起手，越做越活，越做越大，便租用店面，经营杂货、肉类、豆腐，到新中国成立前夕，已成为瀛洲前街上首屈一指的大店铺。

瀛洲终究是山村，当地老百姓的消费水平都很低，店铺也就多属于小本经营的家庭店、夫妻店，能雇佣员工的为数极少，大多数的瀛洲人还是往江浙一带谋求发展，取得较大的成功，甚至于成为当地商界领袖。光浙江淳安县的港口镇，同期经商的瀛洲人就有40多人。20世纪二三十年代，淳安和遂安的商会会长均是瀛洲村的商贾巨头担任。浙江衢州最早创办、规模发展最大的钱庄——震大钱庄，其老板就是瀛洲的章钟尧及子孙三代人，生意遍及苏、浙、赣三省。到民国初传至孙子本牲、本堃时，分家经营，本牲坐营祖店"震大"，本堃另设"庆大"。由此可见，当年瀛洲旅外商人的风光非同一般。

1929年前后，本牲、本堃兄弟回到瀛洲分别盖了一组房屋，本牲的房屋建在六荣堂之上、隔一条巷，本堃的房屋建在六荣堂之下10多米处。尽管两家的房屋仅供家人居住，但瀛洲人仍分别称其为"上钱庄""下钱庄"，可见当时村人对成功商人虔诚的尊敬。

"下钱庄"正屋三间三进，里外堂前，前后天井，前院筑花坛，后院落作菜园，占地面积400多平方米。屋内满架木雕构件组成。门楼砖雕更加讲究，内容为《三国演义》全套戏文。请了两班雕匠拼台，一班歙县南乡人，一班本县人，每班各雕刻一半，雕好后拼接上去，不差分毫，两班师傅平分秋色，比了个平手。1931年竣工，整整用了3年时间，花费

章基嘉故居

了1万多银圆。可惜的是，"文化大革命"中该房先被用作供销社门市部，后又易主，三雕构件失落殆尽，给后人留下了永远的遗憾！

"上钱庄"虽然小得多，却不失典型的徽派民居建筑风格，而且一直保存完好。本姓的孙子、国家气象局原副局长章基嘉生前就捐给了村委会使用。它已经与云衢阁、街口亭和始迁祖章运墓，同被定为县级重点文物保护单位。

徽州所有的古村落中，最重要、最显眼的公共建筑便是家族祠堂。它作为封建宗法制度下的产物，是集神权、皇权、族权、夫权于一体的象征。瀛洲除总祠外，还有昼锦堂、聚宝堂等10座支祠，可见章氏家族曾经是何等的辉煌！新中国成立后，祠堂作为封建宗法制度的象征，无一例外都被改作他用。如六荣堂先后成为乡政府、公社管委会办公用房；章氏宗祠用作粮站和油坊，直到中纪委推崇《章氏家训》后，章氏宗祠才得到重点维修，并被确定为绩溪县家风家训教育基地、省级重点文物保护单位。

瀛洲村美景

瀛洲前街既是物阜民康的一条街，也是地灵人杰、人才辈出的一条街。瀛洲出过不少名人，仅现代就可讲出一串来。如国家气象局原副局长、北京气象学院院长、工程院院士章基嘉，全国版协常务理事、安徽省文联副主席、美协主席、国家一级美术师章飚，九三学社浙江分社秘书长章渭煊……

现在，瀛洲的48家商铺由前街先后东移到新、旧两条华龙公路上，但是慕名而来的游客还是一批批地被吸引到老街转悠。历经风霜的古民居，幽深的巷弄，被人们鞋底磨得锃光发亮的麻石板，依然有着令人难以忘怀的神秘古韵。

仁里村

耿培炳

仁里村历史悠久，早在新石器时代，先民们就在此生息繁衍，开始狩猎、采摘与农耕生活。南北朝梁大同五年（539），工部尚书耿源进致仕，与弟耿汝进游历新安山水，见此地山环水抱、风光旖旎，从淮阴桃源迁居于此，并以"仁乃爱人""里仁为美"取村名为"仁里"。

唐朝时，歙县篁墩忠壮公程灵洗的十八世孙程药曾任金乡县县尹，相中仁里这个地方，便带其家族于唐光化三年（900）到此定居。忠壮公二十七世孙程宏祖、程瞻祖、程辛祖兄弟三人亦于南宋咸淳六年（1270）从歙县槐塘迁仁里定居。此后，仁里人文蔚起，程氏家族人丁兴旺，故仁里又名"程里"。

宋代，仁里先民在此大量烧制陶瓷并制墨，栽桑、养蚕，缫丝，留下了仁里村西1000米处的巷口古瓷窑遗址和曾享誉大江南北的仁里耿氏墨业与缫丝业。北宋绍圣二年（1095）编修了《程叙伦堂世谱》（即《宋都官谱》），并兴办书院。

明代的仁里，兴水利，丈田亩，编黄册，建预备仓，重振科举，社会经济、文化教育迎来全面振兴与发展。

清代仁里，因八社花朝会及沈复《浮生六记》之《浪游记快》而声名鹊起。又因程秉钊中进士，入翰林，名列清末绩溪三奇士之一，还因思诚学堂和端本女学的创办，开徽州新学教育之风气而闻名古徽州。

仁里村航拍图

仁里村四面环山，人均水田不足1亩。由于耕地少，为谋生路，仁里村先人选择了"十三四岁，往外一丢"和"世治则谋食四方，世乱则退居故里"的徽商之路。以"绩溪牛""徽骆驼"的任劳任怨、艰苦奋斗精神，不断向外埠拓展，足迹遍布大江南北。古通州（今南通）是江南著名水陆码头，仁里程氏家族就在通州经营当铺，大小当铺达三四十家之多。此外，还有村人在芜湖、南京、杭州、上海、武汉、金华、余杭、兰溪、吴江、玉山等地经商，创办徽菜馆；开办首家中外合资企业——绩溪和阳金矿；参与创建芜湖明远电灯公司；抗战时期，仁里还办了大仁丝厂。经商致富后村人有的斥资办学，有的修桥铺路，有的建祠修谱，有的办庙会等，使仁里深厚的历史文化积淀得以传承并发扬光大。

仁里中心村落布局新颖奇特，四门、三街、十八巷、古井、水圳、水碓排布自然而巧妙。村内胜景古迹众多，明清古民居数十幢，百步钦街、药公墓道坊、世肖坊、石泉书院旧址、古码头、桃花坝等保存完好；以砖雕、木雕、石雕著称的两大宗祠（叙伦堂、世忠祠）和支祠敬爱堂也保存完好；"仁里八景"以山水地理之秀气，富有浓郁的人文情怀，展现了先辈的聪明才智，更充分体现出人与自然的高度和谐统一。仁里古村落得到国内建筑学家和徽学研究者一致称道。

仁里，重教厚文之地。五代后唐清泰年间创办有南窗书舍，是安徽省见诸记载最早的书舍。北宋元丰年间，苏辙知绩溪县事，仁里留有其足迹，在他的倡导和影响下，仁里文风蔚起，书院大兴。元至元十六年（1279）办有翠阳书院，明代又建石泉书院和南岗书院等。清光绪年间（1903），村人首建思诚学堂，后又建端本女学，开徽州新学教育之先河。

仁里名人辈出，名士如林。明代有程定、程骆中进士；清代有程秉钊中进士，入翰林；现代铁道建设专家程士范，为安徽留下交通大动脉淮南铁路；普教专家程本海追随陶行知兴办乡村教育，享誉海峡两岸；著名出版家、翻译家、文学评论家王子野名扬新中国。仁里

仁里村光启堂仪门

也是中国工程院院士程莘农和中国科学院院士程开甲的祖籍地。新中国成立后，教授、博士、硕士达数十人之多。

仁里在绩溪县"三区一廊"的发展战略中，位于登源河百里历史文化生态走廊中部，是极具特色的精品旅游线路，进而被打造成集历史文化、山水田园、民俗风情于一体的休闲旅游度假区、徽文化体验区、苏浙沪的后花园。面对千载难逢的发展机遇，村两委厘清思路，凝聚力量，找准村文化旅游优势、区位优势、产业优势、资源优势，先后对村庄进行了3次规划。实施村内外道路硬化、亮化工程，修缮古民居、古祠堂、古码头、桃花坝、仁里四门等古建筑；新建文化长廊、文化广场、停车场、农民健身休闲广场。

通过近十年的努力，仁里村走上了生态农家乐旅游和休闲养生的发展路子，从而成为国家农科教结合致富示范村、中国特色村、中国传统村落、中国最美休闲乡村、全国美丽乡村示范村和国家森林乡村。

随着新农村建设的深入，仁里村的面貌发生了很大的变化，社会知名度也不断提升。《美好安徽》摄影行走进仁里、央视纪录片《记住乡愁》（第二季）、《仁里村——仁爱为本》的播放使仁里声名鹊起，耀眼海内外。仁里的民歌演唱《十绣鞋》等也走进央视，《思诚百年》《绩溪程东屏先生书法选》《周斯松书画集》《绩溪·千年仁里》《萤光集》《九十年仁里缘》《田园里的文化乡村仁里》等书的编撰出版，使具有丰厚历史文化积淀的千年古村落仁里，像一颗璀璨的明珠闪烁在世人面前。

近年来，仁里村党建引领，乡村振兴。谋划编制项目14个，总投资5.9亿元，其中产业项目8个。目前，已完工项目10个，剩余4个有序推进，产业效益13.45万元。盘活农村闲置宅基地，建设仁里民宿度假村项目。目前"99号""69

号"高端民宿投入使用，围绕景区基础设施提质提档，实施登源河仁里片环境综合整治、仁里环村道路景观和中心村环境提升项目，新建拦河坝2处、护岸125米，新增景观10处，增设停车位50余个。与旅投公司深度合作，仁里景区接待中心和230亩的农旅融合标准化项目开工建设，仁里水乡体验园开工建设；天宸农庄二期（A地板）完成规划设计，五蜂园别苑二期项目开工建设。

2022年，仁里村联成专业种植合作社创成市级农民示范合作社。引进社会资本建成仁里农民就业园，近20名徽派建筑乡土人才实现就地就近就业。组织45人参加"新徽菜，名徽厨"专题培训，多人获得中式烹调师四级证书。承办2022年绩溪县企业用工瀛洲专场招聘会，引进台胞电商人才2人，企业人才10人，其中高级人才1人。

仁里村祠堂的天井

结合仁里村传统文化，深入挖掘千年仁里家风家训内涵，引领社会文风向上向善，着力培养守信文化、廉政文化和自治文化。提高农家书屋、农村文化室、村级文化广场的使用率，创新非遗传承、全民健身、农村广场舞等活动载体。建成仁里村老年教学点三个。积极发挥新时代文明实践站作用，围绕传统佳节和重大纪念日推出相关主题活动，开展各类活动60余次。

积极争创"中国美丽休闲乡村"，创设"红色星期三""红色星期五"志愿活动日，定期组织村干部、党员群众开展环境质量提升行动。仁里新风堂建成使用；大洪坑公益性陵园第一期工程完工；水乡体验园今年建成投入使用；改造高标准农田140亩。成立禁赌禁毒会、村民议事会、道德评议会、红白理事会等。

全村上下正以自己勤劳的双手、艰辛的付出，在多方的全力支持下，为完成抢抓机遇、振兴仁里的崇高历史使命而努力奋斗。"里仁为美"，登源流香，如画的乡村诗意醇美，明天的仁里更辉煌。

汪　村

汪福琪

　　登源河水，沿山入谷，自北向南，日夜奔流，河水流至中下游交界处，有两道相连的急弯，呈"S"形。河湾一大一小，大弯如盘，小弯如半岛状。此处河谷盆地相对开阔，山上林木茂盛，河畔良田成片，山川秀丽，是一处宜居的理想环境。这里距绩溪县城5公里，是千年古村落汪村的所在地。

汪村与梧村隔河相望

　　汪村，又称大庙汪村、盘川，古称登源、登源里。汪村历史悠久，是国家住房和城乡建设部于2019年6月授牌命名的中国传统村落。古村落始建于南朝宋武帝年间，距今已有1600多年历史。初居姚、舒两姓，人口不多，因姚姓谐音"窑"，舒方言谐音"水"，民传水浇窑灭火，于是姚姓村民先后迁出，仅剩一户舒姓。今村内仍存有姚家巷巷名和一口古井。南朝宋、齐时，汪氏40世祖汪叔举定居后，汪姓人口增加，村落扩大。南宋淳祐年间、明代洪武十四年（1381），王氏璧公后裔先后两次迁入汪村居住，现为汪、王两姓合居，700余人，两姓各半。

《新安名族志》载："登源在邑东十里，自叔举公居此，因姓其地，曰汪村。"据《汪氏通宗世谱》《汪氏世守谱》记载，汪叔举（424—522），字鹏远，唐封越国公汪华高祖，曾任南朝宋、齐两朝军司马，后人尊称司马公。"登源里""汪村"因司马公选址，定居而得名。

司马公定居汪村后，人丁兴旺，名人辈出，隋有宝欢大将，唐有汪华封越国公。汪叔举善谋划，随着人口增加，率众垦荒造田，开渠挖井，设巷建街，为汪村的建设奠定了雏形。清乾隆三十七年（1772）修《汪氏世守宗谱》，载："汪叔举始居绩之登源汪村……四传而越国公生焉，公生九子，其八子俊生子五人，其三子处忠生太徽、太象二公，太徽公世守登源故居。"又载："自支祖处忠，不忍轻去，愿守先人敝庐，以主司马墓祀税粮。"这是汪村称汪华故里的由来。

汪华统治六州十余年里，广施仁政，经济发展，百姓安居乐业，深受民众爱戴。汪华故里祭祀汪华的汪公庙，位于汪村西南，登源河西岸的唐金山南麓，半岛状河湾内，是全县规模最大、建筑工艺最好的庙宇，始建于北宋太平兴国五年（980），因其封号忠烈，建于登源，又称忠烈庙、登源祖庙，俗称汪公大庙。故村冠庙名，汪村又称大庙汪村，以别他处汪村。庙后坡上是司马公祠和家庙。

明代嘉靖年间，兵部尚书、龙川人胡宗宪主持重修汪公庙为五进七开间，占地面积34亩，规模宏大，建筑豪华。正中汪华坐像，像高八尺，整根圆木雕就，造型生动，形象逼真；像前两根大柱上各有一条金龙盘柱而下，两龙头相对；盘龙柱两边四根立柱上书有颂扬汪华功绩的柱联。像后供汪华列祖和九子像。另有汪华移像，称汪公菩萨、花朝老爷，存放在司马公祠东侧的家庙内，供庙会时请出，抬着各地巡游，受民众礼拜。

祭祀汪华的庙会规模最大的是"花朝会"。花朝会始于南宋，盛于明清，是一种大型民俗活动。汪村和南川史上曾多次举办花朝会，近代有1926年、1938年、1949年三届花朝会。花朝会的祭祀从正月十八汪公诞辰开始，先到汪公庙祭拜，宣读祭文，敬香跪拜，然后恭请汪公菩萨移像出行。汪公像由16人合抬，在村街和田野道路上巡游，巡游队伍鸣锣开道，全副銮驾。旌旗猎猎，锣鼓喧天，鞭炮齐鸣；舞龙舞狮，腰鼓秧歌，戏曲演员，彩妆随行。巡游结束，汪公像在鞭炮和鼓乐声中进入村内祠堂，高座供奉，銮驾仪仗排列两边。村民养殖种植的牛、羊、猪、鸡、鸭、鱼和瓜果、蔬菜、花卉、盆栽等祭品供品，呈献像前，巨烛高烧，燃香缭绕。还有名厨精心制作的108道菜肴，36荤、72素，陈列于供

汪村老宅

桌上。其后，演奏登源大鼓，敬酒、祭拜。

花朝会一直延续到农历二月十五。花朝会期间，古村落里宾客云集，游人如织，木板门店铺里生意兴隆；青石板街巷中，布满货郎、小贩；马头墙内，家家有客；徽派门楼前，户户迎宾。千年古村，一派繁华景象。

汪村房屋多为徽派古民居，街巷两边，粉墙黛瓦，马头墙鳞次栉比，有不少徽商豪宅。这些豪宅多数有徽派砖雕门楼，房屋内部均有四水归堂的天井、明堂，三开间布局，木雕精细，其房型有上下堂通转楼、前后堂通转楼，有单幢独立式，也有两至三幢连排式，多幢混合式，还有前院式、后院式，前后院兼备式。这些古民居布局合理，设计精巧，符合天人合一理念，深受徽派古民居研究者的赞许，也是旅游者的理想打卡地。

古村落分上、下两部分，上村花岗岩条石铺路，上街头有王氏宗祠"五教堂"、古戏台、药店、粮坊、糟坊等商店；有汪顺和、汪昌隆、汪昌鳌、王介侯等徽商豪宅，其中汪顺和宅占地面积最大，有前后花园，主楼、副楼、偏房多幢，有24门阙之称。

村中心街巷称天灯街，有古井，相传是南朝司马公汪叔举所掘，现存古井圈为明代原物。下村有汪氏宗祠"敦义堂""画堂"等宗祠、支祠；十字形街巷，十字街头有肉店、杂货铺等商号。有王元贡、王元宜、汪振安、汪振璜等徽商豪宅。

村北临登源河有古码头，麻石砌成台阶踏坎，俗称"石坎头"。清代同治以前，登源河有舟楫通行。码头西侧原有石坎潭，潭水深碧，潭边巨石壁垒，岩树映水。码头踏坎上首两株古银杏树，俗称鸭脚树，树径粗大，数人才合围。此处地名"鸭脚树下"，是汪华出生地，也是早年汪村办花朝会搭台供奉汪公菩萨（神像）处。相传汪华为天神转世，出生前曾与两条蛟龙搏斗，蛟龙负伤，在此翻滚，形成深潭，天神施法术，将两条蛟龙镇于潭内。

村西有小土墩，名胞衣坪，相传是汪华胞衣（胎盘）埋葬之地。村西南隔河相望处是登源河至此的第二湾，湾内半岛状地带，是史称汪王故城的遗址。半岛东侧临河有祭祀唐越国公的汪公庙，庙后是祭祀汪华高祖的司马公祠，祠东有存放汪公菩萨移像的家庙。庙周围竹林掩映，树木葱茏，原有青石板铺成的登源古道，自西向东，从汪公庙前经过。庙东原有木桥通汪村，杉木桥板上刻有"登源桥"三字，松木桥盘、桥脚撑托，铁索串联，桥高2米余，长80余米，桥面宽70厘米。木桥南向不远处，有鲤鱼形石山壁立，关锁水口，登源河水南流至此，回流西北，此处离县城十里，称"十里回头水"，是汪村的水口，是古村落汪村聚气纳财、名人辈出的风水宝地。

汪村东南山中（俗称下坞）有古道，青石板路面，称跨马洞岭古道，通歙县南乡，可达浙江临安、杭州。沿途树茂林深，山岩险峻，有岩穴跨马洞、冷水碗等山景。沿山道溪

汪村老建筑群

水称饮马坑。当年汪华初起义兵，在汪王故城屯兵，训练兵马，率兵攻打歙县县城，马队经过此山道，跨马奔跃山溪，马饮山水，后人称此处山岭为跨马洞岭，山间小溪为饮马坑。饮马坑溪水汇入登源河，其出口处有三座相连的小山，自东向西，分别是雄鸡山、猪首山、鲤鱼山，三山朝供，正对隔河的汪公庙、司马公祠、家庙。

登源河水，奔流不息，登源河畔的汪村人，在历史的长河中默默耕耘，用勤劳的双手造就美好的家园。而今，汪村先辈们的艰苦创业，爱国爱家乡的高尚精神，正激励着后人，再展雄风，振兴乡村。村西的俊公墓、爽公纪念园、司马公祠，由汪村村民和全国汪氏宗亲募集资金，重建修复。汪村村民还集资重塑汪华神像，置办锣鼓、旗帜、服装等庙会道具，先后举办了三届花朝会，来自全国20余省市数百名汪姓代表，齐聚汪村，参加纪念活动。

由村民集资、政府以工代赈资金新建的登源桥在汪公庙后另选新址，1991年底动工，1992年底完工。桥长118米，宽9米，高10米，为三孔混凝土拱桥，是登源河上最大的桥梁。

现在，桥如彩虹，河水倒映，桥上车水马龙，桥下碧波荡漾；村内绿竹掩映，翠柏参天，石亭耸立，千年古村生机盎然。

大谷村

程道循

　　罗山巍巍如张幄，锦水潺潺若琴鸣。锦水河道，镇尚公路，穿村而过。群山环绕，山明水秀；历史悠久，人文荟萃。大谷村（自然村）辖大谷、桥头、里下屋和外下屋四个村民小组。

大谷村全景

千年古村落

　　南唐时，行军司马程师和扶母携妻，从绩溪仁里迁入翚北小谷。宋治平四年（1067），师和公长孙仁福公携妻迁入大谷。大谷此前，已有江、李、鲍、洪四姓村民。大谷建村，应在宋前。千年大谷，名不虚传。

　　仁福公定居后，以做砖瓦为生，砖上打"福"字，以示保证质量。因之普受欢迎，迅速发展，置田买地，兴旺发达。

　　桥头大谷，隔河相望，大桥相连，俗称桥头。800多年前，北宋进士戴君恩从前山迁入遐富（即里下屋），他善经营，开山造田，种植水稻，号称万箩，故名万箩山。君恩公第七代孙福原公迁入里仁，即外下屋。下屋是"遐富"的谐音，都建有戴氏宗祠，其位置有里外之别，俗称里下屋和外下屋。

　　大谷、桥头、里外下屋，清代道光年间发展到顶峰，号称"千灶万丁"。《大谷程氏宗谱》记载："谷中聚族而处不下万人，力农亩而拥仓箱者十之九，居积致富者十之三，其读书而列庠序者又不知凡几……"因此，当时大谷成为绩溪翚北一带的政治、商务、文化中心。

罗山拱北境　锦水达西江

　　《大谷程氏宗谱》记载，万罗之阳有大谷焉，介乎两山之间，左曰马家，右曰大坦，皆万罗支山，层峦叠翠，如围屏，如张幄。三面环拱而俯于前，对峙如门，门中有垤，曰印星；垤下有桥，曰印星桥；桥下有潭，曰印星潭，是为一谷之锁钥。潭之源出于西北两溪（均称为锦水），北自靠岭过竹坦，西自策岭过外下屋，迤逦而来汇于印星潭，其水涟且漪，甘且冽。有桥跨其间，屹然如雄关，入此不百步，豁然开朗，土地平旷，桑麻树畜，别有天地，兹村所以名也。

　　西北两源汇于印星潭后，逶迤南至三叉溪，为徽水之源，入青弋江、长江，全长约5公里。因此，大谷古村落有"罗山拱北境，锦水达西江"之美誉。

　　万罗山，古称古塘山，主峰古今峰，海拔737米。建筑有甘露亭、古今庵、观音堂等名胜古迹。大谷经外下屋往万罗山石板古道，明万历年间建造的石洞和傍山路亭至今犹存。这是步行旅游万罗山的最好通道。

　　20世纪50年代，退耕还林，百亩田地，植树造林，易

竹树掩映的大谷村

名万罗山，实至名归。新辟公路，盘旋而上；层峦叠翠，郁郁葱葱；雾山云海，连绵千里；烟云翻飞缥缈，青峰隐隐约约，变幻莫测，如临仙境。"见此罗山云海景，黄山云海未足奇"，游者无不齐声赞叹。

耕读持家远　诗书继世长

　　大谷历代崇尚读书，清代康、乾年间大盛。《程氏宗谱》记载：明代嘉靖年初，永祚公额其宗祠"世荣堂"，并设立云谷文会；其长子可大公，辟为云谷书舍；清代顺治、康熙年间，铉准公建如在堂，造水竹庵；宏士公建集义堂；起雍公建尚义堂；起泮公建继述堂，后代为纪念他易名起泮公祠；徽襄公建水竹书屋。

　　这些堂庵舍屋，连同气势恢宏的宗祠、分祠，平时都作为书院之用，不仅授业本族子弟，而且远近亲戚子弟亦慕名

而来附学，大谷的外孙、抗倭名将胡宗宪，曾肄业于云谷书舍。大昕公，洁己奉公，热心办学，久司云谷文会，再三遴选连任，声名远扬。

民国初年，成立大谷初等小学校，大族富户还开办私塾。20世纪40年代大谷办起高小，先称云谷小学，后改称大谷小学。

大谷历代重视教育，晴耕雨读，人才辈出。明朝有监生程德观、南城县知县程永锡、桐城县训导程大用、瑞安县主簿程国用（祖孙三代皆仕，曾立有三世承恩坊）、汉川县县丞程宠。民国年间，有南京中央大学法律系主任程仰之；新中国成立后，"中国好人"收藏家程道德、哈尔滨市政协原主席程道喜、文职少将程守澄、西安电器阀门厂副厂长程国亮、医学博士程灶火等名人志士，出类拔萃，为家乡添彩，为祖国增光。

徽派古文物　崇尚儒文化

大谷是一个崇尚儒家文化的典型徽派古村落。徽派建筑，鳞次栉比，气势磅礴。村内有程氏总祠，大分祠"世荣堂"，二分祠，三分祠，三世承恩坊，坊前为99块石板铺就的大路街，街口有良公桥、系马石柱、上马石、石椅、石凳，街旁有多座旗杆鼎，还有起泮公祠、集义堂、善义堂和7座旌表牌坊。

村内尚存程兆周、戴桂时和程名燥等徽派古民居，结构与风格大同小异，内有天井、厢房，房内栋梁两端立倒趴木雕狮，窗下方镶木雕栏板，厢房装木雕格子门。宅内所有木雕花板，都有人物、花鸟、动物、戏文等勤耕重学、和顺吉祥之文化内涵。

小桥流水人家。村内跨溪有里仁桥、居仁桥、胡村干桥、金石桥、遐富桥和多条石板桥。沿溪多处建有踏碓，便于村民洗菜、洗衣。

古井保证饮水。千年古井李家井、明代水井、大谷百年老井和桥头老井等，至今仍为村民饮用水的主要来源。井水冬暖夏凉，久旱无雨，村民饮水仍可保证。

村周五岭逶迤：石洞岭、靠岭头、小谷岭、杨村岭和板水岭，这些山岭都是村民上山劳动或去他村的主要通道。

竹树掩映的大谷村

绿化生态环境，美化村容村貌。绿水青山，茂林修竹，郁郁葱葱。溪畔百年枸橘，树干遒劲，枝繁叶茂，繁花似锦，硕果累累。游人摄影拍照，流连忘返。

大谷村的历史文化，虽然经历兴衰巨变，今非昔比，但文物古迹遗址尚存，弘扬传统文化氛围亦浓。因此，乘乡村振兴的强劲东风，重建、修复文物古迹，历史文化名村愿景，众望所归。

冯 村

冯定一 黄晓军

"云横苍岭抱冯村，曲岸水街白屋群。秀色天成凝固乐，画游烟雨也销魂。"这是我国著名建筑专家郑孝燮先生题咏千年冯村的诗句，也是对千年古冯村醉美风光的真实写照。

冯村位于绩溪县长安镇西北部，唐代建村，冯姓聚居，始迁祖为歙州刺史冯子华之子冯延普。冯村老宅多、牌坊多、古桥多，也称"三多村"。村前入口处，有两峰对峙，左峰名曰狮子峰，右峰名曰象麓山，自然形成一个袋状环抱，呈狮象把门之势。村后南首有龟墩，北侧有蛇形山，形为龟蛇卫后。上取堂宽为"天门开"，下取局紧为"地户

冯村全景图

闭"之环境，彰显出村落安详和美之神韵。槐溪河自西而东穿村而过，两岸民居依河而建，形成天然的水街。冯村是中国传统古村落的一颗闪亮明珠，一直在世人面前熠熠发光。

冯村十三桥

冯村先辈沿着二华里的水街，用13座结构精美、造型各异的石桥，将两岸乡亲连在一起。正街河岸，种有古槐树9株，故以"九槐十三桥"驰名于世。沿街立有如同华表的石柱8根（现存4根），另有巨石凿成的水槽和上马石数个，桥上有石椅（美人靠）、石凳，工艺栩栩如生。每座桥梁均依所处地形、特殊景观，取仁、德、礼、义等思想内涵，赋予立意高远之桥名，自下而上依次为云庄、龙门、崇礼（里仁）、万年、荷花、红桥（益三）、大树（永瑞）、狮石（独秀、独石）、安仁、崇义、尚德（并秀）、绿荷（龟墩）、北山。

云庄桥是进村第一桥，明成化年间建造，位于冯村水口东南侧，通饭箩岱至坦头方向，单孔石桥，桥面长20米，宽4.1米，高6.6米，拱顶两向皆嵌石板，镌以空体"云庄桥"三个大字，其长度和高度均列十三桥之首。

龙门桥为冯村建村后首建桥（1450年建造），桥面长10.7米，宽3.1米，桥孔内高4.5米。建桥时，桥面建有"文昌阁"，还有桥亭五楹。里仁桥又称崇礼桥，桥面长6米，宽9.5米，桥西向拱顶上镌有"里仁"二字，上款为"明成化己巳年"（1485），下款为"八月吉旦立"。万年桥东与里仁桥相隔1米，桥面宽4.5米。荷花桥位于冯村进士坊前，单孔石桥，桥面长7米，宽3.7米。益三桥亦称红桥，由3块长4.1米、宽1.35米、厚0.26米的石条横架南北两岸成平桥。永瑞桥也称大树桥，因位于大树第门前左首而得名，单孔翘桥，桥面长3.9米，宽4.2米，该桥构件别具一格，桥腿逐级搭翘，上架五根大石坊，明弘治十五年（1502）族人冯永瑞重修，因此得名。独秀桥又称独石桥或狮石桥，位于大树第门前，一块长4.8米、宽0.5米、厚0.25米石条横卧南北，后在1982年因安装高压电被毁。安仁桥于弘治元年（1488）建造，位于冯村中心地带，构筑独特，一孔拱桥，跨径5米，桥面东西宽30米，连接南北水街，形成一个三四百平方米的空坦，也称大坦桥。崇义桥位于安仁桥西侧30米，单孔石拱桥，西向拱顶横嵌匾额空隶"崇义"二字，上款小字为"成化丙午年"（1481），下款小字"三月壬午"。并秀桥亦称尚德桥，桥面由长5.2米、宽0.5米、厚0.3米的两块石条并架南北两岸而成，故称并秀桥，后在2018年因洪灾被毁。绿荷桥俗称龟墩桥，单孔石拱桥，桥长5米，宽2.8米，通梧川村和清隐寺，目前已倒塌。北山桥位于冯村北山脚，是冯村十三桥最后一座，又是冯村槐溪进水口西向首座桥。单孔石拱，桥长5米，宽3米，桥面高于道路七级台阶，又名弓背桥。

冯村古牌坊

冯村至今保存着两座明代牌坊。最先映入眼帘的便是村口石牌坊——大夫坊，又称掇科坊。其东向上层置"恩荣"匾，下层额坊正中"掇科"二字，落款是"钦差巡抚直隶都察院御史张景发、提督学校监察御史周如斗、巡按直隶监察御史莫如士、徽州府知府陶承学、同知许横、通判金翮，为京闱进士、奉直大夫冯兰立"。西向上层"恩荣"匾，下层额坊正中"大夫坊"三字，落款是"嘉靖三十五年（1556）季月吉旦，绩溪县知县何察、主簿李□□、县丞熊应魁、典史张宗、儒学教谕刘镕、训导□□□，为京闱进士、奉直大夫冯兰立"。大夫坊四柱三门五楼，花岗岩石结构，部分构件已损坏丢失，少部分文字亦以脱落，1997年被列为县级文物保护单位。

冯村进士第

另一座牌坊为进士第，即进士坊，地处冯村村内荷花桥南首，为明成化十四年（1478）戊戌科进士冯瑢所立。进士坊四柱三门五楼，花岗石结构，高8米、阔8.2米，进深2.45米，柱脚前后皆置抱石鼓，三间三块额坊，三只驼梁，八个斗拱。北向最上层为"恩荣"匾额，下层额坊正中书"进士第"三字，落款为："钦差巡抚南直隶兵部尚书兼都察院左副都御史王恕、钦差巡按提调学校监察御史戴珊、娄抚巡按南直隶监察御史崔瑄、赐进士及第翰林编修曾追，为戊戌春闱同年冯瑢书"；南向上下层亦同，落款为："徽州府知府王勤、经历张聪、同知张英、知事袁顺、通判娄宗、照磨王懋、推官杨宣、检校谷英、绩溪县知县吴珏、主簿张进、县丞江烸、典史程刚、儒学教谕李瑛、训导徐寅，大明成化乙亥年（1479）七月吉日立。"1982年被列为县重点文物保护单位，1989年升格为省重点文物保护单位。

冯村水街畔有一座保存完整的刺史第，又称种德堂。其进深11.8米，开间13米，占地面积153.4平方米；大门前竖立两根石柱（华表），大门上方竖书"恩荣"，横书"刺史第"。刺史第分上、下堂，上堂由两根大圆柱撑起大横梁，两边为厢房，中间为存放祖宗牌位之阁楼；正中高悬"种德堂"木雕匾额，左右各悬挂"冯家大院""一脉相承""进士之乡"等大幅匾额；上、下堂之间为天井。解放前曾作云庄学堂教室，后作为冯村大队队部，现改作冯村"新风堂"。2017年被列为县文物保护单位。

峥嵘古道

冯村通往外地的古道有三条。

其一为绩旌古道，即从绩溪北门→翚岭→镇头→岭坦→浩寨（白沙庙、冯村铺）→下五都→分界山→旌德的官道，冯村至浩寨的花岗岩石板路，是出入冯村的主干道，东出祠堂坝水口，穿百岁坊，过下冯村二柱单门冯瑢进士坊，跨大环桥至浩寨与绩旌官道相接，全程1000米，现已被207省道替代。

其二为冯村上水口→石头岭→下石亭→七磡岭石洞→大湾→水川→旌德唐家→王家庄→桃湾→碧云→水北村→庙首古道。此道由花岗岩石条和块石筑成，其中石头岭、上石亭至七磡岭段均铺设数百级石阶梯。此道为古冯村人往来旌德西乡经商、运粮之主要通道，亦是解放战争期间游击队来往皖南根据地（模范片）的主道；上村口→

冯村大夫坊

七磡岭段为冯村村民砍柴、挑灰料必经道路。

其三为冯村→浩寨→高山→柳村→大谷古道，此道为古时冯村通往尚田、板桥、二都的主要道路。

古村悠悠，历史悠悠；古建悠悠，传统悠悠。冯村，这座历经千年风雨留存下来的古村落，正迈步走在新时代乡村振兴、强村富民的征程上，随着党和国家各项扶农惠农以及乡村文旅发展政策的落地，必将绽放出更加绚丽的风采。

镇 头 村

汪国安

镇头村位于绩溪县长安镇西部，距县城20公里，东依翚岭山脉，南邻天顶山，西依黄柏凹山，北靠大会山，地处岭北中心位置，省道207线和县道镇上、镇蜀公路穿村而过，交通便捷。镇头村环境优美、资源丰富、气候宜人，是现实版的"世外桃源"。镇头村距今已有1500多年历史，古属六都，入选第三批中国传统村落名录。

古道千年　官驿要冲

镇头村地理位置十分重要，旧时属徽宁官道要冲，是官府往来必经之地，商业活动频繁，有"两江源头、三县通衢"之说。

镇头村地势高，这里"举目皆青山，低头有水川"，是

长江和新安江的源头之一。境内榨坑山西北麓的山泉终年不断地流入徽水河汇入长江，东南向的山泉源源不断流经大源河注入新安江。"皖南一村庄，水汇两大江。长江新安江，源头日夜淌"，正是对镇头村优越地理位置的写照。

境内有数条古道，是绩溪、歙县、旌德与外地交往的必经山道。翚岭古道和新岭古道为官府驿道。翚岭古道，南起高迁，北达镇头，长30里。王安石过徽岭作有"晓渡藤溪霜落后，夜过翚岭月明中"的诗句，将"徽"写作"翚"，从此翚岭叫开了。新岭古道与翚岭古道左右对峙，绵亘于大源、镇头、高迁三地之间，为徽州通金陵另一官道。古为军事要隘，历代曾筑关屯兵防守。南起九里坑，越新岭头至镇头官铺桥接翚岭驿道。

古村胜迹　徽韵悠悠

与老徽州的古村落一样，镇头昔日徽派建筑鳞次栉比，古民居、牌坊、祠堂随处可见，马头墙、三雕、粉砖黛瓦尽

章氏际昌公祠

展徽风皖韵。

镇头村有多个祠堂。章姓于明嘉靖年间建崇德堂，续建忠兴堂，祠内中厅悬挂"钦点翰林"金字匾额，后厅有"五世同堂"匾额，有天井，中厅无楼，柱子立在花岗岩石础上，大小梁两头雕刻图案。过小天井是后进，拾级而上是寝楼，楼上放祖宗牌位。逢年过节，大开祠堂门，族人入祠叩拜祖先。后改建为镇头影剧院，留存至今。

现尚存的"六家厅"又名"章氏际昌公祠"，是际昌公的六个儿子所建，为家祭祖先场所。际昌公从西关携妻儿来镇头安居，在浙江金华、兰溪一带经商，开酱园、蜡烛作坊，规模大，实力强，经营南北杂货、虾皮、药材、蚕丝等，积铢累寸，资金雄厚。经商发迹，人财两旺，在镇头显赫一时，在商界享有盛誉。他为人正直仗义，疏财事公，出资修小岭亭，深得村人拥戴。

古亭文化　源远流长

"镇头村中一茶亭，四通八达三扇门。车马行人终不停，日茶夜灯民风淳"，这首诗描写的是位于下镇头的古茶亭。古茶亭建于明朝，通体为砖木结构，建筑面积100余平方米，利用流经村中沿溪河道的空间跨河而建，供人们聚集活动。茶亭开三门，东门连着横街，通绩溪县城、歙县、屯溪和杭州；北门连正街，上书"长安"二字，通往旌德、泾县、芜湖及长江北上；南门上书"五老屏藩"四字，通往旺川、上庄。"五老屏藩"相传是当年状元许慎之所书，含义至深，是镇头村地理环境的真实写照。亭前五老山峰，像坚固的藩篱、牢不可破的屏障，守护着镇头，使之长治久安。

茶亭内置三王殿，神龛内供奉着太子、财神和汪公三菩萨，有人看护采油点灯。逢年过节，村民云集在这里焚香烧纸，祭祀神灵，以求风调雨顺，天下太平。每当夜幕降临，亭内点亮"天灯"，方便人们夜间路过。每到夏秋季节，设茶桶，各户轮流烧水泡茶，为行人施茶百日，以解渴消暑，缓释劳顿。镇头茶亭日施茶、夜点灯在岭北乡传为美谈。

随着时代进步，古茶亭依然尽情地为村民服务。白天，过往行人在这里匆匆走过，一些上了岁数的居民常在这幽静的古亭里休闲聊天，村里常在此开展小型文艺活动和时政宣传。夜晚，村委会的"茶亭夜话"集中了许多村民，在这学习贯彻中央精神。

村东有安息岭亭，建于明成化年间，规模较大，可容千人，设茶摊客栈，供过往行人休憩。村周边还有小岭亭、官铺桥亭、上镇头路亭、和尚亭等多座古亭。

古井甘醇　情意绵绵

村内现存古井两处，一处为莲花塘井，在村水口内，石制井圈，呈四角形，水质优良，已有数百年历史。另一处为下镇头水井，位于下镇头村中心地带。据老辈相传，此井为郑姓所掘，因此也称郑家井，有800多年历史。地下水源来自榨坑山，井底的泉水不断涌出，满足全村人日常生活的供水需求。井水清洌纯净、甘甜醇厚，冬暖夏凉。无论春夏秋冬、风霜雨雪，这口井都能稳定出水，滋养哺育了一辈辈镇头人。井台旁是乡亲们沟通交流的最佳场所，特别是天微亮和

郑家井

收工后的傍晚时分，来此担水的人特别多，吱吱呀呀的扁担声、踢踢踏踏的脚步声交织在一起。排队打水的人们乐滋滋地谈论着一天的收获，真正展现着邻里团结、情意绵绵的和谐画面。

每年农历六月初六要换井水。众人接力把井水提干，一人披蓑衣戴斗笠下到井底，清除沉积的淤泥杂物，清理干净。井水很快就能涨至正常水位，恢复如初。换井水前，领头人焚香烧纸祭拜天地以求平安顺利。事后人们出钱出米给换井人聚餐，称"打平伙"，淳朴村风延续至今。

古风庙会　盛况空前

在镇头村西麻作坦小山冲中，树木成荫，环境幽静，新建寺即坐落于此。大庙三座，气势宏伟，香火极盛。

每年农历七月十八，正值太子老爷生日之时，举行七月会，由镇头、莲川、麻作坦、庄台上、江窑头和朱胡许宋六村轮值，落案三日三夜，日夜演戏酬神，然后送太子老爷回新建寺，叫"登座"。七月会，附近各县的许多善男信女前来许愿还愿，烧香拜佛，把新建寺围得水泄不通。作为交通要塞的镇头，南来北往，人头攒动，商贩云集，交易非常火爆，庙会经济活跃了山村小镇。

红色记忆　思政要地

镇头村这片热土，还曾有着光荣的革命斗争史，革命先烈在这里抛头颅洒热血，留下红色记忆。红军烈士墓就建在省道边，榨坑山脚下。1936年10月，中国工农红军第十军团路过镇头，在镇头战斗中，一战士不幸罹难，烈士遗体就地埋葬。1963年，经政府批准重建烈士墓，迁墓发掘出烈士遗物搪瓷碗一只、子弹三发和军号一支。红军烈士墓现已被列为宣城市文物保护单位，是革命传统教育基地、思政教育的重要场所。每年清明节，长安镇直、妇联、共青团和长安学校均组织党团员师生来到烈士墓前庄严宣誓，铭记历史。

时至今日，镇头村许多古老的建筑已在流年的风风雨雨中湮没了，只有古茶亭、古井依然抱朴含真，它们迎着晨曦、踏着薄暮，用那优雅沉稳的容颜讲述着悠悠岁月的变迁，用那饱经沧桑的双眸见证着镇头村翻天覆地的变化，守望着村民们的幸福与安宁。

坦头村

汪士春　洪英亮

坦头，位于绩溪县翚岭之北，始建于五代之末，是一个有着近3000人口的古老村落，从高处俯瞰而下，整个村庄像一只飞翔的凤凰，故亦称凤凰村。坦头村为汪、洪、唐等姓聚居地，早在北宋初年，该村汪氏就创建了云庄书堂，是古徽州乃至安徽最早的书院之一，并以一门三代七进士而声播徽州，是徽州最早的进士村，因而被誉为"策名天府"——出产进士的灵秀之地。

山清水秀

坦头村境内为低山丘陵，地势较高，由北向南倾斜。低山丘陵，参差于田畈两侧。远眺西北，为黄山山脉向西北延伸的大会山、金（荆）岭、古塘山、狮子峰、尺碢岭，层峦叠嶂作屏。南为天顶山。东为一马平川，远接仙人岩尖。一望无际的盆地，大小四十山丘，海拔均在300米左右。

全境有一河三小溪，即芦水河、大栗小栗溪、黑亭小溪和东坑小溪。河溪东西分流，东经徽水注入长江，西流大源河汇入钱塘江。

芦水河源于金（荆）岭之南，自北向南流经西干，横贯坦头村西，两岸种植柳树，全长5000米。黑亭小溪源于上庄镇横山竹塔、新屋下老屋下村峡谷溪水，经上庄镇程家村东至桠叉溪口，与芦水合经入钱塘江，全长2000米。大栗小栗

坦头村全貌

溪源于上庄镇寺后社屋冲村东南，集大石坪、大栗山谷水成溪，流经大栗汶田干，至吕川自然村南石子江桥入芦水河，全长2000米。东坑小溪，穿利川桥东流，倚路旁山，入徽水河，经旌德入青弋江，属长江水系，全长2000米。

坦头村自古以农为主，辅之蚕桑、砖瓦、家禽家畜、水产、养兔养蜂等副业，民勤物丰，现村人均年收入12000元。

人才辈出

坦头古村具体起源于何代已无从考证，但从坦头汪姓始祖于五季之衰迁居坦头时，就有沈、倪、朱、冯诸姓居住来看，坦头村形成聚落不晚于唐朝，距今已有1300多年历史。坦头村原名凤凰村，修仁里。自汪、洪递迁坦头后称坦川，后称坦头至今。坦头是以后村坦之前，后村头而得名。

坦头人崇尚文化，人才辈出。北宋嘉祐二年（1057），坦头汪氏在村北狮子峰建云庄书堂，为安徽省兴办私家书院最早的村庄和宗族，该书院共培育进士9名，其他人才近百人。汪汲、汪淇、汪弈、汪襄、汪安世、汪安行、汪安仁为宋代进士，同出一门，故在徽州有"一门三代七进士"之说，其中汪汲、汪淇与苏东坡同科。

坦头名人还有贤医吕和轩（1895—1945）、吕子振（1919—1971）父子、陈雨文、唐大炎、洪哲梓和洪英伟父子等。吕子振，解放战争时期常赴旌绩游击根据地为官兵治病，曾被选为绩溪县第二至六届人民代表大会代表。

精美建筑

坦头村内有省保汪氏宗祠，始建于明末，至今有450余年，2007年抢修，保存完好。汪氏宗祠坐落村中心，占地面积约1000平方米，三进五献，包括五凤楼、天井、廊庑、享堂、寝室，是绩溪县岭北地区仅有的一座大祠堂，十分珍贵。

坦头村汪氏宗祠

修仁里过街亭，是村中北出口路亭，始建于明代，历史悠久。程礼其户民房目前是村中建筑最精美、保护最好的典型徽派古民居，粉墙黛瓦，坐北朝南，上下两堂一天井，小巧玲珑。上堂四个房间，下堂两个房间、两个厢房。尤其是上下堂的木雕、卡子门、倒挂等等，雕刻十分精美，急需保护。

汪少明户居房是一栋典型的徽派走马楼式建筑，坐北朝南，外观高大恢宏，白墙灰瓦，门厅简洁，麻石铺就的天井硕大，气势不凡，内部上下堂本有诸多精美木雕，可惜已经不存。

洪家老屋为清代秀才洪赞卿、洪世勋故居，前交通部常务副部长洪善祥的祖居，同时也是坦头村中建筑面积最大的建筑，八部通转，全栋黄砖，号称"大屋"。

汪利明户居房系江苏江都市百年老字号药房"金芝堂"创始人汪俊钊、汪俊信、汪世进、汪嘉锦、汪天宽故居。汪俊钊、汪俊信乃兄弟，清代嘉庆年间在扬州行商，经营药业，后兄弟二人到江都邵伯镇创立"金芝堂"中药商号，前店后坊。由于讲究诚信，经营有道，享誉一方。其后俊信之子世进、世进之子嘉锦、嘉锦之子天宽，祖孙四代相继经营，使得"金芝堂"声播扬州，直至解放后公私合营。今天"金芝堂"已经成为江都市的金字招牌。

安吉亭（回归亭）

汪福祥户居房为清代建筑，走马楼，上堂四间房，下堂两厢房，坐东朝西，天井硕大，建筑简洁，雕刻粗犷，是典型的清早中期徽派建筑。该房为民国坦头村乡贤汪哲正故居。谱载汪哲正乃村中耆儒，学识渊博，为人正直，好善乐施，凡是村中之事、族中之事，无役不从，为村人所敬重，也为县知事所敬佩。民国10年（1921），汪哲正八十大寿时，县知事张承鋆特送寿匾一块，上书"鼎重杖朝"以贺。该匾一直悬挂在汪氏宗祠，"文化大革命"中被毁。

崇尚文教

坦头自宋代由进士汪汲在芦山寺创办云庄书堂，延续了400多年。1933年由洪荣章创办的训勤小学，是胡适以"训勤"谐音洪荣章之父舜琴而题书的校名。1945年春，训勤小学校舍遭受祝融之灾，化为灰烬。1951年冬，兴建了一栋砖木结构、四合院式的二层校舍坦头小学。后来砖木结构的校舍成了危房，改建势在必行。2011年8月，安徽省路网公司捐赠30万元，县财政投资81万元，建成坦头小学教学综合楼。同时也得到教育主管部门、村"两委"和广大村民的鼎力支持。目前，坦头村小学系绩溪县最大的村小，教学质量上乘，深得村民的称赞。

坦头的农村文艺也很有特色。舞狮、舞龙、嬉灯、放焰火、花船抬阁、秋千等都是坦头人在农闲、节日时所举办的文艺活动。特别吸引人的是"跑火马"，该节目经选拔参加安徽省文艺调演，在江淮大戏院演出时轰动整个合肥城，演员洪笑田、汪后松还荣获了个人演出奖。1965年春节，连续8年逢年过节上演京剧《智取威虎山》，演出时间之长、演出地点之广、演职员的积极性之高、效果之好、影响之大，前所未有。京剧《蚕乡红梅》由汪嘉健编剧，洪英儒谱曲、操琴，在参加县、地区会演时，受到一致好评。后又被安徽省群艺馆独选参加"纪念毛主席《在延安文艺座谈会上的讲话》发表32周年"专场演出。2019年10月2日，由坦头村委会主办、上海闵行区老年书画研究会协办的"游子唐大源书画展"在坦头村汪氏宗祠隆重举行。2014年，新建农家书屋藏书3000余册，新建篮球场2个，健身广场2个，舞蹈队2支40余人。2000年，编印《坦头村志》和汪后华著《千年一叹——古坦头》。

庄团村

宋多健

庄团村位于绩溪岭北盆地中，东依镇头大坞顶山，南依高尖山，西依上庄黄柏凹山，北依大会山。由羣阳村（庄岱上、庄川）、朱家村、宋家村、胡家村、许家村、中屯村六个自然村集聚合村。六大自然村毗连相依，古属六都，是一个多姓氏群聚的大村落。2019年被列入第五批中国传统村落。

庄团村全貌

五凤亭的来历

长安镇胡家村村头原有一座"五凤亭"，是到上庄、旺川的必经之地，亭内供有茶水，环境雅静，行人皆喜在内歇息或避风雨。

相传，胡家村有一大户生有五女，人才出众，美如天仙。一年夏季，八都、上庄、宅坦村有三位"出门客"去杭州做生意，行至胡家村口时，天空乌云密布，雷声隆隆，三人惊慌地往胡家村中跑去。此时，见有五位小姑娘手持箸笠向他们奔来。她们刚奔近三位商人时，大雨倾盆而下，雨点如板栗落地啪啪作响，姑娘们把箸笠递给三人后，立即转身跑向一棵大树下，树干枝繁叶茂，姑娘们便在树下避雨。少顷，一声炸雷，大树被雷电轰断，姑娘们不幸遭电击身亡。三位商人悲戚交集，抱着五位姑娘抢天呼地，号啕痛哭。

次年，三人从杭州回来，共同出资在胡家村口建造路亭，题名"五凤亭"，以此纪念五位舍己为人的姑娘，以寄托他们的哀思，显扬她们行善积德的诚心。五凤亭于1956年修缮一次，后失修，1968年因镇上公路兴建时拆毁。但这五女行善助人的故事仍在当地代代传扬。

望子成龙

西晋被匈奴所灭，宗室一王子在逃难途中走散，唯有一长史随从。一日，他们走到绩溪翠北一座石桥边，因疲惫，两人在桥头歇息。少顷，一盲人拄着杖探索过桥，长史要盲人为王子摸骨，盲人摸了王子的手骨后，叹道："恕老朽直言，你气运极凶险。"王子听后，吓得面如土色，忙跪地叩首，请盲人指点禳解之法。盲人思忖后说："西去二十里，有一人家栽橘为生，你去那里居住，尽心帮衬。橘子被人食用，应了剥皮抽筋之谶。"

王子照着盲人指点的行走路线，到了现长安镇宋家村村西的橘树园，求得主人允许，便在橘树园落脚安身，栽植橘树。三年后，橘树结果，王子每日从橘园中采摘橘子分送村人食用。

历经数年，王子回归王室，宋家村人深记王子送橘之恩，念他原为王朝太子，村人抱着感恩之心，每年元宵、中秋节，用稻草扎制一条小龙给孩童擎舞。以稻草扎的小龙，孩童游玩时费力，晚间在草龙体上插点燃的香火也不安全，后来以篾扎糊纸，龙身内点亮蜡烛。斗转星移，时延至今，村人为遂望子成龙之愿，将孩童擎舞手龙演绎成了民间的草根艺术，而且已列入国家级非物质文化遗产项目。

空中画师

卖田卖地卖不掉手艺。乡间百姓在耕作农事的同时，都千方百计地求学一门手艺，以活络家庭经济，纾解家中所需用度。

朱家村自从上庄后岸街迁徙至六都朱家建村始，全村每家都有一人学砖工手艺。朱家村自古以来，家家户户都有砖工，有兄弟同行，父子同行。由此，被十里八村称誉为"砖匠村"。朱家村人凭着一把砖刀、一只泥筒，吃百家饭，挣百家钱，生活过得平安充实，乐业而居。

同行必争。村内砖匠密集，难免会发生争抢生意。村中的名师朱连福、朱金安、朱根安慧眼超前，他们渐渐隐退于后生身后，端墨执笔上架绘墙头画，当起了空中画师。

朱紫荣、朱玉庆、朱玉德十四五岁时就随父学砖工，在技艺高超的父亲悉心授教下学成技艺，并成了同辈同行中的佼佼者。技不压身，他们的父亲还要他们空闲时学绘墙头画。每日徒步十多里从工场回到家中，父亲就取出一叠三六裱（火纸）分发到每人手中，要绘完十张纸方可困觉。次日晚经父亲点评指教后再绘十张，日复一日，从未间断。

功夫不负有心人！几年后，他们的墙头画技艺得到了父亲的真传。他们绘的山水、花卉、禽兽，栩栩如生地展示在马头墙、门楣、窗棂上。墙头画中的回纹、翰文、祥云纹、灵芝纹、如意纹、古钱纹、浪花纹、绣球纹，各种线条、线纹的传统绘技运用得得心应手，雅美生动。如今，他们已为省、市、县徽州墙头画代表性传承人，被称作"空中画师"。"悬空笔端行日月，山水无语显墙头。花艳鸟飞粉墙上，翰墨空凝叙春秋"，凡是看过他们墙头画的观众无不为之赞美。

几道转折求门匾

1919年春，六都许家庄胡达之的新楼房落成。此楼房是分上下两个厅堂的八部通转楼。大门朝南，面对青山，门前一条小河自东向西流淌不息。可谓面山伴水，为山里人安居的宜身之所。

胡达之先生素喜习文练字，知书明礼，办事通情达理，他很爱读胡适写的文章。

自古来，徽州建造楼房的门楣上方，大都题写"和风日丽""山清水秀""安居乐业"之类的匾额。出于对胡适的仰慕，他生了请胡适为门楣题书的念头，可惜他与胡适素不相识，更无交往。

胡达之先生家隔壁村宋家有他的一门亲眷，名宋鸿灶。宋鸿灶在上庄有家亲戚名胡诵之，在南京开一墨坊。胡诵之的哥哥胡培之，童年时与胡适上私塾同坐一位，关系极为密切，胡适在上海，何不写信给胡诵之兄弟俩，通过他们致函胡适，请胡适题书匾额？

两个月后，胡诵之从南京邮来了胡适的匾额题字。宋鸿灶、胡达之启开信封，宣纸上"始为君开"四个清秀大字展

庄团村老宅

现眼前。他俩喜笑颜开，心乐陶陶。胡达之更是欢悦无比，手捧题字爱不释手。

次日，胡达之请来了砖匠，由匠人极为谨慎地将题字一丝不苟地描绘在精心选购的细泥青砖上，花了7天时间，终于雕刻好。安装匾额时，鞭炮响声连天。乡亲们纷纷赶往观赏，玄青色的砖刻"始为君开"在阳光下格外引人注目。

遵夫遗嘱　送交徽剧本

20世纪40年代初期，庄川村始建徽剧班，50年代初又建村儿童徽剧团，聘请职业徽剧前辈余银顺前来教授戏艺。余银顺常年居住庄川，由演员家依日派饭，夜间为两徽班教演徽戏，至今村人仍称他为徽戏祖师爷。

余银顺在庄川教戏的年岁里，挖掘整理并上演了《端阳献钵》（《白蛇传》）、《红鬃烈马》等几十出徽戏剧目。同时以毛笔楷书了数十部徽剧演出文本及工尺谱，并线装成册，书题"闲来无事观一观"。1958年，他又被省文化厅

余银顺手稿

聘请进省城徽剧团授教。村徽班将余银顺的手写徽戏文本委托村人胡元恺先生保存。"文化大革命"时，身为教师的元恺先生视这批徽剧文本为己命，冒着风险把它完好地保存至今。

81岁的胡元恺先生临终前，叮嘱妻儿要完好地把徽戏文本如数交归村委会。胡元恺先生的爱人周丽英老师与儿子办完胡元恺先生的葬事后，遵嘱即将二十四部徽戏文本如数送交到村委会。随后冯金友等艺人的后代也把家中保存的徽戏文本和行头捐赠给了庄团徽剧展览馆。2021年7月10日，庄团徽剧展览馆正式开馆，将现存的徽戏行头、道具、戏本在展馆中展出。

庄团村历史悠久，人文荟萃。庄团村民间艺术形式多样，纸龙、秋千、狮舞、徽剧活动常年开展，为村人丰富节庆文化生活。庄川村的秋千，也称"花车转歌"，1986年由省文化厅录制专题，入选国家民间艺术集成专集。

自20世纪至今，庄团村文化产业崛起，名师辈出。胡成恺徒手捏制动物、人物肖像，神态造型逼真。庄川村胡献恺从事民间髹漆几十年，漆画技艺精湛，熬制土漆手工技法高超。宋文革对砖雕、木雕很有研究，其作品深受各地客商、游人青睐，他俩的作品常年订单不断，远销省内外。宋文革多次在黄山市、宣城市和手工技艺大赛中获奖。庄川黄留托建办的砖瓦窑，常年烧制古建筑构件，其工艺水平、产品质量在业内名列榜首。胡家村胡森木、宋家汪梓光徽墨厂也为传承徽墨制作做出了贡献。

庄团村人杰地灵，山青水绿，环境优雅，空气清新，宜人居住。近年来，庄团村在美丽乡村建设中，各自然村先后建设了文化乐园与停车场，对祖辈留下的古民居和古溪、古桥、古塘、古井等进行修缮保护，古村落古容新貌，新时代新农村的美丽画卷更加熠熠生辉。

泾县

马头村

蔡　盛

　　青弋江畔的马头村，位于泾县琴溪镇北部边陲，东与宣州区杨柳镇毗邻，北与南陵县弋江镇隔河相望，是一个三县交界的风水宝地。青弋江在马头村附近出泾县境。

　　马头以矶得名。矶，即临江壁立的马头矶，有"如骑天马而控上流"之说。梅雨季节，青弋江滚滚洪水自上而下袭来，冲到一峰耸立的马头矶巨石上，翻转潆洄，形成深潭。此潭虽小，却"可容十艇相荡"。

　　马头矶下集镇旧称"马头镇"，现为马头行政村所在地。集镇西北老街面水而建，东南有魁星斗、凤凰山、鹅形山，南有施窑岭，西有马头山环抱。三面背山，群峦起伏，林木葱茏；一面临水，碧波荡漾，通途广远。古来水运便捷，商贸繁荣，人丁兴旺，是一块"风水宝地"。

　　上控泾县、太平，东、北分别连接宣城、南陵，独特的地理位置让马头村成为青弋江水运控扼之地，跻身青弋江沿岸重镇之列，商贾云集，物资充盈。青弋江中上游两岸的陶器、茶叶、宣纸、宣笔、竹木紫炭以及竹笋、葛粉等山货，经马头运销苏浙沪一带。

　　马头历史悠久，是一座千年古镇。南宋时期，"三圣殿"建成。明朝开始，马头大兴土木，建镇扩镇，有了航运码头，商品经济日益繁荣。明清辉煌时期，马头舟筏往来，川流不息，盛况空前，成为皖南著名的货物集散地和水运码头，逐渐成为"泾川首镇"。清嘉庆《泾县志》记载："马头山在阆山北，一峰耸立，俯临深潭。与河西鹅山对峙，为县境锁钥……石矶高百余仞，昂如马首。古庙踞其巅，旁有镇，置汛兵烽墩。"清末，马头沿江建成舟船泊位6处、竹筏停靠码头4处，舟楫往来，桅杆林立，盛况空前。清乾隆三十六年（1771），以通判之职署理泾县事务的江恂题写了"泾川锁钥"四字，很直观地概况了马头的地位。民国年间，马头建行政镇区，设镇公所，辖9保、88甲、1114户，建筑面积达36000平方米，居民有6000人之多。马头古镇拥有纺织、铁器、制伞、皮革、榨油、调酒等各类手工作坊和各类杂百货店铺，并有竹木行、牛行等多家市行，砻坊总数超过全县的1/3，可谓"商舟辏集，一县之市场也"。泾县规模最大的"恒发钱庄"也在此设有分号，甚至吸引了一些"洋行"在此开设办事所。

马头三面环山一面靠水，天生一个江河港湾，不仅经济繁荣，也是兵家必争之地。马头矶顶古设烽火墩（台），凤

马头村古建筑群

凰山头的炮台就是见证。汉末太史慈率败兵十数骑，沿水路西上泾县，途经马头驻足休整。清咸丰十年（1860），太平军忠王李秀成率领的金戈铁马，经马头东向杭州，采取围魏救赵的战术解除了对南京的威胁。民国29年（1940），被新四军击败的日寇欲占马头，受到施窑驻军国民党五十二师、马头自卫团军民正面阻击。"皖南事变"之前，先期撤离的部分新四军将士就是经马头中转，东进苏南，开辟敌后抗日根据地。

　　独特的地理位置造就了马头底蕴深厚的文化。历代文人墨客来到马头矶，诗文吟咏者众多。康熙年间贡生翟孝在《舟过马头矶赠友人》一诗中赞道："枫似红缨络马头，昂然百尺饮寒流。祖龙若得鞭驱起，邑合骅骝老故丘。"邑人朱苞游览马头矶，即兴写下《马头潭》："谁家艇子过矶头，竹色溪声带雨流。乡梦三更前夜急，客怀千里早晨收。已知鸥鹤闻风路，不觉鼋鼍泛水沤。寂落萍踪今在否，百年湖海照高楼。"郑相如、吴维骏也都有诗作留存。

　　历史上，马头村出现的名人轶事也很感人，最突出的是明崇祯元年（1628）进士、翰林院庶吉士、徽州休宁的金声，他在清军攻陷南京时，与门生江天一率众在徽州起兵抗清，连克旌、宁、泾等地，后被俘被押往南京。途经马头矶时，他对江天一慷慨陈词："大丈夫死当令天下见之！"押至雨花台临刑时，他遥拜明孝陵，宁死不屈，端坐饮刃，英勇就义。乾隆进士赵青藜有《马头矶》诗赞："泉飞石立落峥潺，碎洗苔痕竹泪斑。此地不投文吊屈，孝陵遥望紫金山。"

　　马头矶下古有"万年台"，常年请班唱戏。解放后，这里经常举办物资交流会，南北京广，货源汇集，生意火红，人气旺盛。昔日，马头矶庙宇林立，观音阁、三圣殿、地老

楼、百岁宫、仙姑庙、显明寺，施村的葛仙庵、鼓楼铺的夕照庵，香烟缭绕，钟声悠扬，善男信女，南来北往，热闹非

三圣殿

凡。现今三圣殿的新建、扩建，吸引了周边宣、南、泾的香客，香火不断。

马头是多氏族集聚的地方，民俗风情各异，民间集会名目繁多。昔日有正月十五"三圣会"、二月二"龙（竹马）灯会"、六月初一"雷公会"（槽坊、糖坊、豆腐坊）、七月初一"鲁班会"、八月初一"鱼篮会"（船筏工）、腊月初一"老君会"（铁匠）。现今，三圣殿的庙会依然每年举办。

马头古镇的青条石和鹅卵石铺砌而成的长街，见证了马头的辉煌历史。老街上"大夫第""进士第"门额，也尽显昔日辉煌。

在这个三县交界之地，经济的繁荣也带来了文化的兴盛和人才的辈出。吴介如是马头人，民国初年东渡日本入早稻田大学学医，回国后在马头开办了全县第一家西医诊所，民

国12年（1923）创建"延寿医院"，收受学徒，培养西医人才。抗战期间，他受聘担任县卫生院院长。吴介如关心教育事业，曾自荐担任马头小学校长，并率先捐资在南陵西马头创建小学一所。

马头村施窑以施氏先祖和宣州古窑而得名。施窑以条条山岗烧制陶器而发迹，又以动迁县治的元朝泾县尹施正大而传名。昔日的施窑村落广大、建筑恢宏，现存的施氏支祠、三家门、九井十三塘就是佐证。

鼓楼铺地处马头村东、宣泾古道旁。明初幸蒙皇恩的村人施之慕，为避来往大小官员进府拜见之烦，建一鼓楼，楼前出一告示：来访官员，不必进府，鼓楼击鼓，即尽拜意。此后，过往官员文官下轿，武官下马，击鼓三声即可。于是，昔日鼓楼周边形成集市，店铺云集，繁华非凡。鼓楼铺始盖茶亭后建宫祠，之后面屈山建夕照庵。清代大文豪施闰章撰《夕照庵记》，名噪一时。

马头老街也是《渡江侦察记》《黄英姑》《新四军女兵》等影视剧取景地。

新时代又有新气象，马头又迎来了"第二春"。2016年，马头村入选第四批中国传统村落。如今，马头村携手泾县文旅集团，将无形的文化与实体的房屋建筑保护有机结合起来，合作经营马头祥民宿，推出灯光秀，完善马头老街基础设施，改善老街风貌，盘活老街旅游资源。新修缮的"三圣殿"又巍然屹立在马头矶之巅，气势恢宏，为古镇增添了一份生机。同时，与新开发的马头祥养生观光园连片开发，相互补充，成为皖南川藏线上一枚闪耀的宝石。

马头祥养生观光园总面积4677亩，有综合体验、休闲度假、精品果园、花木观赏等区域，是一个集观光旅游、果蔬采摘、亲子游乐、花木观赏、美食享用、生态养生于一体的

马头祥盛开的樱花

3A级旅游景区，并被评为安徽省五星级农家乐、全国休闲农业与乡村旅游四星级示范景区。2017年，马头祥生态园等5个景区入选"华东人气推荐景区"。

新元村

蔡　盛

　　新元村位于泾县琴溪镇东部。

　　这座千年古村落，北靠虎容山，南引龙山，东连白云山，西迎凤凰山，东北派生青龙山，西南架有窑笔山，可谓群山环绕，龙盘虎踞，溪水长流，风光秀丽，入选第六批中国传统村落。

远眺新元村

　　新元村民多为陶姓，其先祖有西汉左司马陶舍、南朝陶潜，二十一世祖陶弘道迁至歙县蓝山，生二子：澜、濬，陶濬由蓝山迁泾川琴溪墙园。宋末元初，陶至开更迁新元村，就此延绵至今。

据《泾县县志》记载，新元村西南面200米处的龙山脚下，有一处五代至北宋的古窑址，主要烧制日用陶器制品，以青瓷制品为主。在村后的虎形山窑址，堆积层长度断断续续超过1公里，面积达数万平方米，最厚处达20多米。堆积层底部采集的标本早到五代，并出现五代到北宋黑瓷与青瓷标本相互叠压在一起情况，能判定它们同时同窑烧造。五代、宋、明、清各个时期的碗盘壶罐标本及青瓷、黑瓷、素烧无釉器在堆积层均有发现。

白云山腰制瓷原料堆积层位于青龙山与白云山交会处的白云山腰，经与当地仍在制陶的行家胡先生共同考证，这里是一处较大规模的瓷土梯级水洗选场，从原料的颜色推断为紫金土。紫金土外观为赭色的块状土质，含有石英、长石、含铁云母和含铁矿物等物质，是一种含铁量较高的黏土。

新元村古窑址属于唐五代时期的"宣州窑"系统。1986年7月，被安徽省人民政府公布为省级文物保护单位，并启动"宣州古窑址"国保单位考察、申报工作。

村中保存有古陶陈列馆、宣窑陶坊、老马陶吧、赵仲杰宅、裴青海宅等24栋老宅。其中，古陶陈列馆为明清时期的建筑，现在的主人为胡金中先生，建筑为两层，左右对称，上为阁楼。此屋修缮后被胡金中先生用来放置在泾县古陶坑收集来的古陶器碎片，承载着千百年来的古陶记忆。"宣窑陶坊"是一个四四方方的小院，屋舍和陶器融合在一起相得益彰，这里的台阶尽都是碎陶片铺成，屋内的置物架上陈列着一个个精美的陶工艺品。

从唐五代开始算起，千年龙窑距今已有1600多年的历史。该龙窑建在一条45°斜坡之上，由低向高延伸长达80米，长长的窑洞顶上覆盖着层层瓦片，如巨龙身上的鳞甲，窑口则是巨龙的嘴巴。龙窑顶宽约八米，洞内一人高，龙窑上方每隔一米左右就有一处"龙眼"，共约60个，可从上向下观看火势，以便随时添加木柴。洞内点起柴火，火势越烧越大，烧窑开始。先是四人轮流烧，温度从50度至1000度持续升高，烧至结束之际，八人共同塞木柴，温度达到惊人的1250度左右，此时火苗从60多处"龙眼"喷出，如同火龙吐火一般，在傍晚时分尤其明显，气势恢宏。

火泥之亲，陶窑千年。陶窑有五代琴溪窑青瓷碗叠烧状态标本，唐末和五代琴溪窑青瓷花口碗标本，五代琴溪窑青瓷四系瓜楞盖罐，保存古法烧造工艺的龙窑。

泥土无声，陶器有韵。采泥、揉泥、制坯、定型、雕花、晾晒、上釉、装窑、烧窑、刮底……从泥条盘筑、泥片贴筑、快轮拉坯到烧成出窑，一件陶器的诞生，需要60多道工序、一个多月时间。陶窑的工匠们凭借着一个轮盘、一盆水、一把尺、几把雕刻刀等简单的工具，在一代又一代的口口相传中传技艺，在一年又一年的执着坚守里见精神。

新元村主要生产农村生活必备的日用陶器。器物分为大件陶器和小件陶器，一般造型简单又实用，质朴而不失天然趣味。

距陶窑不远的赤滩、马头，紧临青弋江，水上交通得天独厚。自宋代始，赤滩、马头便是昔日徽、黟、太、石、旌、泾等县的大宗山

新元村烧制的陶缸

货集散地、航运要冲，是皖南繁荣喧闹的重镇。陶窑生产的陶器，就是从赤滩、马头起运，到南陵弋江后远销广东、福建、台湾等地。

如今，非物质文化遗产越来越被国家重视，陶吧、古陶瓷展示馆也应运而生。古陶瓷展示馆选取的五代青釉双耳执壶、北宋青釉喇叭口执壶、五代压筋青釉碗、五代白筋执壶残件和唐代拍鼓残片等五件展品也亮相中国古代名窑陶瓷展，专家评价很高。2006年，著名陶艺文化专家李见深拍摄了纪录片《陶窑》，将"陶窑村"原始制陶工艺展现给世人。该片荣获了2008年联合国教科文组织颁发的最佳陶瓷艺术纪录片奖和第十届法国国际陶瓷电影节文化遗产奖。

除了陶器之外，新元村还盛产琴鱼。

相传晋代时，有一位隐士叫琴高在泾县修仙炼丹，"修炼道成，控鲤上升"。人们为了纪念他，便将山下石台叫琴高台，水溪取名琴溪，溪中小鱼则称为琴鱼。

琴鱼是一种虾虎鱼，属鲈形目，虾虎鱼亚目，体形细长，但是长相奇特，当地人都说琴鱼长不大，最大也只能长到五厘米左右。每年阳春三月时，捕获琴鱼后，他们就会趁着鲜活将鱼放进有茶叶、桂皮、茴香、糖、盐等调料的沸水中煮熟，捞出后放到篾匾上晾净除湿，再用木炭火将其烘干至橙黄色就成为珍贵的琴鱼干。

琴鱼干，是一种罕见的小鱼干，为泾县独有的著名特产。这种鱼干一般不作食用，多用来泡水代茶饮，故有"琴鱼茶"之称。饮用时，将琴鱼干放入杯中，冲入开水，鱼干上下游动，似活鱼跃于杯中；入口清香醇和，喝罢茶汤，再将琴鱼吃在口里细品，鲜、香、咸、甜，别具风味。

赤滩村

盛　洁

　　赤滩村位于泾县琴溪镇的西北面，由原赤滩村和洲上村合并而成。该村北界青弋江，东临琴溪河，南接宣泾快速通道，西与琴溪镇玲芝村相连。

　　赤滩村与泾县县城毗邻，琴溪河与青弋江又在赤滩村交汇，区域位置优越，是昔日商贾云集的航运要冲、水上重镇，名扬江南。自宋代始，泾县北乡、东乡片的竹木、茶叶、土纸、宣纸、蚕丝、陶瓷等大宗产品都从赤滩水运出去，赤滩逐渐成为繁荣喧闹的水陆码头。到了明代，这里商贸发展，商人聚居，店铺林立，赤滩老街渐成规模，成为泾

赤滩村口

县十八重镇之一，是泾县北乡政治、经济、文化中心，名扬泾县、南陵、宣州等周边数县。

赤滩地名的来历众说纷纭，颇有意味。

据《宁国府志》记载，三国时期，泾县东北三十里地之侧有白龟城，名曰"龟潭"。昔宣城未建，卜此基地，役者插石而破白龟之首，流血满溪，遂名为红子港。附近的滩便为赤滩。此说甚是荒诞，但也说明赤滩建置时间很早，历史悠久。

还有一种说法，在民间广为流传。清代中叶，太平军与清军在此大战，死伤无数，血流遍野，染及沙滩，数年不退，因得此名。这种说法也不可信，只是口口相传的传说而已。

最合情合理的说法还是历史记载。据《泾县志讯》载，"赤滩地面系冲击而成，相传沙为赤色，始得名赤滩。"这是对赤滩的科学解释。赤滩赤色的沙是地壳运动的结果。

如今的赤滩古镇保存完好，古色古香古意古味吸引了众多游人。

从售票点进入景区，左拐有著名书法家沈鹏手书的"赤滩古镇"四个大字。入口处有老牌楼、入口牌坊、平安殿、岩龙禅寺、大雄宝殿、财神殿，老街上有古意盎然的民俗陈列馆、照相馆、百年澡堂、理发店等传统建筑，意境悠远古朴的马头墙、实用价值极高的烽火墙、古时女子绣楼窗户、皖南典型建筑的四水到堂堂心、商铺内置水榭、雕花柱基、房屋界碑、雕花柱、雕花门窗等等，无不述说着昔日的故事，传达着往昔辉煌的信息。

走过巷道，九十度转弯，就是赤滩老街。右转，正街一里多长、七八米宽，两边店铺一家挨着一家、青砖黛瓦、高高的马头墙、清一色两层小楼、手推式木板门、前店后院式结构，风格统一，有很好的规划。地面是鹅卵石，街道中央一块块青石板连成一条线，是街道的中轴线，两边对称，也方便独轮车来往运输。青石板上可见深深的车辙凹槽，那是岁月的留痕，也是劳动的印记，折射出当年的繁华。

赤滩村老街

邻户间的共墙墙脚处，刻有"高同兴裕记号己墙脚""郑姓墙脚""董恒春号己墙己脚""淇澳堂""卫宗祠墙"等字样，既标明了产权，又节约了空间和金钱，有双赢之功效。

店铺的门框都是实木的，厚实而坚固。"吱呀"一声推开木门，木结构的房体让人有久违的亲切。一道光柱从明瓦处斜射下来，打在小阁楼上，老屋瞬间亮堂了起来，梦境一般。

昔日，水运得天独厚的赤滩古镇，是徽、黟、旌、太、石、泾等六县货物往来的集散地，商贾云集，店铺林立，老字号、老作坊、老手艺比比皆是。民国15年（1926），赤滩老街有商号店铺120余家，集商贸、饮食、民俗于一体，是一条具有江南水乡特色的老街。

　　在琳琅满目的民俗文化陈列馆里，一尊奇特的人面兽身石像是镇馆之宝。此宝是从青弋江中打捞上来的，如今仍守候着赤滩古镇。据考证，这是昔日白龟城的守城狮，迄今已有1400多年的历史了。昔日，琴溪注入青弋江处的对岸是昌桥乡的柏山村，唐朝时曾在82米的柏山上建设白龟城，并有左难当庙。唐天宝年间，诗人李白曾游览白龟城，留下《九日登山》一诗，并有"赤鲤涌琴高，白龟道冯夷"的诗句。

　　陈列馆里的"千功床"，也有段小故事。传说，清朝时期，本地有位县令为官清廉、造福百姓、日夜操劳，深受老百姓的爱戴。遗憾的是，县令年过半百，却膝下无子。看到县令家中简朴的陈设，没有一样像样的家具，当地百姓纷纷出谋划策，决定为县太爷打一张床。于是，大家有钱的出钱、有力的出力，精选上好的木料，请来当地的能工巧匠，依照县令的生辰八字，精雕细琢，为县太爷赶制了"千功床"。百姓的一番好意，县令心领神会，也推脱不了，就用上了此床。说来也怪，睡过此床后，县令第二年就喜得贵子，仕途顺利，一再荣调、升迁。一时间，此床被神话，一传十、十传百，千功床被不断复制，成为新婚夫妇必备的物件。

　　赤滩民俗陈列馆里陈列了古时女子绣花鞋、梳妆台等出嫁用品和生活用品，反映了当时赤滩劳动人民的生活状况，极具收藏保存价值。

　　老街的终点是一处百年老澡堂，木制拖鞋、古式木椅、陶窑茶壶等内部陈设，给人穿越时空的感觉。这座百年老澡堂始建于清光绪末年（1905），并有一个诗意的名字——沧浪池。相传，新四军在云岭期间，叶挺将军曾在此沐浴。当地百姓一直保留沧浪池，就是为了纪念和缅怀叶挺将军。

　　赤滩老街的尽头也有一座牌坊。牌坊边上有一座两层楼房，登临楼顶，可领略老街全景。一串串的红灯笼、木门上的红春联、湿漉漉的古道、深巷里的油纸伞和来来往往的红男绿女，构成了美妙的画卷，古朴中有优雅，喧闹中有宁静，是一幅唯美的新画卷。

如今，赤滩村入选第五批中国传统村落，村中老街还是原汁原味，并保留了老剃头铺、古药房、熬制灌心糖等老手艺老行当，明清古韵犹存。

赤滩古镇是"中国宣纸之乡"、小有名气的3A级风景区，也是泾县生态旅游环线上重要的一景。山水相依的环境、浓郁的皖南文化氛围，也赢得了影视剧组的青睐。《黄英姑》《一个女人的史诗》《税务局长》《依然的心》《新四军女兵》等电影、电视剧都在此取景拍摄。

在赤滩，赛龙舟、公社戏、走马灯等民俗一直延续着。其中，赛龙舟活动每年都举办，成为当地一种体育娱乐活动；公社戏也有特色，表演者戏装打扮，在帷幕中手托二尺长的木偶演唱，故又叫作"托戏""托傀儡戏"；走马灯三年左右举办一次，一般安排在除夕到元宵节之间，盛况空前。

章渡村

贺　焰

　　章渡村位于泾县城西南22公里处，青弋江北岸，322省道穿境而过，是一个山清水秀的古村落，入选第三批中国传统村落。

　　这里历史悠久，文化灿烂。1978年，在章渡镇以北约3.5公里的瑶庄考古发现新石器时期遗址，出土了大批陶片、石斧、石铲、玉琮等，磨制光滑，制造精细，造型美观。

　　唐代在此设埠置州，管辖三县。章渡古镇附近的万家园就是唐初古猷州城旧址。唐代天宝年间，李白曾"浩荡游泾川"，留下了《早过漆林渡寄万巨》《泾溪南蓝山下有落星潭可以卜筑余泊石上寄何判官昌浩》等数首与章渡有关的不朽诗篇。其中，《早过漆林渡寄万巨》诗曰："西经大蓝山，南来漆林渡。水色倒空青，林烟横积素。漏流昔吞翕，

章渡村全景

沓浪竞奔注。潭落天上星，龙开水中雾……"据传，漆林渡始因有漆林万树而得名。

元末明初，章渡"吊栋阁"的民居格局形成。张宗道除了在今日的桃花潭镇一带建设之外，还在章渡圈地，让"吊脚楼"恢宏铺陈，成为泾县重要的水码头和繁华的重镇，并留下了"永不倒镇"的吉祥之语。

清朝时章家渡镇属全县18镇之一，由于商业繁华，古镇上有肖、董、马、卜、汤、陈、张等诸姓，因章氏商人居多，更名为章家渡。如今，正在修缮的得月轩茶楼、横街老药店、庆和祥老炉坊店铺以及322省道旁的夏浒董氏宗祠都是清代古民居。

咸丰年间，"吊栋阁"毁于太平天国战火。现存建筑大多是民国时期重建的。民国时，章渡曾设区署。因为毗邻革命圣地云岭，章渡成了新四军总兵站和转运物资的重要集散地。1939年春，周恩来从青弋江乘竹筏来到章渡，在吊脚楼的"得月轩"与新四军将领叶挺、项英会面，指导南方八省的新四军开展工作，也给章渡写上了辉煌的一笔。如今，"周恩来上岸处"已成为网红"打卡点"。

解放后，设章渡区政府于镇上，后建人民公社。"文化大革命"期间，洪水冲不垮的"吊栋阁"惨遭浩劫，石雕、木雕、砖雕破坏严重。

20世纪80年代改设章渡乡政府。2005年，章渡撤乡并入云岭镇，成为章渡行政村。

青弋江是古泾川最繁荣的交通要道，这里背山临水，人杰地灵。中国传统的"依山造屋、傍水结村"的选址观念，让章渡成为风水宝地。随着人口的迅速增长，章渡商铺林立，寸土寸金，成为古泾县与琴溪码头齐名的商埠。这样一来，临河的建筑便凌空驾临到青弋江上，"开门上街，推窗见河"格局形成。

　　"吊栋阁"房屋一面临江，用木柱悬空支架在青弋江上，河水从其下潺潺流过，极富江南水乡情调。由于此建筑一户接一户，绵延一二华里，隔河相望，映入眼帘的首先就是一排排的木柱，故称"千条腿"，恰似一张大木排顺流而下。入夜灯明，灯光倒映河中，水上水下"万家灯火"，相互辉映，十分壮观。独看一家一户，又似一盏盏吊在灯杆上的灯笼，故又称"吊灯阁"。由于宅房主要梁架是用木柱支撑在空中，故又有了第三个名称"吊栋阁"。一处建筑，有如此丰富而又形象生动的名称，足见建筑者的匠心独运和人们对它的偏爱。"吊栋阁"的支柱都是用耐腐性很好的杉木做成，柱基为石柱础，柱础立在卵石铺筑、条石封顶的河床驳岸上，一直延伸到架空层外3~5米，以防河水冲刷。因此，吊栋阁可以历经上百年不换修一次。

　　章渡之所以能成为"永不倒镇"，跟它的地理位置有关。它的上游5里处有兰山岭挡住了水头，使青弋江水转而流向较低的安吴乡一侧，从较高的章渡镇则是缓缓而过。另外，在章渡老街的上街头，又正好有一股来自兰山岭的夏浒河水汇入青弋江。青弋江水愈大，夏浒河水愈急，正好将青弋江上游漂浮的树木杂物冲向对岸，使"吊栋阁"免受其

青弋江边的吊栋阁

害。"吊栋阁"的对岸是比章渡街低五六米的开阔平原，水位一高，对岸即形成水漫金山的汪洋。因此，当地人说：水位愈高，"吊栋阁"就愈安全。

在建筑美学上，工匠在建设吊栋阁时，巧妙地运用长方形、三角形等多重组合的力学原理，将临街的落地房柱搁置在坡壁之上，临江的不落地房柱持平向江面延伸，架空成虚，然后用落地的木柱支撑，形成虚实结合、阴阳一体、刚柔相济的悬空吊脚建筑风格。由于吊脚楼顺河而立，依水而筑，层层叠叠，沿江铺展，一栋接一栋，远远望去瓜柱相连，枋枕交错，檩椽纵横，腿脚林立，构成了上实下虚、凌空欲飞的吊栋阁楼群奇观，至今依旧是青弋江独特的风景。章渡吊栋阁虽是木质结构，但是异常牢固耐用。1922年章渡曾发洪水，街心可撑船，吊栋阁却安然无恙。1954年章渡又遭到百年一遇的大水，水没柜台，连涨13次，吊脚楼只倒塌一幢。

吊栋阁恰似湖南的"凤凰古城"，有"门外青山如屋里"的视觉效果。开了门，扑面而来的是鳞次栉比的店铺和南来北往的人流；打开窗，清晨一江水雾，傍晚半江夕阳，舒爽的江风吹来，可以饱览远山近水、长天闲云、孤鹜飞鸟、耕夫浣妇……无限风光尽收眼底，使人与自然融为一体。隔江观楼，青弋江绿水长流，吊脚楼像江中游弋的巨龙，化为江南一曲。

商业的繁荣，必将带领文化的灿烂。昔日，章渡的萧氏是三代进士之家，建有进士第，明万历、天启、崇祯年间，萧汝金、萧良干、肖思修三位进士都出生于此。

章渡的酱菜具有鲜、甜、辣、香、脆、嫩之特点，久负盛名。1988年，"盐水红个椒、什锦菜、香辣萝卜条"三个品种获首届中国食品博览会铜奖。如今的正兴隆酱菜是安徽省著名商标，其传统制作技艺列入省级非遗名录。20世纪80年代，新四军老战士何子友重返泾县，当再次吃到当年爱吃的香菜时，欣喜不已，即兴赋诗赞道："驱车又过旧街坊，回味当年意兴长。酱生姜与香菜美，今朝齿颊复留香。"

"西来一镇"的繁华一直延续到20世纪80年代。由于上游建设了陈村水库，泾县青弋江流域的水码头逐渐衰败。但是，随着经济社会的发展和对古建筑文化的重视，如今的章渡又迎来了新的春天，章渡老街"女大十八变"，正以新的姿态面世。

一条腿就是一个梦，一千条腿就有一千个梦、一千个故事。

章渡老街新貌

走在修缮一新的鹅卵石路面上，看章渡老街崭新风景，皖南的"凤凰古城"已横空再现。无论是穿越时空，还是畅想未来，章渡"吊栋阁"依然毫不逊色，气质非凡，是古建筑中的一只名副其实的"凤凰"。

中　村

贺　焰

　　泾县云岭镇中村位于泾县西部，距县城50里。为第五批中国传统村落。

　　站在中村村部看全景，村前的晴溪河潇潇洒洒，划出了一道美丽的弧线，玉带一般绕村而下。河面上，三桥平卧，沟通了两岸，也成为风景。其中，"世德桥"位于董家水口锁钥之地，是最古老的一座桥。此桥历史悠久，当年建桥时董纲亲自撰写碑文，如今建桥碑记犹在。桥下，菱形桥墩条石垒砌，两头船尖形状，厚实美观，便于劈水。河床里有巨

中村的田园风光

石静卧，见证了晴溪河的潮起潮落和董村的兴盛。河两边古树参天，与世德桥相依相伴，共担风雨。与桥相连的路S形舒展，一头伸向远方，一头系在村心。可惜，原来董杰走过的鹅卵石路面不复存在了，道中央的条石也不见踪影。中间的平桥入口有保存完好的石狮，坐镇一方，虎虎有生气。

中村的建筑很有特色，是折扇形。面对中村河，背靠岗上，为保证圆弧形的沿河路基本等宽，沿河人家均将沿河墙顺着弧形的河流各自转一个角度，所以村庄沿河的一面墙形成了道道折形，宛如扇面。村中道路和排水沟呈放射状道道通河，形同扇骨，河沿为扇口，岗为扇柄。中村有"世进士第"等民居，是文人和官宦众多的村落。

中村靠山面水，一条中轴线将村落分为上、下两部分，至今"一街两巷"格局未曾打破，上街、下街框架依旧。昔日，中轴线两边聚集了董氏最精华建筑。中轴线前上部有宏伟的董氏宗祠，七座牌坊纵横排列，每一座牌坊都有一个情感交织的动人故事，记录了董氏"忠、孝、节、义"伦理道德的辉煌。可惜"文化大革命"期间悉被破坏，如今仅残存董志善、董志道兄弟双官带义坊。此坊建于明景泰年间，是董氏最早的一座牌坊。董纲、董银父子进士第位于中轴中下部，府邸已倒，门罩犹在。位于中轴线后下部的师德堂是董氏学堂，已成废墟。当年，江西徐姓进士不愿为官，被董氏聘为先生，特建此学堂以示尊重。

临水村沿是昔日的闹市。可想而知，昔日这里车来人往、交易红火，是一幅小型的"清明上河图"。

村里保存最完好的建筑是新四军军部旧址教导总队部，1961年被确定为全国重点文物保护单位。当年，董村是皖南革命根据地的中心之一，周恩来、董必武曾亲临视察。项英、叶挺也时常来指导工作。叶挺军长曾在村前的晴溪河游泳，在鸭子潭与村中孩童戏水，1939年拍摄的照片收藏于泾县云岭新四军史料陈列馆。

中村蓝山组的董氏祠堂，建于清中期。该祠由门坊、门厅、廊屋、享堂、天井、水池、寝楼等组成。门前有石鼓一对，门上有"董氏祠堂"横匾。现保存尚好。

玉书公祠是中村保存较为完好的董氏支祠，门额上刻"玉书公祠"四字，三级石阶入门，堂厅三开间，前有两间厢房，中为天井。祠左右各有边屋。玉书公祠木雕精致，四方天井，墙上有墨书的"团结紧张，严肃活泼"语录以及毛泽东有关抗战的论述，是当年新四军活动留下的遗迹。当年，县令李邦华题写的"江左礼族"锦旗还高高地悬挂在祠堂里。

中村的"大夫第"是清早期建造，一进五间，左侧已圮，右有正房两间。"科甲第"为明成化年进士董纲及其侄明弘治年进士董银故居，"董杰敞厅"建于明晚期，"司马第"建于明末年。如今"科甲第""董杰敞厅"屋形尚在，内屋损坏严重。"司马第"只余门墙。

四处行走，村里的砖雕、石雕不同凡响。最令人感叹的是董氏后人的文物保护意识。村民纷纷捐资，成立了文保协会，一根根圆形方形石条、一块块条石方石和汉白玉门楼、贴面石、拐角石、门额、路牙等石料及凤穿牡丹、双狮绣球、龙腾虎跃砖雕，都被村民保护起来，堆积在一起，令人欣慰。

过了晴溪河，来到董家村对面的坡地，有两处建筑。一处是村部，由过去的书院改建而成；另一处是中村初级中学，由南坛庙改建而成，如今已旧貌变新颜。学校前面有一方塘，名曰莲塘，是古村风水里的朱雀。

龙盘虎踞的董村依山傍水，不仅是一方风水宝地，还是

中村老宅石雕

一个人杰地灵的古村落。中村董家在明朝就出现过董纲、董杰兄弟进士，董纲、董银父子进士及一门五进士。其中，董杰最为杰出，也是清正廉洁的典范。

董杰，字万英，号五城，出生于明正统十年（1445）。15岁考中秀才。1477年，董杰以第三名的成绩考中举人。1487年，会试荣登金榜。之后，历任湖广沔阳知州、四川行都司知事、河南左右布政使等，正德六年（1511）升右副都御史、巡抚江西。

巡抚江西时，宁王朱宸濠谋反之心昭然若揭，屡次想要贿赂董杰，都被董杰婉言拒绝。董杰以忠义朝廷之心，一次次地讽劝宁王，最后被宁王毒死。

董杰一贯清正廉洁，家境贫穷。董杰死后家里竟然不能发丧。官家打开了他随身的箱子，里面的白银不足一两，让人感叹不已。明武宗朱厚照获悉此事后，亲赐祭文，并遣宁国府通判何宇至墓祭葬。嘉庆《泾县志·古迹》记载："都察院副都御史、江西巡抚董杰墓,在县西凤凰山。有南京礼部尚书、丰城扬廉神道碑。"

除了董杰之外,董纲、董浤、董珆、董银、董珪、董旦、董明等人均有建树,也让董氏名震泾川。

中村还是省级旅游名村和省级文明村镇。这里文化灿烂,其中舞狮、舞龙、出竹马是中村传统的民间艺术。每逢佳节,舞狮者以各种招式来表现南派武功,阳刚之气扑面而来;舞龙俗称玩龙灯,表演时龙随绣球而动,展示扭、挥、仰、跪、跳、摇等多种姿势,气势恢宏;出竹马由儿童扮演,他们身着彩衣,脸上化妆成"桃园三结义"刘、关、张等历史人物,行走时扬鞭跃马,驱赶妖邪,护佑平安,为节日增添喜庆氛围。

乌溪村

王黎明

　　乌溪村位于泾县榔桥镇，徽水河与205国道、京福高铁和芜黄高速在这里穿境而过，辖区内有著名的中国红星宣纸集团、中国宣纸文化园，建设中的泾县牛岭水库坝址就在乌溪村，将在原有江南第一漂景区的基础上打造徽水河综合生态旅游景区。历史上有宣州内史桓彝、叶永盛等为国为民的忠臣，除宣纸外还有油纸伞、箬叶等特产。2018年列入第五批中国传统村落名录。

　　乌溪为山区村，山多田少。东至红星宣纸集团，南至国营白华林场，西与河西村接壤，北与本县黄村镇平垣村相

乌溪村新貌

邻。辖区面积46平方公里，山场约5万亩，耕地1600亩，茶园1000亩，22个村民组，567户，2100人。

乌溪旧时属修德乡太平都，境内有祚坑、江村、程家坦、姚村、湖村、溪西山、荆竹坑、灰坑、板坑、下叶村、花园门、考坑、老街等自然村，分布于乌溪河与徽水河交汇区域。发源于白华尖东南侧的白华河，经溪头、白华、西峰山在下叶村与乌溪河汇合。乌溪河源于白华尖西北侧枫树园、蜜坑和茶坑，汇入杨岭水，经青龙坑流入乌溪境内，在程家坦汇入徽水河，经姚村、湖村、溪西山、女儿坑口流经本县黄村镇平垣村汇入青弋江。徽水河深藏于大山峡谷间，滩多湾急潭深，山环水绕，历史上沿岸有古道，雨季可放木筏和竹筏，把山里的竹木柴炭等农特产品运销到长江中下游，再用竹筏背纤把外面的生活日用品运到山里。徽宁古道盘旋于大山峻岭之中，在曲径通幽的石板古道上至今还保留着200多米长的明清时期老街，当年有客栈、酒店、当铺、钱庄、肉铺等20余家店号，街上还保留着五个连续的台阶，旧时人们称此为"五阶街"，在历经千年的漫长岁月里逐渐演变为今天的"乌溪街"，又因街而得名"乌溪村"。

乌溪因地理位置险要，东晋咸和二年（327）爆发苏峻之乱，宣城内史退守泾县，纠合义兵，屯兵乌溪，驻守西峰山关隘，苏峻遣将韩晃攻之，桓彝固守经年力战阵亡，先人把他安葬在附近一座岭上，并建庙祭祀这位忠臣。明朝万历年间，本村巡按御史叶永盛捐资重修，后人为纪念他称此为桓公岭（205国道与高铁交会处）。

在村的东侧，有座国营乌溪红星宣纸厂，20世纪50年代为传承宣纸文化技艺，发展地方经济，县政府在小岭村选拔宣纸行业技工组建泾县国营乌溪宣纸厂，80年代后在境内设312分厂、板坑、灰坑宣纸原料厂等。企业改制后组建中国红星宣纸集团有限公司。红星宣纸是中国文房"四宝"中之精品，不蛀不腐，可保文书典籍、书画珍品千古传存，被誉为"纸寿千年""轻似蝉翼白如雪，抖似细绸不闻声"，独特的品质使它和艺术共生，与文化共存。2006年，宣纸制作技艺被列入首批"国家级非物质文化遗产"名录；2009年，宣纸传统制作技艺被联合国教科文组织列入"人类非物质文化遗产"代表作名录，是安徽省唯一独立申报、独立保护的人类非遗项目。为展示和弘扬宣纸文化，县里投资建设了中国宣纸文化园景区，二期扩建项目完成，正在打造乌溪宣纸文化小镇。

20世纪末，在村西徽水河上，钟奇志联合当地村民精心打造了泾县最早的民营生态旅游景区"江南第一漂"，人称"江南小漓江"，2006年被评为国家3A级景区。20公里的徽水河道蜿蜒曲折、水流湍急，两岸层峦叠翠、云雾缭绕、风光绮丽，游客在竹筏上嬉戏打水仗，更加惊险刺激。2021年因牛岭水库开工截流，景区暂停营运。

牛岭水库是国家172项重点水利工程之一，泾县境内有史以来第三大水利工程，坝址就在程家坦上游400米处，设计总库容1.67亿方，总投资26.9亿元，总装机19兆瓦，坝高59米，水位117米，形成12000亩山峡湖面，2023年底可关闸蓄水，以防洪、发电、灌溉为主，改善民生环境与发展生态旅游相结合。工程拆迁本镇21个村民组（其中乌溪村拆迁柞坑、江村等4个村民组），642户，房屋6.72万平方米，征地13821亩，新建安置点5处，建设库区公路33.1公里，跨湖大桥6座，林区生产道路32.1公里。

20世纪60年代末，国家为了应对严峻国际形势，选址于山重水复疑无路的乌溪村荆竹坑，由上海杨树浦发电厂于1969年援建了312火力发电厂，1970年2月组织工人进厂，

消失的柞坑村

1971年开始对旌德方向各小"三线厂"供电，运行到1988年止，工人回迁上海，设备转移到河南登封，电厂给地方政府40万元，利用厂区建立312宣纸分厂。当年312电厂建设，建设南雄公路（205国道）至荆竹坑公路，又从徽水河建造供水设施至荆竹坑，确保发电循环用水，并在荆竹坑口公路两侧建造数十幢电厂职工宿舍楼形成生活区，如今还完整保留着那个年代建筑群落。两侧连续不断的大厂房墙上，还依稀可见"深挖洞、广积粮、不称霸""备战、备荒、为人民"等标语，有机电设备维护车间、设备材料仓库、燃煤仓库等，再往内就进入电厂核心区，有发电锅炉厂房、机电运行厂房、总控制厂房、循环冷却蓄水池，还有一座占地面积100多平方米、69米高的巨大发电烟囱。

　　1970年前后，原南京军区选址在乌溪村后板坑内开挖了军事防空洞，有四处洞口和部队营房，主要是军事通信与备战，1985年前后部队撤离。

　　村境内有叶氏、汪氏、俞氏、江氏等宗族。最大的为叶氏家族，宋元年间迁至境内溪西山村附近，明万历年前后逐

原312火力发电厂

步移居古道旁的乌溪村和下叶村，合族建祠于村后，气势宏伟，祠前考坑水环绕，20世纪70年代前后拆除，在原址建造乌溪小学。在祠堂东南侧为叶氏村落聚居区，其中最大的古代建筑群为花园门，这是巡按御史叶永盛祖居，曾有一块叶永盛"父子进士"木匾，后存入县百匾堂内。

　　俞氏宗族主要聚居在祚坑，是东晋忠臣俞纵将军之后裔，俞日显裔孙聚居本镇南山，传承祖先军事智慧，分支选址于地形掩蔽、易守难攻的祚坑聚族而居，据当地老人传说，祚坑是咸丰年间太平军在泾县东乡唯一没有攻占的村落，至今周边大山上仍能见到当年垒起的石头阵。汪氏宗族为唐汪华八子汪俊后裔，分迁旌德新建，传六十世汪七十卜筑泾县荆竹坑，四传汪卯生留居荆竹坑、汪再生迁本村女儿坑、汪义生迁本村西峰山。江氏为旌德济阳金鳌（江村）江氏后裔，二十九世江从简分迁本镇枧坑（周坑），再迁本村江村。

　　乌溪村叶氏宗族明清出了叶永盛、叶居仁和叶沃若3位进士。叶永盛，号玉城，勤学苦读，万历十七年（1589）中进士，曾任江西、浙江、云南等地巡按御史，他"十上奏书、声振中外"，他设舫课、商籍，鼓励商业发展，对徽宁商业的对外发展做出了较大贡献。

叶氏家族曾居于徽水河畔，传承油纸伞制作技艺，他们利用当地丰富的桐油、桑树皮纸和毛竹资源及水路运输条件，经青弋江销往长江中下游地区。叶永盛后人叶居仁，清雍正二年（1724）进士。他从小受家族油纸伞制作环境的影响，特为乌溪《油纸伞》赋诗一首："糊边削骨墨油浓，纤手争穿五色绒。制得去葩千百柄，连樯装卖趁江风。"这首诗虽字数不多，但写出了乌溪雨伞的制作材料、工艺技巧、生产规模及远销情况。清朝雨伞生产逐步移到乌溪花园门附近，20世纪五六十年代经过公私合营改造，成为集体企业，因经营管理不善于70年代前后停产。

小 岭 村

贺 焰

　　小岭村入选第五批中国传统村落。该村位于泾县丁家桥镇北部，西与云岭镇，北与泾川镇接壤。境内群山环绕，重峦叠嶂，溪水潺潺，有"九岭十三坑"之称，以生产宣纸闻名于世。

　　小岭村依山面水。靠山即龙脉所在，称玄武之山；左右护山分别称作青龙、白虎；前方近处之山称作朱雀，远处之山为朝拱之山；中间的平地称作明堂，为村基所在；明堂之前有蜿蜒之流水或池塘。这种由山势围合形成的空间，利于藏风纳气，是一个有山、有水、有田、有土、有良好自然环

小岭村航拍图

境的独立生活空间。

小岭村是昔日青阳至泾县的必经之路，至今九华古道保存完好。其中，大岭、小岭皆为襟喉。据当地老人介绍，九华古道曾是官道，全都由青石铺就，宽1~2米，每隔一段距离建有凉亭，供来往行人休息、避雨。明清时期，村里及泾县城里的人们到青阳县九华山一带经商、拜佛、访友，走的就是这条路。直到20世纪六七十年代，九华古道仍是泾县西部乡镇村民到县城的重要通道。

从枫坑到小岭头南边山脚，全程10华里。昔日，九华古道由枫坑入口去往许湾、双岭坑等地，山间道路曲曲弯弯，古道穿溪，桥必不可少。历史上，这十华里路程，共先后建有竹叶桥、中桥、紫阳桥、谢母桥、文通桥、麻纱桥、珍公桥、追远桥和门坑岭桥。

《曹氏宗谱》记载：南宋绍定二年（1229），曹锺的八世孙曹大三偕其兄曹大一，奉父亲曹百十一公，并携两个儿子曹二七、曹二八及家族数十人，由虬川避乱于泾县小岭。曹氏来到小岭后，以蔡伦术为业，制造宣纸，宣纸名声大噪。

曹大三在小岭建立起造纸生产基地，并继承、改良前人的造纸技艺，渐渐完善了"灰碱蒸煮、雨洗露炼、日曝氧漂"的制料和"捞、晒、剪"环环相扣的宣纸生产工艺程序，经过反复实践，生产出纯白细密、纹理清晰、绵软坚韧的好纸，使宣纸闻名天下。曹大三也是迄今发现最早的有文字记载的宣纸生产人，在中国宣纸发展史上属于里程碑式的人物。

清代康熙进士储在文宦游泾县作《罗纹纸赋》，详尽记述了泾县小岭、漕溪等山区宣纸生产兴旺景象："若夫泾素群推，种难悉指，山陵陵而秀簇，水汩汩而清驰，弥天谷树，阴连铜室之云，匣地杵声，响入宣曹之里。精选则层岩似瀑，汇徽则孤村如市。度来白鹿，尺齐十一以同归；贡去黄龙，筐实万千而莫拟。固已轶玉版而无前，驾银光而直起……越枫坑而西去，咸夸小岭而轻明；度马渎以东来，并说潭溪工致。"详尽地记录了小岭、九岭十三坑坑坑建棚造纸，已无法再扩大生产，只得另辟蹊径，到泾县其他地方发展的盛况。

清代宣纸业长足发展，出现了"山里人家底事忙，纷纷运石垒新墙；沿溪纸碓无停息，一片春声撼夕阳"的繁盛景象。《红楼梦》中所记载的雪浪纸、雪浪笺便是一种宣纸，在当时是时尚物品。清代，曹恒源、曹义发、朱同太、汪六吉、汪同和等品牌纷纷登场，名扬海外；小岭曹洪昌"白鹿牌"宣纸、曹义发"鸿记"宣纸、小岭"桃记"宣纸，分别获南洋第一次国际劝业会优等文凭奖、南洋国际劝业会超等文凭奖、巴拿马国际博览会金奖。

咸丰、同治年间，清军与太平国军在泾县一带辗转争

丁桥镇第二届宣纸文化旅游节

战达10年之久，祸及宣纸。1938年8月，新四军进驻云岭。军长叶挺两次亲临小岭视察，安排民运部拨付资金、组织生产，并组建皖南双岭坑宣纸生产合作社和皖南梅村宣纸原料生产合作社。宣纸生产出来后，新四军全部收购，用于《抗敌报》、传单等宣纸之用，不仅解决了造纸工人的生计，促进了抗日宣传，而且让老祖宗留下来的宣纸生产技艺传承下来，免遭灭绝之难。

小岭村属于山地型自然村落，位于两山夹一坳中，四面环山，一条河流穿村而过。傍山而居、依河拓展，其建筑色彩以黑、白、灰为主，建筑材料以当地的砖石、小青瓦为主，木门木窗有雕花。其中，小岭曹氏及其他姓氏村民，代代"贻蔡伦术为业"，对造纸业祖师爷蔡伦向来敬仰、崇拜。明代时期，曹氏家族在许湾深潭山麓，与斗室庵并列，择风水宝地，建造了蔡伦祠，供奉蔡伦神像。该祠占地面积约300平方米，砖木结构，祠有大厅、边屋；周围翠竹成林、溪水长流。之后经多次修葺，"文化大革命"时期，祠堂倒，供像毁，现存民国24年（1935）秋维修后所立《重建汉封龙亭侯蔡公祠》石碑一块。每年农历三月十六是传说中的蔡伦诞辰之日，曹氏全族都要前来祭祀，以佑平安、吉祥、富足。

小岭曹氏忘不了始祖的功绩，用优质花岗石，在村里竖起了宣纸鼻祖曹大三公塑像。该塑像高3.13米，厚0.67米，宽0.83米，象征曹大三公功高于山，子孙绵绵。塑像的下方是一莲花宝座，正面镌刻着曹大三的传记，以此歌颂宣纸鼻祖的丰功伟绩。宝座的左侧镌刻着一轮红日，右侧镌刻着一轮明月，寓意曹氏始祖功德与日月同辉。

1993年，小岭许湾古宣纸纸槽遗址，包括宣纸古作坊、石碓等设施，列为县级重点文物保护单位。2010年10月，丁

小岭非遗四代人合影

家桥镇被中国文房四宝协会授予"中国宣纸书画纸基地"荣誉称号。如今，丁家桥镇宣纸书画纸（古法宣纸）产业园、古檀山庄也成为中国宣纸发祥地的一道美丽风景。

如今，宣纸传统制作技艺已纳入人类非物质文化遗产代表作名录。曹光华、曹建勤等人分别成为宣纸传统制作技艺国家级、省级传承人，中国驰名商标"千年古宣"也在小岭村诞生。曹一松家族宣纸帘制作技艺公布入选安徽省第五批省级非物质文化遗产项目名录。小岭村现在生产的宣纸远销全国各地，并出口到日本、韩国以及东南亚等国家和地区，宣纸和书画纸产业成为小岭村的主导产业，小岭村成了名副其实的"宣纸村"。

靠　山　村

蔡　盛

依偎四顾山下的靠山村位于泾县云岭镇东南部，距离泾县县城17公里，是云岭镇的东大门。这里位置优越，322省道傍村而过，章渡中心路、云岭河纵贯全村，给靠山村带来了无尽的灵气。

靠山村村景

海拔639.7米的四顾山，又名狮孤山，像一头雄狮，立山巅四顾，百里在目，因以得名。四顾山下，平旷沃壤，阡陌纵横，是一方宝地。

四顾山怀抱着的靠山村，历史悠久，文化灿烂。1978

年，在靠山村瑶庄700平方米的新石器时代文化遗址上，出土了一批陶片、石斧、石锛、石铲、玉琮等石器，经鉴定为5000~10000年前之文化遗址。

《萧氏家谱》也记载，宋末年间，泾邑萧氏始迁祖千三公，由歙县迁徙至泾县田中都渣湖，定居靠山村，已近千年的历史。自宋以来，先后有倪、卜、左等"十五姓"人氏迁入古猷州城东，剽悍称雄，守把一方，其中，南宋时卜姓自绩溪迁入靠山等地、董姓自中村迁入瑶庄、肖姓自南陵迁入靠山；明代倪姓自大康倪家湾迁入靠山、左姓自泾县城迁入靠山、马姓自北贡里马村迁入马家等地。

1958年，设立章渡公社，靠山大队属于章渡公社（1984年改为章渡乡）。2001年11月撤乡为镇。2005年4月，撤并原章渡镇、中村乡、北贡乡合并为云岭镇，瑶庄、马家、靠山三村也撤并为靠山村。2020年，靠山村被列入第五批中国传统村落名录。

靠山村背山面水，山环水抱，有"负阴抱阳、背山面水、藏风聚气"格局。从风水理论上来说，"水口者，一方众水所总出处也"。贯穿全村的云岭河注入青弋江，云岭河出口与村之入口方向一致，靠山村自然是一块风水宝地。聪明的靠山村先祖，选中背山面水的水口位置团块状建村，各村都有中轴线，中轴线上建有祠堂、三进的大夫第等大宅，深宅大院多半就是掩藏在这古老的巷弄之中。村内古街巷都由石板和鹅卵石铺设而成，主街巷宽阔流畅，支巷则从主街一侧延伸，小巷幽深，蜿蜒曲折，纵横交错，构成树枝状的空间体系。村外，配以桥、台、楼、塔、树、亭、堤、塘，增加锁钥的气势，彻底扼住关口。亭台、方形塘、半圆形塘散见于各村落，古桥、古井、古祠、古建形式多样，不拘一格，有厚重的历史沉淀。

靠山村的传统建筑属皖南建筑风格。民宅主体建筑一般为一字前墙，青石门坊，内有门厅，两边各有一到两间厢房，门厅后方为一字天井，堂厅有列柱，方形青石柱础，青石墙裙，两边各一到两间正房，上有阁楼，正、厢房之间有方形天井。重点装饰集中在墙门、墙头，墙门上方多贴垂花式砖门罩。封火墙做成各式马头墙、弓形墙、云形墙等，高低纵横，起伏跌落，与屋顶形成黑、白、大、小、横、竖的对比，获得优美的旋律，成为塑造村落形象的重要手段。楼层栏杆、栏板及隔扇窗格均有锦文、棱花等图案，无不反映了靠山村的历史渊源、山地特征、风水意愿和美饰风格，以及在选址、平面布置、空间处理、建筑艺术和营造技术等水准。

靠山村的古建中，瑶庄保存较好。其中瑶庄第十村民组217号李传宗等住宅是明代建筑，一进五间两厢，坐西北朝东南，建筑面积215.8平方米，一字前墙，白石门坊，长方形天井通两厢，堂厅五列棱形木柱，圆形白石覆盆柱础，柱与础之间有垫板，青石踢脚坊，屏风上沿有万字纹木栏板，堂厅

瑶庄大夫第

两边四间正房，斜方格门窗，上有阁楼，正房前有一边一间厢房。

位于瑶庄村窑炉村民组瑶庄大夫第是清代建筑，正屋前后二进各五间，坐北朝南主体建筑面积369.11平方米，屋前有庭院，八字院门，门内东侧尚存门房二间。前进花砖门墙，白石门坊，上有白石嵌方刻"大夫第"三字。大门内侧亦有青石嵌方，内有一字型天井。两边隔墙上有青石墙裙，堂厅五列木柱，六边形雕花青石柱础，两边四间正房，门窗上有镂空雕花瓶、暗八仙等图案，窗栏板上有人物浮雕，正房前有一边一间厢房，上有阁楼并与正房阁楼相连。后进内部构造与前进相同。

肖必选等住宅也在瑶庄，是民国初年的建筑。此宅由正屋及左右边屋组成，正屋坐北朝南，建筑面积442.8平方米，花砖门墙，白石门坊，上有白石嵌方，入内为前厅，三列木柱，青石束腰础、踢脚坊，前厅后有四水到堂天井，两边白石门坊上有青石篆刻"安耕""勤读"门额。堂厅五列木柱，白石圆束腰础，青石踢脚坊，堂厅两边四间厢房，雕花

肖必选住宅

门窗，窗栏板上刻人物和缠枝花纹，堂厅两边四间正房，形制同厢房，前有小方天井，屏风后有掩堂，正屋西侧各有一栋边屋。

古井在靠山村保存得也较好，其中七甲井坐落于泾县云岭镇橡树林公园，久负盛名。相传200多年前，靠山村发生了一次严重的旱灾，因没有水源，庄稼、家禽、植物缺水而死，许多百姓都食不果腹、饥饿难耐，不少人被迫离乡背井。倔强的七甲村人却擦干眼泪、团结协作，沿着山边寻找水源，并萌生了挖井的想法。于是他们说干就干，男女老少齐上阵，但是一直不见水源。就在他们想要放弃的时候，天降大雨，位于现在七甲村橡树林公园里的一口井，源源不断地出水，解决了全村200多口人的吃水问题。村民觉得这是上天给予的恩赐，所以现在每年的龙王节（农历六月十三），全村人都来井边祭祀，感恩这口当年的救命井。

七甲井附近的橡树林公园就在七甲村。该园占地面积1万多平方米，并依托山、水、橡树等人文自然景观，建有自行车宿营地、游步道、六角亭、观景台、七甲井、停车场，是云岭镇打造"记住乡愁·记忆里最美好的家乡"的开篇之作。据说，1950年前后，七甲自然村土壤十分贫瘠，不适宜耕种，逐渐荒废。土生土长的七甲人对这片土地却有着特殊的情感，勤劳勇敢的七甲人发挥着自己的智慧，尝试着种植易存活、生命期长，对贫瘠、偏酸性、碱度土壤适应能力强的橡树，如今成为一道别致的风景线。

靠山村悠久的历史造就了灿烂的文化。其中，重皇会是靠山村萧氏宗族的盛会，每年10月15日举行，有"早吃素、晚吃荤"和唱大戏之习俗，祈求村民健康、平安、福禄长寿。此外，每年农历二月十九、六月十九、九月十九是观世音菩萨出生、成道及出家的日子，聚龙寺香火也格外旺盛。昔日，扎龙灯、扎竹马、扎蚌壳、画床楣、放焰火以及唱京剧、黄梅戏、木偶戏、木莲戏等民间艺术也十分丰富，其中民间蚌壳舞表演惟妙惟肖；画床楣有"五狮（世）同堂""九狮同居"等图案，画中坐、立、蹲、走、奔、跃形态各异，神情全备；画八仙时，以荷花代何仙姑，以宝剑代吕洞宾，以葫芦代铁拐李……构思新颖，独具特色，谓之"暗八仙"；放焰火先制作焰火架，在架上用篾扎成飞禽走兽、骏马雄狮，再用火硝、樟脑、引子在禽兽腹内装做各种焰火机关，纸糊彩绘，展现出禽兽"立""腾""吼""飞"等姿势，引子点燃，刹那间便出现爆、闪、射、飞各种彩色光柱，鸟翔、鱼游、龙飞凤舞、五光十色，煞是好看，可惜技艺已失传。

如今靠山村被列入第五批中国传统村落，保护利用工作正掀开崭新的一页。

后 山 村

査从俭

　　后山村隶属泾县丁家桥镇，位于镇治之南，宋时属礼逊乡，明清时属安丰乡长乐都。因村落中拥有省级以上的非物质文化遗产代表性项目，且传承良好，至今仍以活态延续着；更兼有保存完整、具有较高保护价值的精美传统建筑，2019年被国家住房城乡建设部公布为第五批中国传统村落。

　　后山村是以村庄背倚的后山得名。《泾县志》记载："后山在四顾山东北。"后山与四顾山紧密相依，就如同妹妹被姐姐拥在怀中。四顾山海拔较高，可东望黄山，西眺南陵，南瞻九华，长江如带，北瞰文脊、敬亭，瞬息千里，一览无际，为诸山之最胜者。

后山村美景

　　后山村庄与山之间，有青弋江相隔。青弋江被大蓝山阻挡，流向东北，环古猷州城流经湾滩改向西北，冲向后山被岩石所阻形成一潭，江水折而向北，"大河张家渡径其下"。郑相如《泾县志》记载："是处山多峻峭，飞岩绝壁，有五六里许，沿溪陆行，高出半空。"董纲回家途经此处，记曰："潭渊沉数里，其上有旋转之湾，其声激而怒；其下有峻激之滩，其声骤而驰；山与潭为伍，有石谷焉，谷泉高泻，仿佛庐山瀑布，其声清而亮。"水深山雄，可谓渊渟岳峙。因开通公路和修建陈村水库造成生态改变的缘故，现在此处已不复旧颜，瀑布更是销声匿迹了。

　　后山村为张姓聚居村落。泾县张氏出自姬姓，其迁入的时间可上溯之西汉末年。当时，有张义者因避王莽乱，携三子落脚南冲铜峰，隐居此处三十年，创建铜峰庵，长子张徒改名志高出家于此。这也是佛教在中国南方传播最早的文字记录。后山村张氏皆出于张义公之后。

　　其后祁门湘溪孙继忠携其子宗文、宗武游学于泾川安丰乡长乐都省潭，爱其山水之胜，遂家焉；太平弦歌乡张士

后山张氏宗祠

恭于宋中后期复迁入泾县南冲。二张逐渐繁衍成巨族，省潭张领有五甲、六甲，后山张拥有四甲、八甲，到后来二宗融合，外人皆称"后山张家"。

后山张家与四顾山之间有渡船相通，志称后山渡，亦称张家渡。在渡口原有张家市，为泾县古代十八处市镇之一，后废于水。

后山村沿江而建，旅台作家张拓芜这样描述故乡村庄的布局："我们后山村号称一条鞭，从四甲沿着河边到八甲，长达三四公里，一路上栉比鳞次地一家挨一家。"据说临河人家繁华时不仅房连房，而且前面都有连廊，供路人避雨休憩，也给村人雨雪天行路带来方便。这种建筑反映了当年这里淳朴好客的民风，可惜这种建筑皆已不存。现在楼房、平房相间错落，站在后山脚下远眺，远景是炊烟人家掩映于烟树之中，近景为碧波中一舟漂泊，真是景色美丽如画。后山古民居也有特色，但留存已不多了。村中保存的张氏宗祠、支祠，三雕骈美，藻井独特，是不可多得的古建精品，现已列为国家级文物保护单位。

村东南为平原，拥有广袤田地，旧有"平畴麦浪"之景。田地虽靠近青弋江，但古代提水工具能量有限，而远处的承流山流出的水量小，路途远，为此丁姓与近水源的黄姓不知打了多少年的官司，真正是远水解不了近渴，所以张姓过去是少种植水稻，多植桑养蚕。民谣云："纤纤玉手捧桑桑，蚕纵眠时妾自忙。试看邻家新嫁女，夜深犹未卸红妆。"郑相如纂乾隆《泾县志》中记载："丝细曰经，粗曰肥光，后山出者最盛。"在泾县东乡蚕桑业未崛起之前，后山张家养蚕为最盛，泾县的丝线也远胜湖州，周虬以《竹枝词》体例描摹了后山人养蚕抽丝的景况：

桑叶含芽尚未齐，绵色蚕子细如粞。

怜渠春暖蠕蠕出，恼杀佳人五夜鸡。

缫车初掉客南来，碧色银丝雪样白。
优胜湖州清水线，土宜水色逞风裁。

省潭物产丰饶。《郑志》记载："潭底多鱼，时有数百小艇往来如织。"张拓芜回忆，家里来了客人，母亲灶膛起火，父亲才从临河后门出去，半盏茶后已打上几尾活蹦乱跳的鱼回来，做成待客的荤菜，可见省潭鱼之多。省潭鱼不仅多，种类也丰，且味极美，打省潭鱼、吃省潭鱼就成了他一抹永不能忘记的乡愁。除了在深潭水中捕鱼，还有人在潭的上游滩河浅水中捕鱼，那又是另一种体验，也有诗云：

潺潺河水乱游鳞，九转成来散幻身。
赤鲤已同仙子住，留将鱼饵唤时人。

后山村的水美鱼肥，还有另外的特殊功用，就是冲刷中药半夏，有意想不到的效果。中药讲究地道，如贝母以四川所出为佳，故称川贝。而后山半夏，沃以省潭湾水后，其色洁白，服之性烈于他处，故中药称"后山半夏"。

最让后山张家扬名的是后山剪刀。后山剪刀创于何时，现在尚未找到确切文字记载，在申报非遗时将它定为道光年间还是比较符合实际的，因为乾隆间《郑志》不见记载，嘉庆《泾县志·物产》中也没有罗列。泾县旧有谚语"穿靴戴顶茂林吴家，开仓卖稻云岭陈家，冲担打杵小岭曹家，叮咚踢踏后山张家"，说明后山张氏以打铁为业，很早以前后山剪刀就有名了。相传清道光年间，泾县后山村铁匠张三荣以生产后山剪刀闻名于世，嗣后，其子孙世袭相传，精益求精。

据1951年《中国土产综览》记载：后山剪刀作户约五十家。每年可出产剪刀四五万把，全系元坯制作。同期芜湖赵云生剪刀号年产万余把。芜湖赵云生剪刀曾于清光绪三十三年（1907）在南洋国际博览会上获甲等银牌和奖状，后又在巴拿马国际博览会上获奖。但没有后山剪刀获奖记载，因负责此事的安徽巡抚曾称："安徽省因兵荒之余，经济困难，所征出品仅只36箱1200余件。"过去人重质量信誉，轻品牌意识，后山剪刀与芜湖剪刀属同类产品，又属偏僻山区，没有参加博览会亦属正常。从质量名气来说，二种剪刀应在伯仲之间。后山剪刀行销大江南北，向有"如竹如桑如葱管，口薄头尖钢性强"的美誉。

后山剪刀：锻打

"金打铁，银打铁，打把小小剪刀送姐姐。姐姐留我歇，我不歇，我要回家打毛铁。毛铁打到正月正，家家门前玩龙灯。金打铁，银打铁，打把小小剪刀送姐姐。姐姐留我歇，我不歇，我要回家打毛铁。毛铁打到二月二，葫芦种子才下地……"这是一首在泾县广为流传、吾辈儿时耳熟能详的《金打铁，银打铁》儿歌，说明后山铁匠业之发达，影响很广泛。后山不仅生产各类生活用剪，如裁缝用的"布剪"，女红用的"花剪"，而且制造各种生产用剪，如收割

桑麻用的"麻剪"，采剪桑枝用的"桑剪"，裁切宣纸用的
"宣剪"等。1956年3月，毛泽东在《加快手工业社会主义
改造》一文中指出："提醒你们，手工业中许多好东西，不
要搞掉。'王麻子''张小泉'剪刀一万年也不要搞掉。我
们民族好的东西，搞掉了的，一定都要一个个恢复，而且要
搞得更好一些。"[1]后山剪刀制作技艺已列入省级非遗保护名
录，我们要站在文化自信的高度上把后山剪刀这一民族品牌
传承好、保护好。

1.《毛泽东选集》第五卷，人民出版社1977年4月第1版，第264—266页。

九 峰 村

盛 洁

九峰村位于泾县黄村镇东南部，地处黄山北麓、青弋江南岸，黄九公路连接九峰村与黄村镇区。

这里有海拔822.7米的承流峰，是泾县第二高峰。清嘉庆《泾县志》记载："承流山，山有九峰，全县之冠。"九峰山下，有一条源出秋岭的溪水，沿着溪谷流入大康，穿村而过，当地人叫大康河，下注徽水入青弋江。

九峰村历史悠久。自景顺公从黄山祁门苦竹巷迁至大坑，在此定居已近千年。清咸丰年间，村里有名叫王国梁的武解元，在京城供职，他请报皇上恩准，将原来土名大坑村的"坑"改为"康"，显得文雅，此后一直名大康村。民国时期称大康保。1949年4月全县解放，废除保甲制，又复称大康村。1952年全县实行人民公社，大康村属于九峰联丰社；1960年又改为九峰大队；2003年与王府、李村

九峰村古道

合并为九峰村。

悠长悠长的岁月，给九峰村留下了不少动人的传说。

相传，中村的董纲、董杰是星宿下凡。一日，董纲、董杰应邀到张天师家做客，只见一个白发老人被铁链捆绑在门前。两人询问天师，天师曰："此乃南方龙王，触犯了天律，接受惩戒。"兄弟二人见龙王有悔过之意，便向天师求情。天师应允，将龙王交给两兄弟处理。董纲与九峰村的王氏、倪氏族老商议后，将龙王放入了承流峰后山的深潭。龙王感恩戴德，送给董家一面龙旗，摇旗有雨，能保丰衣足食。当年夏秋之际，久旱无雨，老百姓焦急万分。董家兄弟见此情况，挥舞龙旗，瞬间乌云密布，甘霖降临，缓解了旱情。

郑相如的《虹玉堂集》也有承流求雨的详细记载。康熙甲午年（1714）夏秋，泾邑旱情严重，佐邑事大嵩胡公以民为重，勇攀高峰，历经千辛万苦，到达承流峰老龙出没之潭，虔诚感动上苍，龙恩浩荡，求雨成功。

民国23年（1934）5月中旬至7月底，泾县大旱。县长叶粹武率众前往承流峰龙潭祈雨。众人效仿先人，以荷叶为帽，手持彩旗，抬着龙王塑像，在鼓乐声中焚香祭拜，求雨以解旱情。"破四旧"运动兴起后，求雨习俗终止。

20世纪70年代和80年代初，承流峰九峰村口有一排参天古树，四五个人手牵手才能合抱过来。《甜蜜的事业》《黄英姑》等电影曾在此取景。可惜，后来石埂路被毁、古树被砍，十分遗憾。

在古代传说中，因承流府君居于山中，承流峰因此得名。相传，陵阳令窦子明曾隐居此山；宋代许国公吴潜曾在此读书；唐朝新罗王子金乔觉也从这里走向九华山，最终尊为地藏菩萨；元和年间游僧在此筑坛建屋，并留有"远望疏密树，云外有无山。倚松看子落，隔竹听泉流"等诗句。山顶的握月庵、半山的元虚洞、望云峰下的龙井泉以及山中的醮星潭、丹灶，都是有故事的遗迹，很有开发价值。

承流峰是有来历的。《大清一统志》称："山有九峰，皆极耸秀……溪谷深幽，最为嘉胜。"九峰名如其峰，有状元、挂榜、莲花、纱帽、积翠、望云、毓秀、友爱、览胜等芳名。其中，承流积翠是古泾县八景之一，秀冠泾川。山下的积翠河（又称大康河）常年流水潺潺，滋润了山下美丽的九峰村。

文脉流长的九峰村和风景秀丽的承流峰吸引了众多"驴友"、摄影爱好者、登山爱好者前来访古探幽、登山探险。承流峰顶的映山红、险峻的握月禅林、碧波荡漾的承流峰水库、如凤展翅的凤凰松、王府的峰下溪谷、傲然屹立的百岁坊，无不让人流连忘返。

如今，九峰村已列入第四批中国传统村落名录，气势恢宏的大夫第面积545平方米，为泾县文物保护单位，一字前墙、花砖门墙、白石门坊，经过历次修缮，保存完好。

九峰村曾是"皖南事变"的激战地，中心村周围山上还有抗战时的战壕遗址，村庄修建了胡荣烈士纪念碑、叶挺纪念碑，均为村庄重要的旅游景观资源。"皖南事变"中，叶挺将军就在九峰村大夫第与国民党谈判，然后被扣押。新四军第三支队政治委员胡荣也在九峰村壮丽

九峰村大夫第

牺牲。

在承流峰下，有一座深藏大爱的牌坊——百岁坊。

黄村镇百岁坊又叫贞节坊，巍然矗立在黄村镇九峰村村头水口墩，建造于清嘉庆二十四年（1819）十一月，距今已有200年的历史了。百岁坊里承载着一个动人的故事。

清康熙年间，九峰村的村民王永娣，娶了心灵手巧的徐氏为妻。王永娣和徐氏日出而作、日落而息，相亲相爱，勤俭持家，相濡以沫，共同生育了四个孩子。在大儿子12岁、小儿子2岁的那年，王永娣不幸离世，丢下了自己心爱的妻子和四个未成年的孩子。王永娣去世后，徐氏坚守坚贞的操守，不离王家，不弃孩子，终身未再改嫁。

她秉承百善孝为先的好家风，以孝为根，以德为本，以勤为径，孝敬公婆，用自己朴实的行动演绎着以孝感人、至纯至真的亲情。百岁坊牌坊的上端雕刻的图案诠释着徐氏至孝的故事：徐氏左手搂着病重的婆婆，右手挽着自己的小儿子，将她的两个奶头分别塞在婆婆和儿子的嘴里……

日复一日，年复一年，徐氏风里来、雨里去，不仅含辛茹苦地把四个孩子养大成人，而且供四个儿子读圣贤书、立君子品、做有德人。四个儿子长大后，相继在云南、贵州、四川等地建功立业，官位显赫，颇有建树。

为纪念徐氏这位伟大的母亲，在徐氏101岁去世的那年，王氏后人联名上书朝廷，请求旌表徐氏。皇帝下旨建造了这座百岁坊。

百岁坊是昔日黄村通往九峰的进口，可谓是门户锁钥。原先，鹅卵石铺就的路从黄村一直通到九峰和王府，全程10多华里。百岁坊石砌通道从牌坊居中大拱门通过，左右各有一个方拱门，算起来共有三个拱门。

牌坊通体为上等的花岗石建筑，高12米左右。百岁坊上

九峰村古牌坊

刻有"龙凤呈祥""寿"等字样，并有花卉、狮子等图案。历经岁月的打磨，百岁坊上的有些图案已不再清晰，但是徐氏至孝至爱的佳话却一代代口口相传，光耀后世。

百岁坊四块矩形基石上耸立着四根高大的石柱，柱与横搭连接处安装有六个三角形云托，可惜中间两处云托和左右靠中门石柱的云托已不知去向。中间拱门内外各有两对栩栩如生的石狮，造型生动，回首相望。中间拱门上刻有狮子抱绣球图案，装饰有云水图案，惟妙惟肖。柱上靠北原有一联，曰："贞维专静叨圣眷，寿届期颐荷帝贞。"两边对称石柱上有龙云浮雕。全坊有三层匾额，最上层居中竖写着"圣旨"二字。二、三层字迹已难辨。顶盖有两个层次，均为鳌鱼尾翘角，最顶端有石葫芦压顶。整座牌坊用上等麻石、花岗岩雕凿而成，造型古朴而庄严，线条流畅而优美，不失为皖南境内难得的一座古代建筑。

"文化大革命"时期，由于地处偏僻，又有村民的保护，百岁坊幸免"扫四旧"的浩劫，但是也遭到一定程度的破坏。1985年5月22日，百岁坊被泾县人民政府确定为县级重点文物保护单位。

郭峰村

盛　洁

　　郭峰村地处泾县云岭镇西北，与南陵县和青阳县接壤，最高海拔700多米。

　　这里山高林密，风景秀丽。走进郭峰村冰山村民组，梯田层层叠叠，幽谷纵横，空气清新，气候温和，终年云雾缭绕，真可谓"晴时早晚遍地雾，阴雨成天满山云"。

　　这里是一片神奇的土地。走进冰山，可游览天然的溶洞——冰山仙人洞。洞深1000余米、高约6米、宽5米左右，共有七进。由于冰山仙人洞与九华山山脉紧密相连，历史上成为供佛之地，有九华山僧人老继和尚在此开斋立佛，当时远近香客接踵而至，香火十分旺盛。现洞中留有洞顶鸣凤阁、三仙娘娘（马娘娘、女娲娘娘、送子娘娘）碑、香炉，有开山和尚的墓碑。洞的第一进，有石象、石狮、石牛，有八仙石台，台上有石杯、石壶，四周有石笋、石浮等奇形怪状的钟乳石，给人有进入八仙楼阁的仙境感觉。洞的第二进，有地下河，河流潺潺，长年不息。再往里去，更有和尚百日静练打坐的石盘、观音佛龛、滴水瀑布泉等。洞外有冰山大王、十里跑马岗练兵场等遗址。站在冰山仙人洞山峰之巅，可以瞭望芜湖长江，将望江亭、长江大桥、大轮等风景奇观一览无余。

　　冰山村民组地处泾县西北三县交界处，是一块原生态的处女地，既有原始粗犷、返璞归真的乡土气息，又有衣袂飘

俯瞰郭峰村

飘、超凡脱俗的仙气。

走近冰山，原生态的石头屋、色彩斑斓的花蝴蝶、或方或圆梯田、弯弯曲曲的"天路"、清一色的石砌田埂、古木参天的大树、潺潺的小溪、慈祥的老人……会给你带来久违的初见。

冰山在县城西33公里中村郭峰境内，海拔729米，是泾县与青阳县界山。由于地壳运动，冰山成了褶皱山，山上的石块也一片一片叠加着，故也称崩山。据说，登上冰山之巅，可眺望长江烟波，一览众山小。

冰山是历代兵家必争之地。这里的十里跑马岗曾是春秋战国时练兵场，有遗址作证。

新四军在皖南期间，冰山也是新四军指战员重要活动区域。新四军指战员与冰山人民结下了鱼水之情。

解放战争时期，朱农领导的沿江支队凭借着此地之险要，游击于此，开展革命活动，并从泾县扩展到青阳、南陵、铜陵等地，多次击败国民党军警的进攻。解放后，朱农历任中共芜湖地委书记兼军分区政委、徽州地委副书记兼副主任、巢湖地委书记兼军分区政委、安徽省政协副主席，当选第六届全国政协委员。

　　"文化大革命"期间，王乐平在冰山与老百姓同甘共苦，结下了深厚的友谊。此后，他历任中共泾县县委书记、革委会主任，中共芜湖地委常委、革委会副主任，中共徽州地委常委、行署副专员，中共徽州地委副书记，中共淮南市委书记、市人大常委会主任，中共安徽省委党史工委副主任。无论到哪里，王乐平始终关心冰山的修路、通电等民生问题，并加以解决，传为佳话。

　　石屋是冰山的标志物，有异域情调。自明代以来，冰山村祖先们为了躲避战乱，开山劈石，筑巢而居。他们就地取材，用石块砌墙、石片当瓦，再配以石床、石桌、石凳、石柜……聪明的冰山祖先自力更生，艰苦奋斗，用勤劳的双手缔造了一座座童话般的石屋。

　　冰山的石屋不仅冬暖夏凉，厚重坚固，别具一格，而且与周边的青山绿水融为一体，体现了人与自然的和谐共存。

郭峰村的石屋

　　或前或后，或左或右，或上或下，仔仔细细打量这历尽风雨的石屋，像翻阅一本历史悠久的县志、家谱。那墙，是石头垒起来的，厚重而稳健；那瓦，是石片一片一片叠加起来的，参差而错落。拾级而上的台阶、门口平铺直叙的石块、小河边石头镶嵌的河堤……无论走到哪里，石块都是冰山的细胞，深入冰山的每一个毛孔。

郭峰村的石瓦屋

　　村里的老人告诉我，这些石屋很有年头了。原先冰山的石屋很多，巷子两边都是石屋。由于现代文明的渗透，许多石屋都拆了，也有一些倒了，实在可惜！倘若哪位有艺术眼光的投资商能在此处设计、翻新、修建些石屋，说不定"冰山之旅"将名噪皖南。

　　位于云岭镇冰山柳溪组的稜公祠，建于清晚期。凸字形面墙，白石门框，大厅三开间，分前后厅，中为长形天井。民国年间，曾经修缮。现保存较好，内部墙体、木质构件部分损坏。

　　石材也是郭峰村重要的资源。郭峰村富藏大理石、方解石。昔日，中村董家的建筑石材都出自此。如今，这些资源也是富民的矿藏资源。

在"绿水青山就是金山银山"的当下，聪明的郭峰人，生态立村，绿变产业，产业变绿，让大森林覆盖大深山，绿荫遍野，充满生机。春花浪漫的季节里，在村里走来走去，你会惊喜地发现许许多多飞来飞去的花蝴蝶。翩翩飞舞的花蝴蝶，吻过这朵花，又去亲亲那朵花。一不小心，它还停在你面前的石块上，想亲近你、温暖你。当你靠近它，伸出手想捉它的时候，它却友好地从你耳畔飞过，也算给了你一个飞吻，让你深深地爱上它。

屋梁上走着猫步的老猫，眼睛贼亮。它一会儿匍匐在横梁上，陪着它的主人——屋里的老奶奶；一会儿又警惕地与陌生的你对视，像一个精灵，也给石屋带来一份神秘和宁静。

冰山的山水是多情的。从这里流出的涓涓细流叮咚而下，滋润了泾县北乡人民。美丽的孤峰河源头就出于此，自西向东灌溉着数万亩农田，抒写着绿色传奇。

冰山的糕点也久负盛名，并赋予了吉祥的文化内涵。譬如，万字糕表征万字如意，麻烘糕、玉带糕也有步步高升之兆彩，双钱糕寓福寿双全之意，百子糕兆百子千孙。酥糖也是年头、年尾的礼品和家家户户的美食。在这里酥糖也叫趸糖，因忌讳"酥"是"输"的谐音，取"趸"字是祈"财气"，使财富积聚。中秋月饼、蜜枣也有团团圆圆、早生贵子等寓意，不仅是礼尚往来的馈赠佳品，也是山里人的"茶点"，可佐茶饮用，别有风味。

黄田村

蔡　盛

　　黄田村地处泾县榔桥镇南部，四周群山环抱，东与涌溪村交界，南与双河村接壤，西至榔桥镇社区，北与河西、溪头两村为邻。

　　黄田村部所在地黄田自然村有保存完好的清代古民居建筑群，其中古民居58处、103栋，古建筑面积3.3万平方米。黄田村是全国重点文物保护单位、中国历史文化名村、国家4A级景区、中国美丽休闲乡村、首批中国传统村落。2013年，黄田村被国家文物局列入"全国古村落保护维修样板工

凤凰山下黄田村

程"。古建筑专家称赞黄田村古民居群是"物化了古代哲学思想、建筑美学的结晶，有较高的历史价值、科学价值和独特的艺术价值，更有着深刻的文化内涵"。

洋船屋紧靠凤凰山，与马冲河相切，是一组私家住宅，内有花园，占地面积约4200平方米，是黄田最大的古民居群，也是一艘孝道文化的载体，把中国孝文化用洋船的形式固定下来。

清道光年间，在沪经商的朱宗怀荣归故里。静谧的冬夜，红红的灯笼下，一群人围坐在身着长马褂的朱宗怀身边，聆听他带来的洋火轮的描述。啧啧的称赞、无边的想象，竟然引起了朱宗怀年迈母亲胡氏和妻子的感慨。她们都想亲眼看一看洋火轮这一稀罕之物。考虑到交通落后，裹脚妇女行动诸多不便，禀性孝顺的朱宗怀便与儿子朱款成、朱钦成商议，修建一座外形酷似大轮船的建筑——"洋船屋"，了却家人夙愿。于是，洋船屋便从孝悌之海起锚，在黄田这偏僻的山里靠港，浩浩荡荡行驶了将近200年。

据史书记载，黄田村始建于北宋嘉祐年间，发展于元、明，鼎盛于清，至今已近千年历史了。据传，黄田古村落是

俯瞰"洋船屋"

参照清朝工部图纸，由朱必达、朱法父子两代人参加精心规划、筹建而成。在村落的选址上，黄田村"依山造屋、傍水结村"，村庄立脚于河之北、山之南，取背山面水、负阴抱阳之势。村中明沟暗渠通向每家每户，活水穿村而流，为整个村庄增添了灵气与活力。其建筑既有苏州园林的玲珑、宫廷建筑的恢宏，更有皖南建筑的特色，是依据古代风水理论规划而成的典型代表。

错落有致的马头墙和纵横交错的巷道、沟渠，把黄田村分割出各类三合院和四合院，并冠以堂、第、阁、厅等各类堂号，成为朱氏崇德向善的文化符号。其中，洋船屋主体建筑是笃诚堂，笃即忠实，诚即诚朴，"笃诚"二字出自《左传》，告诫子孙诚信为本，实实在在；坐北朝南的敦睦堂又称旗峰公家庙，"敦睦"二字顾名思义有敦厚、和睦之意；敬义堂是朱洗所建，告诫族人"敬以直内，义以方外"，内敛外秀，以得祥瑞；本立堂又称之为吾公敞厅，训勉后代"君子务本，本立而道生"；聚星堂是朱武勋、朱武烈所建，思慎堂是朱安润及其子朱苞、朱荪所建，思永堂是朱安淮的寓所。敬修堂、绍德堂、崇德堂、兴德堂等堂号都与"德"有关，推崇德行，传承美德。

黄田朱家是泾县东乡片最大的名门望族，儒商并重，延续了程颢、程颐和朱熹理学忠、孝、节、义传统家风。朱氏后人以"诗书不可不读，礼义不可不知，子孙不可不教……"为家训，践行"存忠孝心，行仁义事"儒家经世致用思想，设立义山、义田、义仓，散财济人，捐资筑路、修桥、建亭、办学等慷慨好义之举层出不穷，以彰显祖上之德。

崇文重教也是黄田朱氏的一贯家风。办家塾、义学、学馆，教育学童读经习艺成为黄田的时尚。这也是黄田朱家繁荣昌盛的关键所在。

朱武勋建设了培风阁，用作学馆并藏书。清中期，黄田村有书院、书舍10所、藏书斋室6处，整个村落充满了儒家的书卷气息。鼎盛时期，黄田"培风阁"藏书楼藏书3万余卷，小万卷斋藏书楼藏书10万余卷。松竹轩、绍衣堂、板桥别墅、梅家私塾、小万卷斋、板桥书屋、来青书屋、绿竹山房等学馆、藏书楼比比皆是。民国9年（1920），朱侠骨辞去《申报》副刊公职，回乡创办私立培风小学，全村男女学龄儿童均免费入学。民国16年（1927），朱侠骨又增设女子职业专科。民国17年（1928），又增设初中部，开了本县职业教育和初中教育之先河。

良好的教育，浓厚的儒家书卷气息，让黄田人才辈出，各领风骚。朱理是乾隆年间的贵州巡抚，朱珔是嘉庆年间的翰林院侍讲、国史馆总纂，朱仪任四川嘉定府知府，朱庆锦获得朝廷云骑尉赏赐，朱安邦获得朝廷恩骑尉赏赐，朱梓出任四川资阳县令；朱守谟结交曾国藩，成为盐商而富甲一方，并以巨款捐得一道台官衔；朱鸿度、朱幼鸿父子是近代的民族资本家……据记载，黄田朱氏考中进士13人、举人61人、钦赐翰林1人、钦赐举人6人、副榜10人，并出现了不少知名学者、诗人、书画家、收藏家、金石家、医学家。传至当代，著名音乐家朱践耳、中国工程院院士及清华教授朱永睿、京剧表演艺术节朱世慧、著名书画家朱永芳、著名学者朱永刚等都是"黄田朱家"的后人。

凤子河景观是首届中国经典村落景观。据说，凤子河和马冲河上原有十二座石桥，称为双溪十二桥。最大的有9米长、1米宽，也是整块石板铺成。扬州有"二十四桥明月夜"，黄田也因此被称为"半个扬州"。

距离黄田村不远，有座保存完好的东新桥，桥拱倒影在

薄雪覆盖的东新桥

水中形成一个完整的圆，像一个漂亮的绣球。因此，东新桥又叫绣球桥。这只绣球正好镶嵌在狮子山和象山之间，就像狮子和大象玩耍的一只绣球。狮象守门本身就有诗意，再来一个狮子滚绣球，村庄更有了灵气。

　　凤子河的河堤都由巨石砌成，一块巨石就是一个细胞。这些河堤经历了两个世纪的洪水冲刷，依然纹丝不动、坚不可摧，不得不佩服古人的智慧。

　　"几"字形的凤子河在村中央凸起，这里的情人潭水尤清澈，传说是凤子投河的地方。望名生义，凤子的形象一定名如其人，美丽如凤，纯朴大方。为了真挚的爱情，她宁死毋辱，坚贞如磐。

　　情人潭附近的思慎堂是著名京剧表演艺术家朱世慧的故居，有宽敞的"四合院"，大门内凹，一字形前墙，两边有麻石铺成的巷道。其中，最有气势的是大面积的水磨花砖墙面，同一块砖上有青、白两种颜色，白色似纸，青色似墨，像京剧脸谱，千年不粘灰，有中国画的水墨意韵之纹理，且具有抗静电、防灰尘之功效，也是难以复制的"一绝"，让无数游客流连忘返。

凤子河畔还有一棵300多年的皂角树，树冠如伞，是黄田的风水树。

思永堂距皂角树不远，是朱安邦所建。屋前卵石嵌地，庭院别有洞天；院中有方形麻石旗杆斗和旗杆夹各四个。内凹的大门、花砖门墙、麻石门坊、多边形青石柱础，原有的"金殿传胪"木匾及鹿、象、喜鹊、金鸡等浮雕，凸显了思永堂的建筑之美。

如今，保存完好的黄田村成为著名的影视、写生、摄影基地，吸引了《大江大河》等剧组来此取景，前来写生的学生和摄友也越来越多，彰显了黄田村的无限魅力。

宝峰村

盛 洁

第四批中国传统村落宝峰村，位于泾县桃花潭镇西部，东邻太平湖风景区，西接王稼祥故居、查济古建筑群，距县城45公里，毗邻322省道。

宝峰村也称为老潭村，历史悠久。史料记载，宋端拱二年（989）进士、礼部尚书舒雄裔孙游泾川，见其山明水秀，钟爱之，由歙迁居于此。子孙繁衍，人丁兴旺，到元、明时期，村落形成规模，成为泾川西南的大村。

宝峰岩雨后瀑布

　　昔日，宝峰岩也称白沙山，是享誉江南的佛教圣地。极盛时期，这里有僧侣数百人，佛殿僧舍百余间。相传，唐永徽四年（653），古新罗国太子金乔觉西渡中国学经修道。他来到宝峰村，登上白沙山，挥舞拐杖，轻轻地往地面一点，顿时深不见底的石沙洞呈现。秀美的景色吸引了他，便东西南北一一观望，走到洞顶平阔的大平台，由衷地感叹道："好一块风水宝地，宝峰岩也！"从此，此地就叫宝峰岩。

　　隋朝以来，此地建有灵岩寺、幽隐观、震山书院，文化积淀丰厚。盛唐时期，这里庙宇恢宏，"诗仙"李白曾与谢良辅来此同游，并留下《与谢良辅游泾川陵岩寺》一诗。宋代，寺东建有震山书院。文天祥任宁国府知府期间，留下了《过震山别文孟渊兄弟进士》"震山开学谱，丹灶忆仙迹"之诗句。徐榜、包世臣等文人墨客也都在书院留有诗文，寄情山水，震山书院成为江南响当当的文化名片。元朝，佛、道两教青睐此地，宝峰岩又添幽隐观。明代重建寺庙。明代金都御史萧储游宝峰村留诗云："崩岩白石飞寒雪，树挂青藤落紫花。勒马老滩何处宿，宝峰深处野人家。"据说，清代著名学者戴震也曾在这里开课授业。《泾县志》记载："震山书院设在宝峰岩，清乾隆二十五年（1760），乡人查思道、翟薰一等人筹建，著名学者赵青藜曾在此讲学。"赵青藜留有"宝气凝容结无边光明世界，峰腰挂瀑流不尽活泼天机"的赞誉。清代赵良霈到震山书院，也留下了"不到幽深处，安知造化奇"的诗句。1939年，翟特生、徐进、王少甫等人在书院旧址创办"泾县震西乡私立震山中学"。抗战爆发后，上海、南京等地一些学者、教授来书院教学，培养了许多栋梁之材。解放后，书院年久失修坍塌。如今，普云寺在宝峰岩的半山腰，香火依旧不断。

　　宝峰村也是泾县革命事业的发祥地之一。1928年，共产党人、复旦大学的学生朱学东、王文波在宝峰双花园建立泾县第一个党支部，对泾县革命事业的发展起了巨大的推动作用。如今，保存完好的中共双花园旧址，成了红色教育基地。

中共双花园旧址

历史文化的深厚表现在留存的古建筑群上，古街、祠、阁、馆、古宅遍及整个宝峰村，宝峰村旧时建有文昌阁、关帝庙、古亭、古桥、村中有驿馆，御史中丞宅、大夫第、古祠、古民宅等建筑无数，村北部建有古书院。历经数百年的灾患、战乱，至今仍保留有明清时期古建筑30余处，古街古巷道千余米，村落古韵依旧。

舒守华古民宅建于明代末年，建筑规模约220平方米，宅内外设有水井，共有七口，参照北斗七星布置，十分奇特；舒国维民居建于明崇祯年间，建筑规模约为360平方米；谷懿堂原名燕翼堂，于清咸丰年间烧毁，光绪年间重建；适可亭建于清咸丰年间，是全县为数不多的古亭；舒旭东和舒仁芳民宅均是明代建筑，面积都在150平方米以上；御史宅第建于宋朝，舒式后人于明代重建，现仅存门楼部分；舒氏九甲祠建于明朝，现在只剩门楼。

舒克俊民宅建于清代，建筑规模约为280平方米。该宅邻山依水，溪水绕屋而过，十分独特。古宅内的木窗，上面雕刻精美的花纹。建筑物内雕刻精美的石雕，柱底石上雕刻精美的花纹。墙上刻着花瓶梅花、飞云翠竹等图案，十分形象逼真。民宅内部的月梁、斗拱，上面都雕绘着精美的花纹。门楣为黛色整体大理石方块，在村内的建筑中比较少见。

宝峰村村民靠山而居，碧汐河环绕，屋前屋后均有清澈溪水绕屋而过，俗称"活水穿村"。村内现存明清时代的水井达百余口，这也成了宝峰村亮丽的景观。

明清时期的石桌、石凳、古碑、照壁墙、高昂的马头墙、青石板、精致的木雕和石雕、鹅卵石铺砌的古街巷以及得延桥、跨鹤桥，三四百棵苦楝树和柳树，无不彰显出宝峰村昔日的辉煌。

宝峰岩风光秀美，神韵悠长。如今登临宝峰岩风景区可欣赏龙涎桥、飞流直下的龙涎瀑、状元桥、五彩池、洞天道、震山书院旧址、普云寺、大雄宝殿等美景，可体会玻璃栈道、高空秋千、高空行走、极速滑道等挑战项目，感受"飞流直下三天尺，疑是银河落九天""会当凌绝顶，一览众山小"的豪迈。

宝峰村非遗文化灿烂。木棒花是宝峰村流传的一种古老的民间歌舞艺术，用1米长左右细竹竿一根，将每节之间削去两侧，以铜钱串起各节。表演者边歌边舞，有节奏地敲击自身各部位，人数可多可少，步调动作统一，节奏明快。木棒分长短两种，一人执长棒（约1米），四人各执短棒（约50厘米）两根。四女一男，边舞边唱，按节律互相敲击，唰唰作声，伴以专门乐曲。1957年，宝峰村组织文艺骨干演出这一节目，被选拔参加芜湖专区与安徽省第一届民间音乐、舞蹈会演，获优秀演出奖。

　　舒氏龙灯会也是传统项目，人们通过迎龙灯，以示驱邪除瘟，去灾祈福，期盼五谷丰登、人畜平安。元宵节又称"灯节"，龙灯会一般在正月初十起灯，二十散灯，十四至十六这三日最盛，寄托着劳动人民对美满生活的向往和朴素的审美情趣。

　　宝峰村舒氏还保留着传统音乐工尺谱。工尺谱为春节舒氏龙灯会的乐曲，乐器由打击、箫笙、唢呐等组合为一体的乐队，伴随乐曲演唱的是昆腔戏曲，内容多为吉祥、和谐、喜庆，烘托了龙灯会的气氛。据舒氏工尺谱传人口述，工尺谱曲牌繁多，由口传、口授、口唱，没有现代简谱符号，不过传承人还能以原始谱记唱出昆腔曲调。

　　腰鼓舞属集体舞蹈，用于欢庆、热烈的场面，表达人们欢欣鼓舞的心情和劳动人民丰收后的快乐，一直在宝峰村流传。舞者男女都有，均穿彩服，腰间挂一只椭圆形小鼓，双手各持一根鼓槌，鼓槌上扎有红绸，边打边舞，鼓点变化丰富，节奏强烈，舞步多变化，能走出各种复杂美妙的图案。腰鼓队少则四至八人，多至十人甚至上百人，表演时情绪热烈，动作健壮，队列整齐，气势浩大。

涌 溪 村

查从俭

　　《江南通志》描述榔桥镇的黄峣山："高千余仞，亘三十里，群峦列嶂，状若莲花，雄镇一邑，为县治祖山。"从黄峣山向南绵延即涌溪山，号称三十六道湾、七十二条坑，各坑涓流所汇之水称涌溪。明朱苞《游涌溪山记》曰："溪旁重岩迭巘，紫绿万端。而以溪名者，志其水也。"溪水逶迤直下，山势或逼仄陡峭，或稍展舒缓，涌溪村的八个自然村就傍涌溪水静静而立。如果把涌溪比作苍天虬龙古树，七十二条坑就如那树的枝枝丫丫，而涌溪八个自然村就如同长在主干上的八块菌菇。因地处大山深山，不具耕读优

涌溪村古檀

势，所以古代这里村落既不大，也没有形成大姓巨族。涌溪人生活在青山绿水间，享受着大自然的天然氧吧，畅饮着富含营养物质的矿泉水，过着自由自在的生活。

古语云"靠山吃山，靠水吃水"，涌溪村民是靠山上的杉木、茶叶为生的。尽管离此不远就有稻积山，但并不产粮食，据说是与唐末诗人罗隐有关。罗隐在泾县民间广有传说，人们习惯称其为罗隐先生，拥有一副金口玉牙。当年他过此，居民遇之不加礼，遂题谶云："稻积山高不出谷，日籴由来自外村。"从此，涌溪不适宜种植稻谷，吃饭要靠从外地购入。这段传说记载在明成化《泾县志》中。另外，有罗隐墓在涌溪深山五代时开凿的古道旁，朱苞记云："两峰突出，比肩并立中隐隐若有物欲破壁而出者为罗公墓。"现墓基仍存。

明成化《泾县志》记载："由磨盘山南趋至涌溪山，广袤三十余里，多产美茶并杉木。"要说泾县昔日的美茶，当以郑相如的乾隆《泾县志》记载最详，记曰："茶曰涂尖、曰梅花片、曰松罗，俱上品，出县西黛坞岭。桃花潭之南山亦产松罗，次之。又次之，秦坑曰草青，丁溪曰洋尖，曰黄茶。碧山茶、涌溪茶俱别有风味。涌茶佳者似武夷，不多有。最下曰老家婆。"又云水西"白云茶味甘而香。唐宋来入贡，明御史、邑人程富疏罢之。其种寻绝"。泾县唯一的贡茶是产在水西的白云茶，早在明朝就绝种了。涌溪茶怎样个别有风味呢？清朝扬州八怪之一汪士慎有诗评价，诗云：

不知泾邑山之涯，春风茁此香灵芽。

两茎细叶雀舌卷，蒸焙工夫应不浅。

宣州诸茶此绝伦，芳馨那逊龙山春。

一瓯瑟瑟散轻蕊，品题谁比玉川子。

共向幽窗吸白云，令人六腑皆芬芳。

　　　　　长空霭霭西林晚，疏雨湿烟客不返。

　　在茶仙汪士慎眼里是"芳馨那逊龙山春"，邑人胡朴安也有此类比方，记在清末著名的杂家徐珂《可言》中，"茶产石罅，随山上下，天地皆青，疑非人境。杭州西湖之狮子峰，犹不免有烟火气"，徐珂也非常认同汪士慎所言，据说他以后就改喝与涌溪山一体的石井茶了。

　　涌溪茶不像泾县其他茶为尖茶，其工艺极为独特，分杀青、揉捻、初干、炒头坯、复揉、炒二坯、摊放、掰老锅、筛分等步骤，全过程约需20个小时。茶农形容是"一日添五更，筋疲又力尽"。制成后外形呈颗粒状，似螺丝形，有紧实细润，墨绿白毫，细嫩重实之特色，所以才有茶仙"两茎细叶雀舌卷，蒸培工夫应不浅"之赞。据推测，涌溪茶产于徽州炒青之后，是取徽州炒青和浙江平水珠茶制法优点，创制出的一种高级名茶。但有别于炒青制法，改炒为烚，故历史上称"烚（xiá）青"。烚俗称"掰老锅"，即在低温炭火下凭炒茶人双手使茶叶在锅内压、挤、推、滚、翻、转，时间12~14小时，通过低温长烚，使颗粒成形，表面光滑，色泽绿润。出锅前半小时适当提高锅温，以发展香气。"烚"与"火"在泾县地方音中是同音字，久而久之，烚便成了"火青"。清道光泾县知县阮文藻有首《泾川竹枝词》描写泾县的茶叶，诗云：

　　　　　庵北村南午焙茶，姑苏腾踊价无赊。
　　　　　横题小字包青箬，第一丫山过拣牙。

　　将茶的米摘、制作、包装、市场、行情、荣誉都通俗地作了表达。

　　涌溪作为茶乡历经千年，渐渐也建立了自己的茶文化。客人来首先要沏上一壶茶，而茶水只达七分，以示尊重，向有"浅茶满酒"之说。来客用细茶（精制的茶），自用粗

涌溪火青茶叶基地

茶。劳动人家过去为解渴，常用缸壶泡茶捂在火桶里，饮时其浓度甚至有涩嘴之感，却又异常解渴。出远门干体力活用自制的竹筒盛茶背在身上，随时取用。做错事、讲错话，要表示歉意，要在长辈主持下，奉上一杯热茶求对方谅解。里人朱琦曾写道："余乡重馈岁，新妇初来，以龙眼鸡头作羹为献，谓之写茶。"写茶大概就是这种文化的延伸。

茶乡还有自己有关茶的民俗活动，那就是表演采茶灯。朱琦在《泾县冬月竹枝词》里就有描述，诗云："沿村预习采茶灯，竹马儿童被彩缯。衙衙烛龙翻出海，逢人夸耀夺珠能。"采茶灯是在上元节表演，若"龙灯夺珠"，便捷为天下第一。

涌溪茶乡先民尊奉的保护神是石五郎，他是隋末唐初本地人，随越国公汪华保障乡里，孔武神力，建有大功。涌溪虽处僻壤，但战事却常常牵连它，唐末黄巢义军、宋里人俞一率摩尼教徒、方腊八大王部、元红巾军倪文常部、清太平天国义军皆光顾了他们，因此茶农立石五郎庙于涌溪口，希望得神护佑平安。乡绅朱月庭有首《石五郎庙》诗记载了其事，诗云：

> 倚天剑气紫虹长，迅扫尘氛石五郎。
>
> 杀贼英风同越国，居民赛祀比难当。
>
> 霜鸣石鼓严军令，月卷牙旗冷战场。
>
> 夜久不闻山鬼哭，灵旗祠处射寒光。

涌溪人富有斗争精神。清顺治六年（1649），涌溪义民程济、魏君选集众反清，后被清总兵李歧山率兵驻守白华镇压。国民党统治时期，涌溪山区多次遭征剿，民不聊生，茶园荒芜，茶叶生产几临绝境。1947年9月16日，中共皖南地委在这里召开扩大会议，党史称"涌溪会议"。会议分析了形势，总结了工作，作出《关于今后方针任务的决议》。从此，泾县的革命进入一个如火如荼的崭新时期。涌溪是有光荣传统的革命老区，虽放眼望去遍野绿色，但也是一片红色的热土。

新中国成立后，外出谋生的茶农陆续回乡，开垦荒园，培植茶树，恢复传统技艺，发展茶叶生产。茶乡人民为了表达心意，精心制作了5斤火青寄到北京，请中央领导同志品尝，国务院办公厅为此专函答谢，并每年由国家下达收购计划，作为招待宾客的礼茶。此回函一直由当地支部保存，终因年久失传。涌溪火青汤色杏黄明亮，叶底匀嫩枝整，香气清高鲜爽，含有特殊花香。耐冲泡，滋味醇厚，回味甘甜。泡在杯中，枝枝呈朵如盛开的兰花，具有艺术欣赏的价值。1972年，送广交会参展。1977年，远销欧洲，为国际友人所赞赏。1982年，在长沙被评为全国名茶。1983年，对外经贸部授予"品质优良"荣誉证书。1988年以后，多次在中国食品博览会、茶博会上获奖。

涌溪历史悠久，火青绿茶独特，且别具风味，可与陆羽《茶经》记载的福建武夷、浙江龙井、宁国丫山等名茶相媲美，惜陆羽未能一尝矣！

因独特的人文历史，涌溪村被列入第五批中国传统村落名录。

西阳村

王黎明

　　西阳村位于泾县榔桥镇东北部，旧时属于石门乡溪头都管辖，东与汀溪乡上漕村交界，南与溪头村毗邻，西与乌溪村、北与泾川镇茶坑村接壤。全村总面积37平方公里，辖桂坑、大甲、上庄、塘里、下庄、毛坦、金溪、染坊、花果墩、焦坑、杨岭、枫树坪、茶坑、蜜坑等20余个村落，34个村民组，1102户，3402人。列入第五批中国传统村落名录。

　　西阳之名不知始于何年，有人说，因在黄峣山西麓，山川空旷朝阳而得名。黄峣山与百花峰相望，平畴相间，村落沿河流星罗棋布、人烟稠密，炊烟袅袅。宋元年间为郭氏、段氏、曹氏诸姓人居住，至明初郭氏为最盛。宋宣和二年（1120），婺源胡恢、胡渠兄弟二人为避方腊之乱迁泾东乡，胡恢（字子宏）迁西阳，弟胡渠迁溪头都龙坦，后裔繁盛，明嘉靖至民国年间胡氏最盛，充溪头都一图十甲地域，外至柘园岭曹家冲（寒

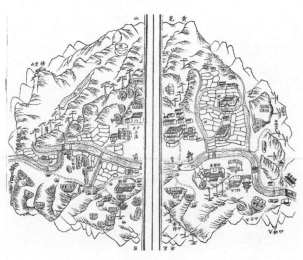

西阳胡氏村图

冲），内至石嘴头、悟雪庵、乾明寺、油柘冲、百岁坊转至溪头坑、羊皮西坑至宁国界止皆为西阳胡氏村之地。

清乾隆年间，胡氏设里仁堂社仓，建百花家塾义学、柜子园、凌云轩义学，编制文会规例。乾隆五十八年（1793）还在宁国府城南门城隍庙附近建造"泾县西阳试馆"，所建费用俱百花家塾所办。

清咸丰五年（1855），胡氏裔孙捐银2200两在爵阁培村宗祠前建万年台，又称里西阳花戏楼（胡应魁在金溪村捐建有另一座万年台，又称金溪或外西阳花戏楼）。两座戏台经常上演目连戏。据胡朴安《中华全国风俗志》中"泾县东乡伎神记"记载，常演戏目有《目连救母》《百忍图》《荞麦记》《取洛阳》《端午门》《打樱桃》《黄鹤楼》《采石矶》《百寿图》《卖胭脂》等约200出，演出的班社主要有长春、四喜、双喜等，演出前还有破台的风俗，异常热闹。

里西阳花戏楼年久失修，20世纪80年代拆除，唯有金溪花戏楼得以保存，砖木结构，五层屋脊，前有六个飞檐翘角，上有九层单斗藻井，木结构上有各种戏剧人物雕刻和花

金溪花戏楼

卉人物彩绘，是民间传统舞台建筑艺术精品。1998年5月，被公布为安徽省重点文物保护单位；2014年，县文物部门争取40余万元资金实施了整体维修。

太平天国时期，西阳村人口锐减。清同治十年（1871）前后，部分外逃村民陆续返乡，逐渐复垦农田，经济略有复苏。"文化大革命"时期，胡氏宗祠拆除建立了西阳小学，金溪花戏楼周边支祠拆除建了西阳中学，下庄诚意堂拆建成原西阳乡政府。据《泾县古民居名录》，至2001年还保存20余处古民居建筑群。如胡氏建于清朝中期的毛坦村是一组较大的建筑群，建筑整体规划有序，外有高大围墙，原由20余幢大小配套建筑和院落空间组成，现保存4幢前后两进约3000平方米，相互间有石板巷道隔开，有门相互连通，是一座既有皖南乡村庄园风格，又有防御功能的特色建筑群，20世纪70年代此屋内住着整个毛坦生产队。大甲村大夫第，原三大幢并列，现保存两幢前后两进，由巷道进入后进曲径通幽，前有院落，院门与正屋大门朝南，保存面积约1500平方米。敬修堂位于下庄村，由三大幢建筑并列，正立面三门保存较好，左右两幢三开间堂屋，大门朝中间正堂。

西阳胡氏十四世胡尚闲，少年贸易于长沙，乾隆元年（1736）赴衡阳途中殁于洞庭，葬长沙府城外。自他殁后

西阳毛坦村建筑群

乡人往来湖上遭风涛危险者总能见到他来救护，嘉庆元年（1796）衡州府会馆设主题"洞庭君驾前神将胡尚闲公位"祭祀，尔后凡在洞庭遇风涛，无论何处人氏知呼他名，可见渔舟一艘或见白云一朵或见青烟一缕远远而来，临近则忽不见，却霎时雨霁天开浪平风息，百余年来应验不爽。道光二十四年（1844），汉口会馆亦设主题"洞庭水府神将胡尚闲公位"祭祀，既而两湖凡有泾川会馆者无不设主祀之，光绪年间两湖同乡修墓，在他墓前建造专祠以报享祀。

　　榔桥镇是中国木梳之乡。相传在春秋战国时本地就有用带齿状的木片梳理头发，东汉楚王刘英流放本地，不仅带来了佛教文化，还带来了宫廷贵族生活文明，推动了木梳制作工艺的进步。明清时期西阳木梳和宣纸、雨伞一样得到了稳定发展，成为泾县特产，畅销于长江流域和周边省市。

　　木梳生产主要集中在西阳、溪头两村，西阳村既是榔桥木梳生产的发源地，又是主产地，现有木梳企业39家十余种品牌，开发出保健梳、工艺梳、牛角梳、竹梳等五大类200多个品种，年产木梳700万把，年销售收入1800万元，从业人员达600多人。采用名贵的黄杨木、楠木、檀木、桃木、梨木等天然木材，在传统手工制梳工艺基础上，采用高温、磨齿、抛光、电脑雕刻等现代工艺精制而成，其色泽美观自然，手感圆润光滑。2007年，西阳村被授予"中国木梳之乡"；2014年，列入安徽省第四批非物质文化遗产名录。

马渡村

王黎明

　　马渡村位于泾县榔桥镇南部，205国道、芜黄高速与徽水河穿境而过，沿河有通巧洞、隐仙洞、狮子山等自然遗迹。星潭兰石关是历史上通往徽歙的兵家必争之地。徽州府至宁国府古道穿过村落，形成马渡老街区，午朝门、钟鼓山、竹柯、祝园、紫山等村留下了不少历史人文遗迹。2023年被列入第六批中国传统村落。

兰石关与星潭村

　　马渡村，于2003年前后由原星潭、祝园、钟志、马渡四村合并而成。辖区面积44.1平方公里，东与双河村接壤，南与浙溪村相接，西与茂林镇毗邻，北与大庄村相依。山场面积3.7万亩，水田3782亩。辖区内村落主要有竹柯（竹坞）、午朝门、钟志、祝园（祝延）、紫山（倪家村）、星潭、百户坑、深坑、方家、鸡公斋、三台、饶家、胡家湾、下岩石等十余个自然村，划分为31个村民组，1027户，3780人。朱、汪、倪、门等为主要宗族。

据老人传说：宋元年间，曾有一将军行军于此，春水冲毁小桥，将军便将战马牵入小溪中，在马背上铺上木板渡兵。后人遂称此为马渡桥。

竹柯、午朝门曾经是朱氏宗族聚居的自然村，先祖为避黄巢之乱由姑苏迁居歙县篁墩，一世祖朱环受歙州刺史陶雅之命领兵三千镇守婺源，北宋嘉祐年间六世朱纬率其子朱旦迁居泾川张香都（双河村）城山，十七世朱应宗有四子（通真、茂真、选真、庆真），形成张香都朱氏五甲支派，朱茂真四世孙朱本贵于明隆庆年间由张香都塘头街迁居新丰都竹柯村。清乾隆前后五甲裔孙合族建"朱氏五甲支祠"，20世纪70年代拆建成浙溪中学。泾县民间广为流传"金祝柯、银黄田"，可见当年竹柯村朱氏的辉煌。

星潭、竹柯曾为汪氏宗族聚居自然村，越国公汪华后裔俊广公携子渐公迁旌德新建，六十六代汪华祖再迁马渡村星潭自然村，清初合族建祠于星潭村（后拆建成星潭村小学），后裔分迁至榔桥境内十余个自然村。其中汪华祖四世孙汪文聪迁祝延，为祝延村始迁祖，清乾隆前后建支祠于村中，于20世纪70年代拆建成祝延村小学。

钟志为马渡村中心自然村，历史上有门氏宗族聚居。据说其先祖受朝廷追杀，追问靠在门旁的人姓氏，此人随口说姓"门"，遂逃过一命，后人便以门为姓。门姓迁入本村，繁衍兴旺，据说明朝在村内建有门氏"午朝门"，宗族分支曾合建门氏宗祠于榔桥大庄村门村。

　　竹柯村朱氏鼎盛于清乾隆前后，嘉庆年间于钟志张氏村前购良田建造朱氏"午朝门"，并在村前人工挑起两座山，命名为钟山、鼓山，后人合称为钟鼓山，以装饰午朝门前村落水口。朱氏"午朝门"为泾县境内最大的古民居建筑群，七开间建筑五大幢并列，纵向前后四进排列整齐，布局有序。

　　据老人传说：张、门两家得知朱家要购买这片良田时，有意在田间把秧苗插得特别密，抬高地价不愿意卖，经过多次商谈不成。秋收后朱氏再来商谈，让张、门两姓出个价。张、门两姓就说根据田里的稻桩数，每个稻桩一块银圆，就这样朱家买下了这十余亩良田。

　　朱家的新午朝门粉墙黛瓦一大片，建好后不久，因违反建筑规制被人举报到朝廷。朱家在朝为官之人甚多，得知某大臣将经徽宁古道（马渡老街）巡查此事，就急速报信家乡早做对策。朱家遂连夜组织人力在午朝门的东南方建造了百余丈长的围墙，遮挡官员的视线，才蒙混过去。因年代久远，现仅剩下五幢建筑，均被列入泾县文物保护单位。

竹柯村

2018年，芜湖至黄山高速公路前期考古勘探时，发现村前鼓山南约200米田间地下有大量陶片，为东汉时期人类居住村落遗址。除此外三台村还有香心塘和香心夫人殿遗址。据清嘉庆《泾县志》记载，举山村洪胜可妻香心夫人，为泾县第一位烈女，唐黄巢之乱时，她遭兵追至三台村，为保贞洁，持刀破胸取心抛入塘中，此塘香气久久不散。后人为纪念她的"贞心"，就在此塘东边建造"香心夫人殿"祭祀她。

隐仙洞摩崖石刻群，位于倪家村紫山下徽水河边，为石灰岩天然溶洞，上有"隐仙洞"字样。洞内约50平方米，内有一倒悬的巨大石笋，有泉水滴下，旧时男女婚后不孕，就来此石笋下敬香跪拜，摸石笋，饮滴泉。洞外古栈道旁悬崖上，有"鸢飞鱼跃""子陵遗风""清风徐来""到此心清""卧虹""洗手墩"等十余方石刻，其中有2方落款为清乾隆、嘉庆年间。摩崖石刻2012年列入安徽省第六批文物保护单位。

通巧洞位于境内举山脚下徽水河边下岩石村，上方悬崖上刻有"通巧洞"三个大字。传说此洞深不可测，曾有人把狗牵入洞内，几天后见狗出现在泾川镇巧峰村，得名通巧洞。清朝曾有人进入溶洞内探险，并写下大量的诗文。

狮子山，又名狮子岩。位于星潭村前对岸，形似卧着的猛狮，山下为星潭（又名狮子潭），村落以此星潭而得名，旧时徽水河竹筏运输停靠此潭过夜。

在马渡村与浙溪村徽水河结合部，星潭有地名兰石关。东晋咸和二年苏峻之乱，宣城内史桓彝退守泾县，遣将军俞纵屯兵马渡、浙溪一带坚守兰石关，苏峻遣将韩晃攻之，俞纵固守经年，力战阵亡，葬星潭村旁将军山。太平天国时期，两军拉锯战先后六破泾县，马渡村也成为两军驻扎与争战的要地，逢火连天，竹柯、午朝门等数十座古建筑群化为灰烬，其中一幢的堂屋地面砖上仍留下当年烈火焚烧的痕迹。

狮子山

1941年皖南事变中，新四军一部在马渡村百户坑内的丕岭上遭到国民党四十师一一九团某加强连阻击，新四军先头部队在密集的炮火压制下严重受阻，两军成对峙状态。军部在百户坑民宅内召开了长达七小时的紧急军事会议，决定中路部队从星潭村后经百户坑丕岭原路返回到茂林区域，至今还保留着当年新四军军部会议旧址。后皖南地委在这里组建了一支以洪林为领导的新四军"泾旌太"游击队，直到泾县解放。

马渡村的历史名人主要有：

朱成章（1888—1930），马渡村竹柯敬德堂人。随祖父辈居武汉，初读武昌文华书院，后转上海圣约翰大学，1907年毕业后到美国耶鲁大学读法律研究生，业余时间考察美国风土人情，兼及商业。学成回国，曾任川汉铁路公司秘书、沪宁沪杭甬铁路局总务处长兼局长、上海商业储蓄银行总行副总经理、1927年6月1日任"中国旅行社"总经理、中国国货银行总经理、民国政府外交部外交讨论委员会常务委员等职。

徐志凯，新四军泾旌太游击队指导员，当年带领8名队员在马渡桥老街征税时，遭到国民党自卫队暗中埋伏，在撤退时为掩护战友，在午朝门西边与敌交火中弹牺牲，年仅22岁。新中国成立后，人民政府将烈士牺牲地——钟鼓村（马渡村）先后更名为志凯村、志凯乡、志凯公社，20世纪60年代后更名为浙溪乡马渡村。

百户坑特产绿茶，是泾县绿茶中的精品。特定的区域水土光照、气温环境，孕育出高山绿色环保的老茶园，茶叶两叶一尖，形态优美，冲泡后色泽翠绿，茶水清澈明亮，香味浓郁。更神奇的是，它在杯中似朵朵兰花，叶尖朝上整齐站立在水中，这是正宗百户坑名茶的显著特点。

溪头村

贺　焰

　　溪头村位于泾县榔桥镇东南部，著名的黄峣山西麓，南与黄田古村落接壤，西与白华、河西二村交界，北与西阳村交界。这里依山临水，古村落分布于美丽的丹溪河两岸，是一方风水宝地。

　　溪头村是个古村落，已有近千年历史，2016年入选第四批中国传统村落。溪头都学者胡朴安先生在《胡氏世系记》一文中写道："胡氏世居丹溪流入南香涧之处，聚族而居者千有余家，大概宋元之际由婺源迁泾，一世祖德四公。"嘉庆《泾县志·乡都卷》记载，明洪武二十四年（1391），全县设32都，辖里117；石门乡分设曹溪、溪头、丁溪3个都。及至清代，都名仍然如旧。民国建立后，依旧沿袭原来的都、图建制，至民国17年（1928），国民政府废除乡、都、图，溪头都改为溪头保。新中国成立后，改为行政村制，溪头保称溪头村。此后，分别设有和平区人民政府、和平乡、义和乡、西阳人民公社溪都大队、西阳人民公社革命委员会、西阳乡人民政府溪头村委会等。2005年，撤西阳乡归并榔桥镇，溪头村改属榔桥镇至今。

　　胡氏自一世祖德四公开始，以下分为六支，有富丽堂皇的总宗祠，六支也各有支祠，分别位于溪头各甲。太平天国时期，溪头的民居不同程度地遭到破坏。20世纪中期，祠堂划为公有，再加上之后的"文化大革命"，溪头都村的

溪头村景

宗祠、支祠、牌坊以及文昌宫、魁星阁等古建筑被视为"四旧"，没有保存下来。如今，思诚堂、式谷堂、绍绪堂、兰馥堂、大夫第、龙坦桥等古建筑成为仅有的遗珍。

　　思诚堂坐落在溪头周村琅山村民组的古民居。建于明末清初，坐东朝西，总体建筑面积4250平方米。进入大院门，便是三门三巷。巷道地面平整，全用麻石铺砌，巷道一侧筑有明沟，与巷道长度相同。该建筑用料考究，屋基大部采用大块长方工整麻石铺筑，大门两边、天井等处墙体，均用水磨花砖贴面，工艺精湛，柱础石雕、门墙砖雕、门窗木雕，无不精细。

　　位于溪头石柜村南阳村民组的大夫第，现存房屋属何世久等居宅，坐东朝西，一进五间，建筑面积259.2平方米，系清代中叶建筑，是原来大夫第其中的第六进。高高一字前墙，粉墙黛瓦，麻石门坊，内墙麻石门框，门内一字天井横通厢房成为一体，三面墙体花砖砌面，堂厅五列木柱，方形麻石柱础，麻石踢脚坊，有寿桃、万字浮雕，堂厅两侧板壁到顶，上有阁楼，堂厅两侧有门，麻石门框，通往两边正

思诚堂

房，正房方格门窗采光。紧依正屋右边筑有横屋三间。整体建筑保存完好。

位于溪头罗村村高星村民组大夫第，现属侯向东等居宅。清代中叶建筑，坐东朝西，占地面积357.6平方米，建筑面积217.6平方米。一进五间，前为大院，八字形水磨院墙大门朝北，麻石门坊，上有砖砌坊门额刻"大夫第"三字。大门内一披水门厅，左右两侧各有砖砌门厅一间，主体建筑为方钞形内凹水磨花砖门墙，麻石门坊，入内一字天井通连堂厅两侧正房前，堂心木柱五楹，麻石柱础，堂厅两侧有门，麻石门贴，通往正房，正房每边两间，窗棂直格，遮板刻雕花瓶、香炉图案。现正房前天井已盖瓦，正房对面有小门通耳房，现在作为厨房之用。

绍绪堂坐落在溪头周村志道村的古民居，建于清道光年间，坐西朝东，占地面积1298.28平方米，建筑面积747.72平方米。居宅一进三间，大门上方嵌砌大理石门额，白石无字。两侧墙体水磨花砖贴面。前墙及门厅墙上，水磨花砖贴面，刻各种书体"寿"字共258个。门内墙体背面也筑有大理石门额，刻有"崇本厚基"四字。堂心宽大，五列柱木，四个青石柱础，直径1米，上刻花瓶、香炉图案，金柱与柱础饰用铜箍（约6厘米）连接，两边皮门上部月梁与四周梁柱都刻人物图案，玲珑剔透。堂心左右两侧有门，通往两边厢房。天井四周梁柱雕刻人物图像，唯原有雀替已无存。现为胡家义居宅，总体状况保存基本完好。胡传璠居宅，也是"绍绪堂"民居群之一，坐西朝东，占地面积600.28平方米，建筑面积345.72平方米。

式谷堂

式谷堂、兰馥堂、四甲敞厅门、聿修堂、敬义堂（边屋）、仁吾堂等古建也基本保存了下来。

溪头都胡氏一族自明代始重教崇文，纷纷办义学、建书舍，让胡氏人才辈出。明清时期，溪头都有举人60人、进士16人，并有武进士1人、武举7人，居全县之冠，素有"衣冠文物之地"之誉。

胡承珙（1776—1832），字景孟，号墨庄，清后期重要经学家。他13岁入邑庠，30岁成进士，选翰林院庶吉士，散馆授编修，此后到广东、福建任职，官至福建台湾道兼学政。49岁时，胡承珙积劳成疾，告老还乡，潜心经学，将毕生精力倾注于所著《毛诗后笺》之中，在经学、训诂学上成就卓著，为世人敬仰。

受胡承珙的影响，溪头村近现代的胡氏后裔秉承祖业，继往开来，出现了国学大师胡朴安、胡怀琛、胡耐安、胡道静等"四胡"。

胡朴安（1878—1947），原名韫玉，字朴安。他加入过南社、同盟会，曾担任过《民国日报》《正论社》社长和江苏省民政厅长，之后任教于大夏、复旦、东吴、暨南、上海、持志等高校。他精研文字训诂之学，学宗戴宗、包世臣，尤长于《易》《诗》《说文》。他著有《易经学》《易序卦说》《诗经》《中国训诂学史》等著作63种。

胡怀琛（1886—1938），原名有怀，字季仁。辛亥革命后加入南社，协助柳亚子、朱少屏等创办《警报》，报道革命军的战绩，激励民心，倡导民主。后历任广益、进步、商务等书局编辑，并在中国公学、沪江大学、国民大学、持志大学、正风学院教授中国文学史、中国哲学史课程；1932年后任上海通志馆编纂。胡怀琛身后留下文学创作、学术研究等著作170余种，内容涉及古典文学、新文学、文艺理论、文法修辞、中国文学史、中国哲学史、历史学、考据学、佛学、红学、儿童文学、文字学、目录学、民歌、地方志等各领域。

胡道静是胡怀琛长子，他少年成名，与钱钟书一起被曹聚仁称为中国20世纪30年代的"两大青年学者"。其著作很多，主要有《校雠学》《公孙龙子考》《梦溪笔谈校正》《梦溪笔谈补正》及《苏沈良方校录》《沈存中佚书钩沉》《熙宁字说钩沉》《中国古农书总录》等。他一生勤研《梦溪笔谈》，被国外学界称为"当今中国研究《梦溪笔谈》第一人"，1981年国际科学史研究院一致推选他为通讯院士。

安 吴 村

贺　焰

　　安吴村位于泾县黄村镇西部，青弋江南岸，全村辖焦石埠、章村、全洪、陈塘、样里、六甲、星潭、潘家、岗上、肖月山、阳官、江塘等12个村民组，095县道穿境而过。

　　安吴有悠久的历史。东汉兴平二年（195），安吴一带为孙策控制区。建安初，吴分泾县南部地区置安吴县，属丹阳郡；西晋时期，安吴又属宣城郡；隋开皇九年（589）废安吴县；唐武德三年（620）复置安吴县，属猷州；武德八年（625）废安吴县入泾县。《三国疆域志》《宋书州郡志》中记载：三国吴桓王渡江时置安吴县，城池在县西南五十里，蓝山南面的沙洲上，旧时其地有一牌坊，上书"安吴古城"

大美安吴村

四字。

安吴县存续期间，焦石村一带就是古安吴县县治所在地。但是，其古城址以及安吴书院、旧城隍祠、安吴市、安吴渡、操军坦、鼓楼墩等古建筑，已消失在烟波浩渺的历史长河中。如今，现存的清末建筑主要集中于村庄北部的升官、潘家、星谭村民组。这里是昔日安吴王家聚集地，据《泾县古民居名录》记载，主要有王锡牛宅、张元泉宅、董建青宅、王有来宅、王惟平宅、王汉章宅、王惟仁宅、王炳祝宅、王文强宅、殷小保宅、王良全宅、王寿平宅、王忠文宅、王惟省宅等20多处。建筑制式上多为三开间或五开间，明间宽敞，两边次间、梢间设厢房。点将坦（占地10亩）只留有院落前墙。安吴书院已拆除，只剩前墙。

王子扬等住宅位于阳山组，三间二进二层楼房，坐北朝南；花砖贴面八字形前墙，白石门额，麻石门坊；堂厅前进与后进交接处是四水到堂天井；堂厅六列十二木柱，麻石方形柱础；天花望板跑马楼；二间厢房和二间正房上均为斜方格门窗，正房门上装置牡丹图木雕门罩。此屋建于清晚期，建筑面积约160平方米，保存一般。

黄伯钧等住宅位于百获组。一进五间，坐东朝西，建筑面积201.3平方米；一字前墙，砖砌门坊；入内为一字天井（已改），天井后有砖砌门坊入厢房；堂厅五列十柱，麻石门坊，丁砖踢脚坊；厢房一边二间，斜方格门窗。上有低矮阁楼。该宅建于清晚期，保存基本完好，局部改建。

这里将军坦上的点将台，是吴国用兵的重要场地，见证了三国战争风云。新四军在皖南云岭驻扎的三年，这里设有安吴兵站，王氏宗祠也是战地医院，新四军指战员与安吴人民结下了深情厚谊……

安吴也是一方宝地，尤其是大蓝山三面环山、一面临溪，素有"潭落天上星，龙开水中雾"之称。蓝山脚下便是有名的落星潭。

"蓝岑竦天壁，突兀如鲸额。奔蹙横澄潭，势吞落星石。沙带秋月明，水摇寒山碧……"青莲居士李白浩荡游泾川时，与

将军坦上的点将台

蓝山结缘，咏景寄情，写下了《泾溪南蓝山下有落星潭可以卜筑余泊舟石上寄何判官昌浩》，让蓝山名声大噪。后人为纪念李白，把他饮酒吟诗之处，称作放歌台。放歌台就在离寺半里之外数丈高的石崖上，石崖左边有石刻"天宝十五年三月李白偕汪伦寺僧"十四个字。

清嘉庆年间，为了编纂好《泾县志》，洪亮吉不顾年老体弱，四处寻访古迹，踏勘地理山川，终于编纂成一部堪称典范的方志。在蓝山，洪亮吉写下了《雨霁自落星潭上蓝山》："蓝山新霁后，飞瀑下如龙。引言一行鹭，扶人百尺松。古怀殊落寞，石屋暂从容。又复潇潇雨，前峰翠益浓。"清代诗人郑文熊《泾川竹枝词》，其中也写到落星潭："落星潭下水萦回，小艇纷纷走马来。开护窠还洒网，雪花捞起是金鲐。"诗人描绘了每年腊月二十四落星潭开河打鱼的场面。

安吴也是个人才辈出的地方。明朝万历年间，泾县南乡举人张雨亭，设馆授徒于蓝山耸壁禅寺。耸壁禅寺吸引来泾县各乡众多豪气少年，董纲、董杰兄弟就曾在蓝山岭读过书，还留下了一副千古绝对：上联为"齐云山山齐云，云齐

山顶"，下联是"落星潭潭落星，星落潭底"。

　　包世臣是清代书法家和书学理论家，人称安吴先生、包安吴。他学书30年，为书家大宗，论书法尤精，所著《艺舟双楫》为中国书学理论重要著作。篆刻亦为当世推重。他生平著作，晚年收集、整理为《安吴四种》。他还创制了"安吴遗制"宣笔。这种宣笔用鬃为心，羊毛为被，具有刚柔相济的特点。

　　安吴也是非遗重地。安吴、花林一带是真正的宣笔故里，这里生产的紫毫笔锋利挺劲，万毫齐力，又不失柔转，既易着力又便掌握，具有"尖、齐、圆、健"等"四德"特性。

　　这里的正兴隆酱菜制作技艺精湛，传承了"章渡酱菜"风味，具有鲜、香、辣、甜、脆、嫩等特点，入选安徽省第五批省级非物质文化遗产名录。

　　丰厚的历史人文，使得安吴村被列入第五批中国传统村落名录。

官庄村

蔡 盛

"小小的泾县城，大大的茂林镇。十里官庄赛南京，回头看看是黄村"，流传的歌谣唱出了官庄昔日的辉煌。

官庄村位于泾县丁家桥镇，东边为徽水河，南边为青弋江总干渠，西边为青弋江，三面环水，是青弋江和徽水河冲积平原区，水源充足，土地肥沃，景色宜人，是泾县的粮仓之一。

官庄村由原先的湾滩、官庄、观武三村合并而成，主要姓氏有吴、张、汪三姓。湾滩吴氏与茂林吴都是季札的后裔，皆为"延陵世家"。官庄张姓也是由江西迁徙而来，是

官庄一景

张天师的后代，清河世家。观武汪姓由旌德迁徙而来，是汪华的后裔、俊公的后代，越国世家。

官庄的村名来自古官庄市，传岳武穆曾有庄在此而得名。昔日的官庄市至明清仍为我邑十八市镇之一，这在嘉靖《宁国府志》有记载："官庄市在县南二十五里，旧岳武穆公有庄在其侧，遂目之曰庄。房廊屋庐相去三四里，人烟繁盛，商旅阜通。其会常在子午卯酉之日，而官庄居其中。"此市指的是"集会之市"。因该地位于泾县至青阳、太平的驿道之上，介于岩潭渡、安吴渡之间，来往商旅众多，商业繁荣。其中，玉成轩糕饼铺名扬皖南，旅台作家张拓芜的文章曾有记载。

1981年，官庄出土了造型精美、曲线环绕的鼎、壶等青铜器，系战国晚期器物，说明此地历史悠久。

官庄北距泾县县城20里左右，也是昔日屯兵筹粮练武之地，战略地位尤其突出。三国时期，孙策进讨山越，在泾县东山擒获太史慈，占据泾县。吴国便在安吴一带建立了安吴县。晋宣城内史桓彝、梁杨白华为保卫京都（南京）抵御叛乱先后都曾在这里金戈铁马。

五甲里村北的法相寺有1500多年历史。嘉庆《泾县志》记载："法相寺，在县南三十里。南宋元嘉中建，唐会昌中废。南唐保大中复兴。宋端拱二年（989）赐额。靖康时又废。绍兴中，释惟肇重建，秘书少监曾几为记。明景泰癸酉僧法瑶重建。有可赋亭。"嘉庆《泾县志》有茂林吴时显《法相寺可赋亭》诗："尘埃谁复识瞿昙，高座风生玉麈谈。露浥芙蓉心与净，香浮蒨卜鼻先参。杜陵托兴歌茅屋，山谷留情赋草庵。试叩禅关闻密语，前三三与后三三。"清末，清军守将易开俊与吴廷华在此与太平军激战败北，法相寺毁于战火。同治年间重建，并留有重建碑记。"文化大革命"期间法相寺毁圮，20世纪末又移址重建。

　　观武村又叫观武墩，原名汪家墩，传说岳飞曾到泾县招募士兵，亲临墩上指挥练武。岳飞遇害后，村民为纪念英雄将汪家墩改名观武墩，又刻石"武岳擎天"并深埋铭记。1952年，村民开挖水渠时挖出此石，印证了传说。观武墩村头还有一棵千年的乌梓树，被称为将军楷，据说也是为纪念岳武穆而来的。官庄村有旗杆、下马蝉、上马苑、系马坦、上门、中门、下门等旧名，都与军队配置相关。明朝邑人左荣留有《官庄禾黍》诗："官庄楼上张青眼，忆昔岳武穆王产。忠贞为国去不回，今人吊古恨无限。长河波水沈大田，禾黍离离似往年。黄金满地秋游日，几度骅骝懒着鞭。"

观武墩上的古树

　　据说，湾滩就是《泾川瑶园吴氏宗谱》中记载的"瑶园"，但难以考证。《吴氏宗谱》上有瑶园十六景诗，其江式湾中第一景即湾滩垂钓。湾滩人秉承吴氏望族家风，注重品行教育，尊敬长上、孝顺父母、和睦乡里、教训子孙、各安生理、毋作非为，这是吴氏家训的基本内容。

　　因为水患，古代官庄人曾修丁家新丰坝、五里坝、承流坝，改善水利条件。其中，明隆庆知县刘世亨主建的承流坝，是明清间泾县灌溉效益最大的水利工程，不仅能浇田7000亩，而且能有效抵御洪涝灾害。

　　悠久的历史，灿烂的文化，也让官庄列入第六批中国传统村落名录。如今，官庄村保留下来的传统民居、祠堂、庙殿建筑，其选址和形制表现出鲜明皖南地域特点。在建筑装饰艺术上，装修种类繁多，体现了皖南建筑的三雕技艺——石雕、砖雕、木雕。村中现存的古建筑目前有34处，包括张氏宗祠、汪氏支祠、吴氏宗祠和三座大夫第等古建，其中保存较为完好的有17座。

清代张继黑大夫第

　　村中的古井也是一道风景，其中保存较好的古井有上马园古井和将军楷旁的古井。

　　随着陈村水库、溪口大坝和青弋江灌区总干渠等水利工程的建成，官庄成为真正的"鱼米之乡"，官庄进入了旱涝保收、再无水患的新时代。

双河村

王黎明

　　双河村位于泾县榔桥镇，因境内有榔桥河与雅溪河汇合而得名：李村园历史上最早为李氏宗族聚居地，明清时期形成朱氏宗族核心聚居区。泾县民间广为流传："金竹柯、银黄田，加起来抵不上半个李村园"，可见李村园当年人文建筑何等的繁荣与辉煌。列入第五批中国传统村落名录。

　　2005年，原双河、李村园两村合并为双河行政村。东与小溪国营林场大山接壤，南与浙溪村金冲毗邻，西与大庄、马渡两村相邻，北与黄田村隔河相望。元、明、清时期属张香都范围，至民国年间，一甲为贺姓，二至九甲为朱姓，十甲为汪姓，有李村园、百梁、城山、水碓、杨武坑、塘头街、徐村、老屋、谢塘、百禄、阳春坦、书堂、蛟龙潭、文公桥、黄印桥、湖波桥等20多个自然村落。现辖20个村民小组，总面积15.8平方公里，总人口2605人。

　　李村园远看山环水绕、粉墙黛瓦、炊烟袅袅，常听老人们说："我们李村园，下雨天从村头到村尾，都不用撑伞，也不湿脚。"朱文恕有《城山春眺》诗曰："风和梅暗馥，携手上层巅。放眼乾坤小，举头霄汉联。远峰环秀壑，晴霭袅村烟。登眺无穷意，闲情对碧川。"

　　唐朝就有李姓宗族居住的李园村，曾有李侍郎宦迹。北宋嘉祐年间，朱纬率子朱旦自婺源迁入境内城山，为泾川张香都朱氏始迁地。朱氏家族以耕读起家，到明朝发展为大族，因田地有限，地狭难容，明末清初一部分人迁入北亭都黄田、屏山、合溪、眉山等10多个村落，人口得到进一步发展。

清乾隆前后，以朱氏大宗祠为核心，各甲建造支祠和分支祠，创建义仓和义学，如大宗祠义仓、八甲用铿公义仓、八甲黄田支派征远堂、示范堂、继范堂等义仓，文昌阁、紫阳书院、文昌宫义学、书堂、培风阁、松竹轩等义学，各堂还有田地、山场、房产等公产。

朱氏除上述宗族建筑外，各村还有许多大小不等的深宅大院。如李村园有百梁亭、杨武坑等，徐村有振绪堂、怀棣堂、仁让堂、衍义堂、书兹堂，阳春坦有燕翼堂、宁远堂等，数十座大型古建筑群。

书兹堂

所有建筑都以三开间正堂为核心，有四水归堂、天圆地方的天井，左右对称，三五幢并列有巷道间隔，前后三至四进，依次为大门前厅，有屏风内外相隔，中间正堂，梁柱粗大，空间宽阔。地面为糯米稀打平的方格地面，雕刻精美的柱础下都有方形柱基与地面平整结合，四周墙面均有当地特色建材水麻花砖贴面，显得简洁、大气、高雅。正堂用于接待、议事、婚嫁等重大活动，二进为主人家眷居住，周围对称的各幢建筑为子孙各房居住，各幢建筑之间有大门、边门、后门与巷道相联通，关上门为各自小家庭，打开门是一个大家族。而百梁厅在众多特色建筑中因正堂有百梁而闻名。

张香都山水环境优美，据《朱氏宗谱》记载：有龙潭汇清、笔峰耸翠、李村宦迹、古寺钟声、塘头鲤跃、松山鹤鸣、后岭晴岚、西山晚照八景。除此外，村内还有乘山，上有报恩寺最为出名。据《泾县志》载："报恩寺建于唐至德年间，宋政和年间修，进士冯述造浮屠镇之，明正统八年（1443）朱达重建，寻毁。朱达裔孙朱国光重建，清康熙年间圮，朱氏裔孙重修。"又圮，嘉庆九年（1804）朱氏众裔复建。

境内雅溪有二十四桥，其中有宋政和二年（1112）建造的黄印桥，有征妇送夫的卐字桥，有文公桥，还有双虹桥、

湖坡桥

仙人桥等。

每年底，任村殿祀周孝侯赛会甚是热闹。朱琦诗云："四乡毕集，践麦田几尽，来春倍葱茂，谓有神助云。"任村殿规模大，每年冬周边村民来此烧香敬拜、看戏、赛会踩麦，香火旺盛，非常热闹，附近香市生意火红，有卖胭脂、花粉等小商品的货郎担，有叫卖地方特色小吃，殿前数十亩小麦经赛会踩踏促进分蘖生长更旺盛。

李村园不仅历史悠久，还出过很多历史人物。朱仪，字象先，崇祯十三年（1640）进士，任嘉定州知州。时张献忠起义军已兵薄城下，手下人劝他赶紧离开，他说："事变至此，去将何之？"遂率众固守。眼看城池将破，其妻胡氏自杀身亡，朱仪也与全家人举火自焚。

清咸丰年间，清军与太平军在皖南拉锯战，该村位于徽宁古道边，清军与太平军轮流抢占驻扎在这样富裕的大村落，烧毁了许多房子。千年古村，繁华不再，至今还没有恢复元气。

桃花潭村

查从俭

　　中国传统村落桃花潭、龙潭二村隔江相望，鸡鸣可闻。二村组合起来，即为中国历史文化名镇——桃花潭镇。两山之水汇入麻溪，下游就是长江支流之一的青弋江。江的上游已在九里潭处建立陈村大坝，坝上就是有黄山情侣之称的太平湖。从太平湖往下几公里，古有龙潭、桃花潭，这也是二村得名之来由。

　　桃花潭村位于青弋江西，昔日主要有万村、水东翟家新份、老翟家等自然村，万村又分前万村、后万村，共四部分，因经济中心位于万姓聚居部分，因此外来人都习惯称水西为万村，只有本地人才细分得出这紧密相邻的各部分。万村是桃花潭行政村的中心村，也就是中国传统村落桃花潭村。

　　桃花潭村南是高高的玉屏山，俗名前山。山如其名，蜿蜒几十里很少有起伏，如同绿色屏风。东为青弋江，水到桃花潭处被石壁山所阻形成半环，所以桃花潭村在水东看来犹如一张弓。前万村为商业古镇，后万村为乡村。后万村背倚月形山，先民在村庄前挖了两口塘，村南挑筑了七个土堆，谓为云彩下的“七星伴月”。

　　桃花潭村自然风景优美。远处的由山、丹山，常年仙雾缭绕。由山，李白有“由山谁可游，子明与浮丘”之赞；丹山，县志记载为窦子明炼丹之处，丹灶犹存。桃花潭岸边，

俯瞰桃花潭

"怪石桀立，如狮吼象舞。老树纷披，寿藤缀拂，参差蔼蔼然。更峭壁临危，崇耸秀削百余丈"。垒玉墩、彩虹冈、书版石、溶洞等各类景观，吸引历代诗人骚客纷至沓来，流连忘返。潭面平时则"清冷镜法，黛蓄涟漪"，晨光初曜，夕辉斜照，回清倒影，波光粼粼；洪发则石壁回澜，波涛汹涌，使人惊心动魄。雨后晨起，湖面雾气腾腾，轻袅曼妙，如同仙境，不知沉醉了多少游人。

　　桃花潭村历史悠久。晋永嘉之乱，黄河流域的汉人开始向皖赣迁徙避祸，成为最早的客家人。南北朝时，扶风郡槐里侯万修苗裔万鹏举也举家南迁，"宦游丹阳，自郭郡至泾川，见麻溪桃潭之澄碧，丹峰石壁之奇峻，岢然孕灵献秀"，爱此风景就安家于此。比万氏更早来的是翟氏，其始祖翟酺为东汉尚书，遭谗言入狱，获释后避祸于桃花潭南岸玉屏山下钓隐台，筑庐而居。子孙繁衍，形成翟村，明初时就拥有一图七、九两甲，三图九甲，外人称为老翟家。还有一个新翟家，元末明初，陈友谅兵败于江西鄱阳湖，其部将张定边携侄张祐保逃至老翟家避祸，更姓为翟。至明中期，翟荫元分家自水东到水西与万氏为邻，筑庐号为新屋里，外人叫翟氏新份。

桃花潭作为中国传统村落，古建筑触目皆是，特别是唐文化元素尤其厚重。最让人心动的是万村街道的坊肆，全是高高板门垂地，典型的唐建筑风韵。驻足在青卵石铺就的街巷中迎着店铺挑出的酒旗风，恍惚走进了盛世大唐。万村的"义门"是一座始建于唐朝的建筑，垒起正墙的青色块石，因年代久远，受风雨剥蚀，露出道道缝隙，它如同百岁老人额头的皱纹，双手的皲裂，极具令人心颤的沧桑感。抚摸青石，仿佛上面尚蕴有唐代的手泽。始建早于义门的扶风会馆则蕴含有更高的历史价值，国家文物专家组组长罗哲文教授赞其为中国会馆的鼻祖。村中的太白楼、怀仙阁与对岸的踏歌岸阁隔江相望，都是为纪念李白所建，可谓情系大唐。伫立这些建筑前，我们仿佛能穿过时空隧道，与李白、汪伦欣然对语，邀月畅饮。

桃花潭村山清水秀，人杰地灵。作为翟氏代表人物翟

义　门

酺，曾担任过掌管宫廷建设及制造的匠作大臣，对当时最具轰动影响的造纸术肯定非常熟悉。他在桃花潭畔定居时，很可能带来了此术，并以此谋生。据《泾川翟氏宗谱》记载，翟酺卒后葬于泾之上坊柏林坑翟家坦。我县的国学大师胡朴安先生在其考证文章《宣纸说》里谈到枫坑、小岭一带的宣纸熟练技术工有翟、曹二

姓，这里的翟就是翟酺的后裔。曹氏是宋末元初从南陵虬川迁来的，曹氏造纸术也有可能是迁泾后从翟氏处学来的。老翟家因洪武初年山洪暴发，被迫搬家到距钓隐台不远的高岭一带。高岭就有一个叫纸棚坑的小地名，标注在1988年版《泾县地图册》上，此地就是一处古代造纸遗址的实证。而翻过高岭有一个叫墨玑坑的地方，此地人直到解放后仍以造纸为生，当地有名谚："生过女儿冇法子，嫁到墨玑坑里舂扎子。"由此可以推测，翟酺很可能是我县的造纸鼻祖，甚或是宣纸术的源头。

万氏的代表人物首推万巨。唐玄宗年间，万晏曾孙万巨，以学问道德著称于世，世称其为万夫子，州、县举荐辟，均不肯就。安史之乱时，他捐粟助唐军平叛，其事上闻，诏赠司马。他广有交游，结交了许多知名人士，"大历十才子"中的卢纶、韩翃等人，都有诗歌相赠。万巨的声名让李白十分倾慕，曾作《早过漆林渡寄万巨》。李白到桃花潭后受到万巨热情招待，先后写了《访巨公吟》《扶风豪士歌》《赠扶风豪士三十韵》等长短诗，诗中赞道："扶风豪士天下奇，意气相倾山可移。做人不倚将军势，饮酒岂顾尚书期。雕盘绮食会众客，吴歌赵舞香风吹。"其次是明末的万应隆，他考中崇祯举人，为皖南文坛旗手。他与贵池吴应箕、宣城沈寿民、芜湖沈士柱及泾县赵维生等联合组成南社，皖南诸才子纷纷入社，共推万应隆为南社盟主。张溥在苏州倡立复社，万应隆率南社23人前往虎丘入盟，一时激扬声气，名震东南。复社遭到南明权臣马士英、阮大铖迫害而衰亡，万应隆归隐万村玉屏园，自此以耕读自娱。

桃花潭是诗的渊薮。唐天宝中，诗仙李白带着对万巨的倾慕，正好遇隐士汪伦之邀，溯泾溪水而上，经漆林渡、落星潭、桃花潭、罗浮潭、三门六刺、涩滩，直至陵阳，一路风光一路诗，而尤以"李白乘舟将欲行，忽闻岸上踏歌声。桃花潭水深千尺，不及汪伦送我情"这首诗最脍炙人口，后人誉此诗为"调绝千古"。李白走了，却播下了诗的种子。循着李白的足迹，唐朝的杜荀鹤来了，宋朝的叶清臣、胡瑗、汪寺丞、释清止、释慧日、徐畸来了，而至明、清，诗人更是络绎不绝，难以胜数。他们寻访谪仙故踪，游览桃潭山水，吟景纪胜，抒怀唱和。洪亮吉被聘纂修邑志，来此凭吊李白，唱出了"君不见千余年来两过客，鱼鸟可怜皆素识。一样承恩宫锦袍，酒痕墨污无颜色。纵然袍底无颜色，落笔奔虹尚千尺。多少川程与陆程，待君诗与江山敌"。他与李白一样在政治上很有抱负，却命运多舛，怀才不遇，且遭际相同，若李白泉下有知，二人当"一樽还酹江月"了。李白、洪亮吉是不幸的，而桃花潭有幸，因得到李白游赏歌咏，而致历代诗人文客痴迷追逐。

　　水西万村、水东翟家在明清两代都曾建有商业街，万村

桃花潭之春

街远繁华于翟家街，这得益于地势。万村街平行于青弋江，翟家街垂直于江面，因为水主要从万村这边流过，而水东有大片的河滩，所以万村这边是太平、石埭两县官商经过歇脚的真正水陆码头，街上店铺林立。到抗日战争时，万村一度成为皖赣货物集散地，尤其是屯溪、芜湖两地均离不开桃花潭这一中转环节，万氏商业街畸形繁荣，商号有老义记、新义记、大道记、祥泰福、裕记、万丰等杂货店；布号有复庆、同福、湘记；中药店有吴复生、陈益友、福和堂；水作坊有朱家和、大生及金记染坊，甚至在扶风桥头"石墩宕"都建起临时街道，设立临时商行。最为有名的是金街银巷，可见当时商业之兴盛。除了街道，前万村屋舍鳞次栉比，巷道纵横，其中的红袖巷、蓝衫巷，还有望花楼、桃源村等地方，让人不能不起旖旎之思。为了保护当地商界利益，水西万氏与水东翟氏联合成立了商会。

新中国成立以后，随着陈村大坝的修建，水路运输的消失，加上乡镇政府设立在翟家，新的政治文化经济中心在水东确立，万村开始萧条起来。进入新世纪，随着旅游经济的兴起，万村看到了新的曙光。万村有着不逊色于翟家的人文景观，还有远胜于翟家的自然风光，经济的重心可能再次西移，桃花潭村有了新的希望。

龙潭村

盛　洁

　　每当我们抑扬顿挫地诵读起"桃花潭水深千尺，不及汪伦送我情"这一千古名句之时，自然会想到李白《赠汪伦》的源头——泾县桃花潭镇龙潭村。

　　龙潭村位于泾县西南方向的青弋江上游，东临太平湖，距泾县县城40公里，是"中国历史文化名镇"桃花潭镇的重要村落之一，被列入第四批中国传统村落名录。

　　龙潭村山水环抱，山明水秀，村落呈大刀形，村口河岸位置有狮象对垒。受水为财源的传统风水文化的影响，龙潭村先祖选择水口聚族而居。

　　明嘉靖《水东翟氏宗谱》序云："泾之西南八十里有村曰水东，翟氏居焉，重峦邃谷，广陌澄潭，渺然如隔人世。汉以前无所闻，唐李白曾访汪伦有桃花潭水深千尺之句，水东之名遂闻于天下。"翟氏是隗姓狄人后裔，春秋时进入中原建翟国，后被晋国所灭，遂以国名为姓，称翟氏。西汉王莽篡政，丞相翟方进之子翟义，以东郡太守之职聚兵十万讨莽。翟义事败被杀，王莽下令灭其三族。翟义的后裔西晋时避祸于泾县水西玉屏山下钓隐台建庐而居，子孙繁衍，形成巨族，称翟村，后称老翟家。

　　数百年后的明洪武八年（1375），一天雨夜，玉屏山麓突然山洪暴发，水势凶猛，冲掉翟村村落，全族覆没，唯独翟敬六幸免于难，避于水东（桃花潭东岸）异姓处居住，临河建村，河岸垒石成墙，墙高数丈。明清时期"新翟村"再度兴盛，建设了纵横交错的南阳街和水东街，打造了融民居、祠堂、庙宇、牌坊于一体的园林式村落，商埠林立，曾有"周官埠头跑马镇"之称。抗战时期，这里还是皖、赣两地的货物散集地，商贸鼎盛，有"小上海"之称。民国35年（1946），因南阳镇在青弋江东面，便更名为"水东镇"。1982年，在安徽省地名普查中，泾县水东镇与宣城县水东乡同名，又因陈村水电站在此，故改水东镇为陈村镇。1998年5月，安徽省地名办公室正式批准将陈村镇更名为桃花潭镇。桃花潭镇政府就设在龙潭村。

航拍龙潭村

陈村大坝未建之前，这里是青弋江水路的重要码头之一，水路直通芜湖、南京。

如今，龙潭村的古民居保存完好，其中中华第一祠、文昌阁、踏歌古岸历史尤为厚重。

悠悠的青弋江正像一张弓，弧形流过，翟氏宗祠是块适合建祠的弓形宝地。明嘉靖年间，翟震川兴建"昼锦堂"
（即翟氏宗祠）。该祠建筑面积6700平方米，门前高耸着
七根双风半旗杆（1个翰林立1根双风半旗杆），有汉白玉
石柱30根，并有多根两人环抱的楠木。这些珍贵材料都是
从云南、两广水运而来。该祠前厅—天井—享堂—寝楼一体
式结构，抱鼓石和石狮、大门上"阀阅"装饰，10根白花
岗岩雕柱，银杏木和红木等名贵木材上雕着尊老爱幼或相夫
教子等图案，以及历代帝王将相、地方官吏所赐的"江南名
族""理学名贤""南阳世家""文魁""经魁""风高
文古""学优从政"等108块名人书赠的匾额，都是翟氏的
家珍。

　　昌一地之文风，聚四方之才俊。明清时期，翟氏出了7位
翰林、15位进士、80多名举人、千名秀才。

　　翟氏文昌阁为八角形的三层翘角、逐层收分楼阁，形状
与北京的天坛相仿，顶端宝刹直指云天，端庄秀丽。底层侧
壁嵌有泾县名士赵青藜撰书的建阁碑《翟氏创建文昌阁记》
和翟士吉撰写的义输碑《创建文昌阁叙》，屏风前悬挂着张

文昌阁

洪炉重题的"盛世文明"四字木匾。二层刻有《阴骘文》，并有"文光射斗"横匾。三层有"共登云梯"匾额。文昌阁现为省级重点文物保护单位。

　　踏歌岸阁是桃花潭风景区标志性的建筑之一，是后人为纪念李白、汪伦两人的深厚情谊所建造的。该建筑始建于明代，清乾隆十三年（1748）重建，民国及1984年曾多次修缮。其底层为过道，两边是砖砌实墙，下面是麻石砌成的基础，有石阶下河。阁楼底层向老街一面是敞开式，临潭为半圆形门洞。上层为一小楼，向潭一面设窗台栏杆，可供游人凭眺潭上风光。檐下高悬"踏歌岸阁"四字横匾，是著名皖籍书法家张恺帆题写。小楼临街一面设木制屏风，刻《踏歌送行图》，再现了当年汪伦送李白的动人情景。

踏歌岸阁

　　明朝的建筑除了翟氏宗祠外，还有司马第、南阳镇、龙兴寺、前份祠堂、中份祠堂、六孙公祠、烨新公支祠、满孙公祠堂、恺官楼；清代建筑除文昌阁外，还有逊志轩、大夫第、藕玉林宅。

龙潭村人才济济，名人辈出。其中，翟金生的活字印刷有重要意义。

清道光年间，水东秀才翟金生从沈括的《梦溪笔谈》里获悉泥字排版印书的记录后，不顾"家徒壁立室悬磬"，以30年的心力潜心研究毕昇遗法。他不辞辛劳，做出木模或浇铸铜模后，造出泥字，入炉烧炼，并修正造出了10万多个坚硬如骨的泥活字。1844年，他试印了自己的诗集《泥版试印初编》，著名书法家包世臣为之作序："吾乡西园先生好古士也，以三十年心力造泥活字版，数达十万，试印其生平所著各体诗文及联语……"翟金生把这套泥活字印本书自称为泥斗板、泥聚珍板。此后，他和翟氏子孙又排印了友人黄爵滋的诗集《仙屏书屋初集》、族弟翟廷珍撰《修业堂集》、翟震川所修辑的《翟氏宗谱》，均有字画精匀、纸墨俱佳之效。

龙潭村非物质文化遗产丰富，其中端午期间的桃花潭龙舟赛历史悠久，每年举办。

相传，元末明初汉王陈友谅与朱元璋争夺天下。在江西鄱阳湖战败之后，陈部太尉张定边携遗侄张佑保避难来到了桃花潭一带。张定边将遗侄张佑保过继给当地翟氏人家，改名为翟敬六。怀揣着东山再起之志向，张定边便在桃花潭训练水军。为掩人耳目，张定边特意以龙舟赛的名义操练水兵。因此，桃花潭的龙舟除了具有独特的龙形外观之外，还有雄壮威风的龙舟号子，极具观赏性和感染力。后来，水东翟氏每年都要举办龙舟赛事，一来怀念始祖与屈原，二来也融入了节日文化和旅游文化的符号，成为人民群众喜爱的水上游艺运动。

每逢端午节前后，桃花潭龙舟赛按时举办。下水前，村民们都要举行"龙头祭"。翟氏人抬着龙头穿过"踏歌

桃花潭龙舟赛

古岸"门洞,先给龙头披红。红绸带系上后,点睛开光,祭龙,鞠躬……比赛开始,青龙、黄龙、乌龙、木龙、小青龙、小黄龙、小乌龙等一条条龙舟,和着铿锵有力的"咚呛,咚呛,咚咚呛"鼓点和地方风味的龙舟号子,棹影斩波,九龙穿雾,中流竞渡,展现了"舟在水中、水在山中、山在画中"的绝美画卷。

厚岸村

查从俭

在泾县西南边陲、太平湖畔有一古村厚岸。巍巍天河尖高耸挺拔，偎依天河尖的西山、乌台山等丘陵蜿蜒如同巨人的臂膀，搂抱着中国传统村落——厚岸。村前一弯柳溪环绕而过，在旷野中仿佛源源不停的动脉流，使得古村生机勃勃。

厚岸村古称柳溪，现属于桃花潭镇，明清为震山乡十都正村。因村为船形，船行后当祈求平安，于是，改柳溪为后安，后讹写为厚岸。昔日厚岸村四周有围墙，至今在靠山的一面尚有残存。围墙除了防卫功能外，主要起美观作用，远观厚岸村落如同一艘航行中的巨船。厚岸人为了使文风昌盛起来，曾于乾隆年间在乌台山建了座青云塔。建成后，科举丝毫不见起色。于是请来堪舆家一看，认为船形村落不宜建塔，否则塔如船篙插在那里，使船停泊不能远航。于是村民听信此言，很快拆除了该塔。

厚岸村的水口气势很大。过去村落常常以桥辅以塔、阁、堤、树在村口起"镇"的作用，以锁财气，俗称水口。厚岸村的水口主体建筑便是聚星桥，辅以文昌阁、关圣殿、聚星塘及参天的古树。聚星桥建于清乾隆年间，御史赵青藜有记。聚星桥有三拱，磅礴宏伟，还和桥下岩石、龙潭，桥旁星塘、古树相映生辉，至今仍是厚岸村的一道亮丽景观。

厚岸古村始建于宋末，为王姓聚居村落。据《王氏家谱》记载，其源于唐末徽州祁门的王璧，其后裔太乙于南

厚岸村聚星桥

宋理宗时迁徙泾县，落脚于厚岸，其子千九定居建村，成为
厚岸王姓始祖。千九来厚岸定居时携来王璧弟弟王溥的金
鼎，故也称金鼎王。王溥历官后汉、周、宋，几度为相，宋
太祖御赐他金鼎。嘉庆《泾县志·异闻》记载："厚岸王氏
有金鼎，记言周宋间王溥相世宗，复相太祖，赐之金鼎。溥
族孙曰千九自新安携鼎徙泾，因兵乱藏鼎于乌堆山塘。宋末
邻有胡姓者取鱼获鼎，不知其为金也。千九之子沅四从胡氏
得之，鼎又存百五十年。至明洪武初，沅四之玄孙曰宁者遭
乱，鼎又失。永乐癸未复得之。鼎周围三十六乳，门有古篆
文。"里人王大建著《金鼎说》谓："形不类鼎，或镈、镯
之属。"无论是不是鼎，因是皇帝所赐，便成了族中至宝。
每年除夕，敲锣打鼓送到王氏宗祠和祖宗一同拜祭，然后暗
送到可靠人家保藏。清末战乱时，逃乱者回到家园，从聚星
塘中取出金鼎，族人无不额手称庆。在20世纪"文化大革
命"中金鼎终于销声匿迹，不知是否有浮出的一天。

　　厚岸村位于县西南边陲，再往西南就是连绵的大山，
是扼守泾县西南乡通往青阳、铜陵咽喉的交通要地，同时

也是兵家的用兵之地。太平天国期间，太平军与清军以及地方二十七姓民团在此拉锯，多次发生激烈战斗。咸丰六年（1856）十月，石达开挥师回南京处理杨韦事件，占领厚岸，民团兵分三路，从查济、南冲、老滩夜袭翼王，被用兵老到的翼王在前岸桑树地里埋伏击败，临走一把火烧得偌大的厚岸村仅剩下7座民房。1939年，第五十军郭勋祺军部在铜陵、青阳与日寇作战时，就把师部、医院等机关设在厚岸，死亡的千余将士也埋葬在村前的前山塝。2015年，川军后裔还在此建立陵园，2017年清明开展隆重祭奠活动。解放战争期间，国民党乡公所也在乌台山修建了碉堡。1946年10月的一天，朱农领导的游击队长途奔袭，乘乡兵在早晨洗漱出操时如同天兵降临，不费一枪一弹，共缴步枪32支、机枪1挺、手枪1支，以及大批弹药，打了个漂亮仗。

厚岸村由于特殊的地理位置，是一般行程打尖歇脚的重要驿站，于是清末民初这里自然形成了一个较大的集镇。村中至今有条500余米长的古街保存基本完好，街道用长条石铺就，两边高高低低基本为店铺，一律四开厚木板门。店铺幽深，里间二进甚或三进，前店后坊或仓库。客栈、当铺、药铺、糕点坊等老字号招牌字迹，至今依稀可辨。

厚岸兴盛于清康乾盛世，从三孔聚星桥的兴建，幸存的青云塔、文昌阁碑刻皆有迹可寻。但咸丰年间的兵燹使古村毁于一旦，到了清末同光年间又复兴起来。由于这些古建都是清末建筑，就自然烙印上了时代特色。首先是与周边村落相比，这里的民居封闭性较差，有了较大的开放性，主要体现在以下几点：厢房与主厅堂缺少了隔墙，进屋一览无余；还有几座建筑为二层，外面还设了连廊；街道的一座"扁通祠"，在墙的外部每间做了垂柱处理，使得外墙平面增添了立体感，极显异国情调。其次，战后人丁凋零，处处荆棘，于是新建者围起轩敞大院，建成了一批府第高堂。其代表建筑是"中宪第"，房主人王佐同治年间官至甘凉兵备道，给族人争光，据说族里特批他在禁山随意伐木建第。而见过世面的他在进屋大门处建了硕大的屏风，屏风的设置既显得情调高雅，又增添了内厅的隐秘性，再于屏风上挂两块竖匾，凸显了府第的威严气势。最后是古人讲究卜居门向，朝南是最佳选择，但又要兼顾选吉避凶，而厚岸村受地理位置限制，只有扭转门向，建设过厅，形成院门、厅门、屋门三门相连，分朝三向，这成就了厚岸民居中独有的门连门现象，如同魔幻的多棱镜，让人觉得变化莫测。

厚岸古建筑中有很多公共建筑，最有气势的首推王氏宗祠。该祠后傍乌台山，前临小溪，显得后有靠，前有绕。前后三进，分为仪厅、享堂、寝楼。前二进之间有一很大的明堂，内植古柏金桂，寓意木支百世。二进之间相连的回廊却建在祠外成为厢房，是谓东序、西序，刚好属于厚岸两大支，那是族中俊彦读书的地方，序前对称建了雕栏水池，这一方幽雅环境在肃穆的祠堂里真可谓另辟蹊径。这种设置既清新了空气，创造了氛围，提升了品位，又兼具消防功能。外观看，五开间的祠堂就变成了七开间，显得格外雄伟壮观。王氏宗祠这种布局称得上匠心独运，体现了建筑设计的科学。祠堂内饰富丽堂皇，梁坊、雀替、斜撑皆有精美木雕。更值得一提的是石柱础上遍雕形态迥异、古色古香的鼎，不仅使整个装饰显得格调高雅，也和金鼎王氏称号相吻合。

厚岸村的雕刻保存十分完整。木雕首屈一指的是王锡球宅，其窗棂下雕刻分为三个层次，上层版面雕有动物、植物，各种昆虫或鸣或跃，无不形神兼备，惹人喜爱，而兰菊水草栩栩如生，与动物相映成趣；最下层各种装饰玩物令人欲拽挂身上，炫耀一番；中间一层主题雕中为三国戏文，两边配以唐诗图,把那些复杂的场景、细腻的情感、变化的气候通过圆雕浅显地表达出来,其构图、意境与中国画可谓异曲同工,让人击节叫好。

与泾县大多数村落信奉南坛神不同,厚岸金鼎王家尊奉的是晏公神,出的是晏公会,还在宗祠旁建了座晏公殿。殿内供奉木雕晏公神像,官服红面,群众俗称之为"红面皮"。至于晏公的出处,当地人早已不明其所出,还附会上宣州知州张果身怀万民册、投水安澜救民的事迹。实际上晏公是水神,据说曾在水上搭救过朱元璋及其军队,乃朱皇帝首封。一般明朝驻军处皆建其庙,如泾县潘村营,又名晏公堂。因厚岸先祖王子宁曾加入朱元璋军队,驻守过南京。晏公会与其他神会相似,都是抬着偶像出游,不同的是其高潮为一项倒旗仪式。由一位经过特殊训练的大力士旗手在湾台坦擎着几十斤重的旗杆顺势将大旗旋转360°,旗帜不得挨着地面。倒旗成功,象征着又一个平安丰收的希望年降临。众人兴奋地抬着偶像跑向神坛,进行隆重的祭祀活动,神会就进入尾声。

晏公神像巡游时,公堂还出资购置戏曲用的五蟒五靠,由人装扮成文武神像,以"桃园结义""麒麟送子"等故事为前导,由锣鼓、仪仗护拥,巡游市衢。各小姓宗祠也争相扮演歌舞故事参加表演,组成大型舞队,其内容有《荡湖船》《扇子舞》《狮舞》《扁担舞》《云舞》《木棒花》等,统称"红面皮"七十二套。这种活动不仅使更多人参与获得了欢乐,也促进了邻族之间的和睦。20世纪50年代文化工作者对这七十二套进行了挖掘整理加工,剔除糟粕,传承精华,其中的《木棒花》《逗嘻》《花鼓度日》尤惹群众喜爱,《木棒花》被县里选为上报节目参加省里会演,还获得了省级奖励。现在县文化馆正在对其进一步整理,作为我县非物质文化遗产进行保护。

厚岸人很重视读书，更讲究道德修养。早在乾隆年间，厚岸人就建了一座上为木阁楼、下为石拱门的村门，特命名为"通德门"，其意义深远。王氏家族还建了东台书院、柳溪家塾、陶然精舍、桂馨山房等建筑，特别是在柳溪家塾中浚池十几亩以助文心，又将书舍命名为茹古，要求学子茹古涵今，后来果然王佐中举，官至甘凉兵备道，王焘、王恕先后考中进士，一封内阁中书，一钦点为主事。王寄一是农工民主党早期重要领导人之一，为促进吴化文起义、上海解放前保护重要民主人士做出了很大贡献。当然更了不起的是当代伟大的马克思主义者、杰出的无产阶级革命家，党和军队的卓越领导人之一的王稼祥。在建党60周年纪念大会上，王稼祥被中央列为党史38位卓越领导者之一，其辉煌一生永载史册。

王稼祥故居

查济村

查从俭

胡朴安在光绪后期所撰写的《泾县乡土记》中记载：
"西条诸山，发源于黄龙山，由黄龙山北折而东趋，经岑
山、巴山至龙珠山而止。盘旋曲折，如往如复，西连青阳，
南接太平，溪壑幽深，林木古茂，而查村、王村、李村、万
村，皆在其十余里内。"文中的查村即今查济之古称。解放
后，查村建乡分村，并以穿村的小溪为界一分为二，溪北为
新查村，溪南便以查姓的郡望济阳为名，乡名取二村首字，
查济由此得名。文中的黄龙山即查济村后蓣荻山最高主峰，
其峰巅为宣城、黄山、池州三市山脉交会点，故查济位于黄
山、九华山与太平湖的襟抱之中，现为泾县桃花潭镇所辖。

查济村历史悠久。隋时，有名查伟，字文熙者任宣州刺
史，因为政清廉、多有建树，复被唐高祖任命为池州刺史。
唐高祖八年（625），查伟在广东南岩州刺史任上致仕，便举
家卜居于蓣下查村，成为查济查姓始迁之祖。

查济村的选址布局有独到之处。面对的山讲究层次，
东面的高高矗立的丹山下有扁而平的巴山逶迤，南面巍巍
由山下有倚松岭、马鞍岭起伏，真正如诗如画；身处的山讲
究纵深，西南的岑山、西北的蓣荻山分别有蓝家垅、猎垅延
伸而来，也就有了很好的水源，环山而流的有岑溪、许溪、
石溪，在村前汇而成为富春溪。村庄依此山水布局，俗称裤
裆形，堪舆家称二龙戏珠形。宗谱中如此描述这里的自然形

胜："东有丹山文笔插天，西有蒜获平高如屏，南有由山之翠巘，北有柏岭之丹崖。四山环峙，若城郭然。中有一陵突起，三水绕焉，名曰独山墩。墩之上突，然而高耸，于右者有岑峰焉，悠焉而来；于左者有猎垅焉，二龙并出，如戏珠之状。"

雨中查济村景

查氏先人利用这个"二龙戏珠"的宝地做足了风水文章，他们借岑峰延伸而成的蓝麓和分流两旁的许溪、岑溪，傍山造屋，临水结村，所居皆在山水的环抱中。这种选址建村法，即使用今天的科学观点来看也有众多值得借鉴的地方。西北高高的蒜获山如屏如障，冬天阻挡了北下的凛冽寒风；东南秀丽的巴山矮而平，便于春夏季风翻越，带来和风细雨。石溪、岑溪环抱村庄，许溪贯村而流，如村中动脉，给人带来生机；而蓝麓、猎垅等丘陵拢气聚气，使人时时心清气爽。群山四合，苍翠绿黛，造就了一个天然氧吧。老子说："人法地，地法天，天法道，道法自然。"查济人借山川灵气，使人与自然融而为一，查济就如同婴儿养育在大自然母亲怀抱中。查济古村落物化了先人对美好家园的追求与理想，涵容了古人对自然与人生相融相生的哲理。

查济村落最显著的特色，是不仅像徽州建筑那样注重与山的关系，也像水乡着意与水的结合，于是查济一座座桥应运而生了。查济的桥常依势而建，镶桥于景，美观实用并重。彼此之间，绝不雷同，或平或拱，有墩无墩，匠心独运，达到了"淡妆浓抹总相宜"的效果。许溪在村内极尽蜿蜒，消除了山洪暴发给村庄可能带来的破坏，彰显了先民对力学原理的灵巧运用；走在沿河而建的街道上，查济又像一幅缓缓展开的山水画，其美学效果横溢着对人的诱惑；因许溪蜿蜒而带来更多的水离子，不断清新着空气，又兼具了养身学的原理。

清末民初时，里人查韵谷写的"十里查村九里烟，三溪环绕万户间。祠庙亭台塔影下，小桥流水杏花轩"一诗真实反映了当年查济的繁华。明清鼎盛时期的查济曾建有四门三塔，相传还建有108座祠堂、108座桥梁、108座庙宇，至今还保留下200余处古建筑。2001年，查济古建筑以打包的形式升为国保。查济古建筑的文物价值在于它的门类齐全，在这个古建筑群中有村门、宝塔、路亭、牌坊、祠堂、庙宇、民居、古桥、古井、古街、古巷，它们不仅可以称作古建艺术博物馆，更重要的是它们在各自的位置上自成一体而又相互呼应，形成完整的古人生产、生活体系，鲜活地再现了古人的生活习俗、人生价值和审美的取向，是活着的"清明上河图"。

查济古建筑的文化价值还在于它独特的地域特色。查济地处徽文化和皖江文化过渡带上，在秉承自己悠久历史文化的同时，又吸收上述文化之长，形成了自己独特的建筑风格，这也是一些学者常常争论查济古建不是徽派建筑的根本

德公厅

缘由。如查济的民居相对于徽派建筑在高度上有着明显的弱化趋势，一般不建楼上房间，在正厅与厢房之间作隔断，既更好地体现了建筑的主次有序，也有效地增强了厢房的私密性，满足了封建社会对妇女活动相对封闭的需求，解决了楼上、楼下生活不便的问题。

查济村祝官山南麓有株树龄550年以上的大梓树，它是查济古村之魂。此树传说是明嘉靖年间查铎栽种的。查铎一生崇拜王阳明，重儒家学说，期望族人团结友爱。因紫荆花比拟亲情，比拟兄弟敦睦，他在京任刑科给事中时受当地人误传，错将梓树当成紫荆树，不远千里带回栽种。而乡亲们也不断精心地呵护着它，更是前赴后继地努力实现着他对于家族和睦团结的愿望。

乡饮大宾查天魁，从学于邹东廓、钱绪山、王龙溪等，躬行知行合一，表率后人，惟以明人伦，厚风俗，惓惓欲与人同归于善；查志成，响应县令李邦华之号召，在泾县最早仿效朱子社仓法创办家族义仓，并积极赈灾济贫，每逢朔望日都要在宗祠集讲，进行民间儒家文化的传播。

查济的梓树历经近500年的风霜洗礼终于长成参天大树，而族人也从此团结、友爱、奋进，查济村迅速走上兴盛之路。作为一株人文古树，它见证了一个村子的历史变迁。因此，国家林业局森防总站在2015年开展的"美丽中国——人文古树保健行动"活动中，查济村的古梓树参加评选，经层层角逐，该树以500年刚毅果敢的人文情怀和良好的生存状态，"技压群芳"成功入选全国"百株中华人文古树"名录。

查济地缘九华山，受佛教文化辐射影响，村民笃信佛教。如钟秀门、平顶门，石柱桥等皆由信士、信女而建。相传查济曾建有108座庙宇，现虽无法查考清楚，但在解放前还存有名的庙宇有上殿庵、下殿庵、西峰庵、松谷庵、栈岭庵、大意庵、永定庵、佛来庵等众多佛教场所。各种佛教活动也很频繁，主要有百子会与观音会，最为隆重的是十年一次的做大斋以及演《目连戏》。做大斋即请大班和尚来做道场，念经祈求消灾纳福。届时由村里选定吉日，全体村民诚心斋戒，几十位和尚立坛祀神，日夜念经作法，并有净村辟邪活动。《目连戏》是叙述一位名叫目连的青年为了孝道，不畏险阻，下地狱去救在人间做了坏事、死后在地狱受酷刑的继母，使继母真诚忏悔，脱离了地狱。该戏宣扬封建社会的孝道和善恶因果报应，描写地狱阴森恐怖、坏人死后受刑罚的惨景，有劝善教化作用，是一出典型佛教文化的宣传戏。

查济优异的生态环境，古朴静谧的民居，庄严肃穆的祠堂，原汁原味的老桥，不加修葺的古塔，饱经风霜的村门，传承千年的家风，怡然自得的村民，婉转悠扬的民歌，无不散发出摄人魂魄的气息，让人们在这里经过时光倒转、感情过滤、心灵洗涤，仿佛一下人生初悟，原来这里才叫桃源，原来如此才叫生活。

查济古建筑群被国务院公布为全国重点文物保护单位，

查济村口

查济古村先后被官方和民间组织戴上中国历史文化名村、中国传统村落、全国文明村镇、中国景观村落、中国最具文化（遗产）旅游目的地、中国最受欢迎的十大古镇、全国森林文化小镇等荣誉光环，查济成为写生创作的天堂，影视拍摄的基地。查济自从成功创建4A景区后，每年接待的游客呈几何倍数增长。查济古村名扬神州，游人趋之若鹜。许多党和国家领导人也来查济参观。通过百度、360等国内外知名搜索引擎，对"查济""查济古村落"等关键词进行搜索，其中"查济"的关键词百度搜索的相关结果总数达347万条，谷歌搜索结果总数达33.6万条，显示出查济在国内外均有很高的知名度。

茂 林 村

吴小元

　　茂林村社区位于茂林镇街道西南1公里处，是茂林镇经济、文化、教育中心，总面积3.8平方公里。2004年，山河村、延陵村并入茂林居委会成为茂林社居委，下辖14个村民组。2020年11月，被列入第五批中国传统村落名单。

　　茂林村以名人辈出而闻名。

　　吴廷斌，曾任山东布政使，创办山东高等农业学堂。清光绪三十二年（1907）、三十三年（1908）代表朝廷致祭泰山。同时，在南陵县、泾县购置大量田产筹办义庄。其后人以义庄的收入创办吴氏义学、吴氏私立养正小学，1949年更名为泾县茂林小学。

　　吴广霈（1855—1919），字剑华，号瀚涛，吴芳培曾孙。官至江苏候补道。年轻时多次以随员身份出使日本、印度、美国等地。清宣统元年（1909），积极参加安徽"绅商"收回铜官山矿权的斗争。民国3年（1914），参与《清史稿·邦交志》编纂工作。著作有《救时要策万言书》《疏防海军略》《石鼓文考证》《筹策山西铁路煤矿屯田练兵事》等。

　　新中国财政部部长吴波，艺术大师吴作人，文学家吴组缃，书法家吴玉如，也都是茂林人。

　　茂林过去有七墩、八坦、九井、十三巷、三十六轩、七十二园、一百零八座大夫第的说法，其中的墩、坦、井、

吴氏大宗祠

巷主要指的是公共活动场所，而轩、园、大夫第主要指的是私人府第。茂林的建筑像大多古村落建筑一样，体现的不仅是一种经济实力，更是一种身份的象征。

作为茂林吴氏繁荣昌盛象征的吴氏大宗祠，是由明湖广布政使吴尚默于崇祯三年（1630）倡议族人共同建成的。主体建筑三大进，坐北朝南，面积达1000多平方米。祠前有一道50米长的影壁，两头各建一座石坊同祠堂前墙相连，构成祠前闭合式的院落。祠堂大门上首原有一块横额，为明邑庠生吴国抡所书的"吴氏大宗祠"五字。大门两边还有一副镏金楹联，为明万历时泾县知县李邦华所撰："延陵世泽传江左，荆里名家著水西。"宗祠依中轴线建门厅、享堂、寝楼三进。门厅内两边各有一间厢房，紧邻四方形天井。当中为麻石过道。两侧砌花墩栽柏树和桂花树。天井两边有宽阔的走廊连接着二进大厅。屏风上首悬"叙伦堂"三字横匾，两边墙上嵌青石碑刻"忠、孝、节、义"四字。享堂后有一长方形天井，砌有一对金水池，当中架单孔石拱桥。第三进为寝楼，二层楼房，上下均有木制神龛，安放历代祖宗牌位。

　　有众多官宦之家的茂林，府第亭院随处可见。房屋大多按主人的任职品级和爱好构建，名称也是五花八门。如村中的光禄大夫第，是官居正一品、署吏部尚书吴芳培故居。吴芳培另一处住宅为赞治第，位于村西南，墙上仍嵌有"清风入座"四字。绿野堂，清贡生吴豹文府第，官云南大理府通判。每处宅院不仅主人身份特殊，而且大多都有一个动人的故事和传说。五十里，是一个弃恶从善的故事。少年吴德裕因放荡成性被父母逐出家门五十里，后彻底悔改，成为湾沚一地的富商。年老后在故乡被逐之地建大宅第，命名为"五十里"。地域文化成为茂林建筑的灵魂。

　　茂林人设宴招待宾客，多请当地名厨带着助手来家掌勺。旧时分为三档：一是"八盘八碟山海席"，这是豪门富户待贵客之席，山珍主要用料是金针、木耳、香菇、山药及竹笋等，海味的用料为鱼翅、鱼肚、淡菜、虾米、海参、海蜇等，但大多是干货。二是"十二碗"，旧时当地办春酒

茂林十二碗

互相宴请或因婚嫁、寿诞、添丁等喜庆宴请菜肴，一般指整鱼、烧蹄髈、粉渣（渣肉粉）、雾粉（糊粉）、煮肉、炖肉、拌菜、三鲜汤、子糕、香肠、切块鱼、汤圆等。三是八大碗或十大碗，用于招待不常见的至亲好友。一般把宴席中的烧蹄髈、粉渣肉、糊粉称为"三绝"，尤其是烧蹄髈，是非常考究厨师手艺的。

茂林的传统糕点也非常有名。仅以糕为例，就有万字糕、方片糕、玉带糕、麻烘糕、薄荷糕、桔仁糕、绿豆糕、蜜蒸糕、豆蓉水晶糕、山楂糕、鸡蛋糕、寿桃糕、双钱糕、百子糕等品种，其他还有如酥糖类、糖类等。这些糕点，不少被赋予了吉祥的文化内涵，同时因是节令产品，多与民俗相关。糕点而外，茂林的花生米、欢团等零食也都让人喜欢。

花砖，因其纹理有黑、白两色而得名，又因要经过水磨的最后一道工序，故又称水磨花砖。花砖不仅图案雅致，而且具有不沾灰尘、不反光、耐高温霜冻的特点。花砖制作具体的年代不可考，但是在泾县茂林大量清代建筑物的大门、厅堂、走廊两侧都有存在，实用性强而且美观大方。北大教授吴组缃在给学生上课时就以家乡的花砖作喻："小说中的人物不可千人一面，要像我家乡的花砖一样，绝不雷同，各具特色。"茂林人纪建新1989年承包茂林镇砖瓦厂，开始研制茂林花砖。2013年，正式成立泾县茂林花砖厂。2014年，花砖制作技艺被列入安徽省非遗名录，第二年纪建新被命名为省级非遗项目代表性传承人。

茂林还是一片红色热土。1938年5月，陈毅率领的新四军一支队北上先头部队到达茂林。当天就有不少女兵到薇园宣传抗日救亡。新四军在战地服务团的驻地——亦政堂召开了茂林妇女座谈会。选举产生了茂林妇女抗日救国协会筹备委员会。三天后"妇救会"在茂林小学礼堂召开成立大会，薇园的吴友廉担任组织委员兼大队长。在吴友廉的影响下，其妹妹吴坚、弟弟吴报鸿相继走上革命的道路。

1939年10月，中国工业合作协会在茂林桂花敞厅内设工合泾太事务所。1940年，作为发起人和组织者的路易·艾黎，同美国朋友伊文思·卡尔逊曾到茂林"工合"检查工作。"工合"组织属行政院中国工业合作协会垂直领导，但实际上管理活动是由中共领导的。中共皖南特委在工合泾太事务所建立了党支部，负责具体活动。事务所在茂林等地办了生产合作社，生产被褥、毛巾等生活用品，以供应新四军和地方群众的需要。

1941年1月，新四军撤离皖南时，途经泾县茂林，在吴氏大宗祠内举行告别皖南民众大会，政治部主任袁国平发表《告皖南同胞书》的演讲。1月7日，新四军与国民党军队在茂林接火，皖南事变发生。新四军指战员经过生死搏斗，7000余人壮烈牺牲或被俘。

潘　村

吴小元

　　潘村位于茂林镇的西部，境内古溪河源出齐云山，自末桥沿茂林西山由山河村汇入濂水，至溪口注入青弋江，因而潘村又被称为古溪潘村。2003年，三甲村、末桥村并入潘村，总面积5.16平方公里，下辖24个村民组。

　　据《茂林古溪潘氏宗谱》记载：北宋初年，潘日宝率二子五公、七公由歙县的篁墩避地泾县，初居茂林西山，后迁杨坞古溪，即茂林潘氏始祖。至清道光900多年间，茂林潘氏人口达万余人，成为南乡一大家族。

　　潘氏家族中最有盛名者首推潘锡恩。潘锡恩，字芸阁，嘉庆十六年（1811）进士，道光二十三年（1843）任江南河道总督，因治黄有功，皇帝连续六年将亲笔所写的"福"字赐予潘锡恩。林则徐也曾赠以对联："三策治河书，纬武经文，永作江淮保障；一篇澄海赋，掞天藻地，蔚为华国文章。"死后谥"文慎"。潘骏章，字茂如，监生。咸丰元年（1851）由县丞捐福建漳州同知，迁分巡兴泉永海防兵备道、台湾兵备道，成为继胡承珙后第二个泾县籍的台湾兵备道。

　　潘村的古建筑较多，见于记载的有河帅第、潘氏宗祠、文昌阁、关圣殿、义仓、贮元岭、一心庵，大多废毁。

　　河帅第，是潘锡恩的私家府第，现只留有公园一处，园内亭台轩宇、假山池沼，曲径通幽，可以想见当年主人的排场和情调。抗战后的1939年，宣城"安徽省宁属六县联立中

河帅第后花园

学泾县分校"迁于河帅第,战争胜利后返回。1958年,泾县茂林中学在此基础上建立。

潘氏宗祠已废,但茂林中学附近的潘氏三甲支祠尚保存完好。曾作为茂林中学的校舍,"文化大革命"中祠内的精美木雕全遭破坏,后重新修缮。

文昌阁,位于潘村的西北角,系潘氏二十五世潘之球倡议修建,楼高三层。某年三月,有惊雷从阁下起,震裂东北一柱。因而《泾县志》主修洪亮吉曾作诗云:"秋林百尺秋声早,一阁三层出林杪。承流山外雨脚收,阁上夕阳红不了。栽松作柱柏作桹,柱裂一线穿春雷。颇疑阁底怪龙状,雷斧劈处山为开。"

义仓,潘尚伦,字惟德,茂林都人,居家孝友,好义采施。岁饥屡出重资赈贷。尝创首建金鸡桥、古溪半月桥,举乡饮宾。曾孙文龙,字际飞,贡生,善承先志,村外贮元岭路通石、太,地险人孤,乃创庵亭于上,以便行旅。临卒,遗命建宗祠,置祭田,费三千金。妻胡氏复承夫意,出三千金建立义仓，右设廒，左置馆，延师训族生徒，给田百亩为之资。雍正十年（1732）署县事宝仁颜其堂曰"景范"，并作《潘氏义仓记》以记之。

　　贮元岭是泾县茂林潘村步行到渣溪桃花潭的必经之道，岭高山峻，崎岖难行。康熙四十年（1701），经多方捐赠，得岭南北田山21亩，建简易僧院，招僧常住。康熙五十年（1711），开辟建造正厅，安供佛像，名为"一心"。厅边因尚留有宅二间，迁客建栈。后又陆续添置购买山塌地段的田亩三亩三分，作为庵僧的费用。若干年后，有一云游的和尚偶宿此庵，爱其清净，即留居此处，种树栽茶，辛勤持守，终于田产尽足充用。后此庵交与徒孙兹宗掌管，兹宗善于经营，积买田产，最终庵舍两处佛像满堂，香火旺盛。

潘村旭园

　　一心庵兴盛时期，有坐北朝南的瓦屋五间，前建有走廊，进大门有黄令官拿着钢鞭守卫着大门。屋内塑有三尊大佛、四大金刚、十八罗汉等佛像。其产业有田三亩，位于岭西，同时峻岭脚下有茶棵地三块，岭东有水井一口，为过路的旅客和寺内和尚提供施茶和用水之用。岭东另有四亩余山场的毛竹，有坐西朝东的凉亭三间，以供来往的顾客打柴樵夫息脚之用。

在一心庵出门不远处有一个"之"字弯的路，路边长着三棵硕壮的枫树，树旁建有一座"枫将军庙"。相传，两个公差从西押着一个犯人，经过此地去县城，来到"之"字弯处，犯人要解手，公差就解夹让犯人去。很长时间不见犯人回来，公差着急了，就去找，怎么也找不到犯人。原来犯人看准了此地有一个枫树档，长着三棵同样很粗的枫树，这棵枫树救了他。当公差在这面找时，犯人就到了那一边，公差转到那一边时，他又跑到另一方，总是看不到也就逮不到他。若干年后，此犯人做了将军，为报答这棵枫树的救命之恩，在这棵枫树旁建了一座小庙，并将此庙取名为"枫将军庙"。初期香火旺盛，后庙毁，现庙基尚存。

太平天国战争时，潘村也曾作为战场之一。同治二年（1863）八月初二，清军刘松山、易开俊驰击茂林，与太平军在茂林、潘村展开激战，太平军将领古隆贤中炮负伤，太平军不敌，只能退回太平县。民国时期，此地作为抗战的大后方，芜湖宣城等地的机关、学校纷纷内迁于茂林一带。其中安徽省宁属六县联立中学泾县分校即由宣城迁至潘村。当时学生三四百人，校长周芷贞，教导主任茆鲁荪。它和迁至茂林满公祠的芜湖私立广益中学茂林分校一起，为偌大的中华民族保存了一丝文脉。

潘村的特色物产有生姜，其种植历史悠久，皮薄丝少，是制作"醋泡姜"的上好材料。近年来，茂林镇政府、潘村村委会积极推广种植，并和县供销社联系，利用泾县供销农特产品营销服务中心平台，帮助拓展销售渠道。

南容村

叶彩霞

　　南容村，位于茂林镇东南方向，东邻高湖村，南接山水村，西依唐里村，北靠奎峰村，东、西、南分别有芦盖、东流、齐云、玉屏诸山，境内水系纵横，濂溪、思溪、荀冲河等分别从东、南、西方向穿越经茂林溪口注入青弋江。2003年新景、凌阳并入南容村，全村辖19个村民组，总面积10.96平方公里。2023年3月19日，被列入第六批中国传统村落名录。

　　南容村境内姓氏主要有李氏、左氏、章氏和杨氏、胡氏等。

　　李氏　唐大中八年（854），唐宗室李伯陵举家南下，遍

南容村景

历宣、歙二州，经四次迁移而居太平县弦歌乡田段里（今黄山市龙门）。因治家有方，七代义居不分家，由宣州观察使升任仆射的孔温业禀报朝廷，旌为"义门李氏"。其后李氏遍及皖南三府八县。李伯陵之后的二十五世李枟官宿松县主簿，其第三子道三隐居乐道，访得南容山水环绕，随于元仁宗年间由庙村迁南容而居。李氏是南容村人口最多的姓氏。

左氏　晋末左诙官江州刺史，迁泾县太平乡龙门社，为龙门左氏始祖。其后左难当率众保障宣、歙及江东，全活生灵无数，被封为猷州刺史、戴国公，后授宣州都督。李世民伐高丽时，左难当也曾随军出征。左难当后裔左彦武进士出身，自龙门迁泾县水西。宋末大乱，彦武长孙泰成后裔一支逃至永定都溪里（今南容下丘）幸免于难。元初左氏陆续返回县城，但仍以溪里为故里。左氏三十三世左景，明天顺元年卒于官，由螟子左启源扶枢归溪里，是为溪里左氏之始祖。左启源，字仲元，生二子佳、现，繁衍至今。

章氏　章氏先祖出福建武宁（即浦城），有一分支迁泾县漆林（即今花林章村）。漆林章氏后裔章恺于明弘治九年（1496）由漆林迁今之南容田湖里，迄今达500余年。又有漆林另一支章氏后裔于清初迁入南容，与先来的章氏居民合居田湖里。

此外，南容姓氏另有德云山杨氏、茗坑胡氏及东坑吴氏等。

南容村各姓氏中代表性的人物有：

凌策，字子奇，雍熙二年（985）进士，累官广西西路转运使、工部侍郎。其主要政绩有：一是删除烦役。凌任广南西路转运使时，岭南外输香药，用邮卒万人，以烦役为患。策请陆运至南安军，泛舟而北，止役卒八百，大省转运之费。二是开山修路。广英路自吉河至曲江相距300里，人行之不便。策请由英州大源洞伐山开路，直抵曲江，人以为便。三是开放黄金市场。任江南转运使时，江西饶州产金，官方曾禁止市场买卖。凌策请求放开黄金市场，听凭百姓在市场上自由买卖，官府只负责管理。

左景，字孟春，左激第三子。以宣德丙午举人，任河南道、山西道御史，风采棱立，多平冤狱。按云南监平麓川军，至曲靖，苗贼犯城，督战有功。北虏犯边，镇白羊关，有守御功。泾县城内有三绣衣坊，即程富、刘伯大、左景三人立。

李竟成，字志先，号赞臣，同治九年（1870）举人，办理河南赈务，因成绩突出保举知县。调任旅顺，办理旅顺澳坞工程及海防军各营务。光绪九年（1883），前广东陆路提督吴长庆戡定朝鲜内乱，李被委办后路转运事宜。甲午战争爆发，升道衔，为东征转运局总办盛宣怀所征用。光绪二十八年（1902）八月十三在职病故。

南容村景点较多，村头水口的南坛殿、关圣殿的遗址尚存，另有多处建筑见于史籍。

凌家湾是北宋工部侍郎凌策的故里。北宋真宗年间，凌策回乡晏殊设宴款待，并作《送凌侍郎归乡》诗。回乡后访旧友李灿，作《丁家山访李灿》云："江表遥思岁月赊，幽寻胜迹对繁华。池塘潋滟凌朱阁，不识桃源第一家。"据南容古地图，登山的丁家巷以东、覆盖山脚的小山即为丁家山。凌策考上进士后一直在外为官，其后裔有迁居今江苏苏州一带的，传至宋末凌震时，因蒙古铁骑南下，为避战火，其后裔散居岭南。现在凌家湾没有发现凌策的后裔。

永丰庵，位于南容小山，建于宋代，光绪三年（1877）《永丰禅林碑记》载：光绪三年任芜湖教谕的举人李英元，看到永丰庵年久失修，主体建筑损坏严重，命二子绍宗、耀宗与村内绅士李敬廷重建，前后花了两年时间。

　　永济桥，坐落在思齐河上，为大型拱券石桥，思溪河发源于齐云山，为濂溪上游。两岸高而陡，水流湍急，昔日架有长达十三块的木板供人来往，常有行人不慎落水。宣统元年（1909），李文敏倡议发动村民捐输千百余金建造石桥，历时三年竣工。桥东竖有石碑两块，茂林西洪吴培兰撰桥联，文曰：桥耸千秋再难遇相如题柱，神居两大更何来子房受书。

　　员官桥，建于明万历年间，为一座单孔石拱桥。整座桥为清一色四方墩麻条石搭砌而成，唯桥面由大小不一的乱石搭砌而成，明显格格不入，很不协调。传说当年李员善想独资建桥，但桥未竣工，李员善突然去世，桥面未铺，资金短缺，无可奈何。其妻江氏绣娘坚持以纺织草鞋卖的钱请人经营其事，资金短缺，勉为其难，遂采用大小不一的乱石搭砌建成桥面。

　　状元岭，位于边山和东坑的河塬下坡处。相传早年有一江苏人带领风水师一路寻找来到南容，风水师前后左右端详着这处小平地，连连称赞说："此处是一宝地呀，乃大贵之穴，

南容村边的古树

南容村村民委员会

日后会出状元的。"于是江苏人黑夜偷葬其祖宗遗骨于其地。嗣后有子孙上京考试，果然中得头名状元，衣锦还乡。当状元来到南容祭祀祖先时，南容人才得知其中的秘密。那位状元公自取银两在岭上修告字土地庙。从此便有了"状元岭"的名称。解放后状元岭土地庙推倒造田，地名犹存。

泾县属于中国杂技之乡。据传，为了祭祀唐代的两位爱国英雄——张巡和许远，南容李氏正月舞狮子：从正月初一到初五，在全村舞31场；初六到初九，到西洪、潘村等附近各村舞21场；初十，本村舞2场；十二到十三，在茂林舞13场；十四，到凤村舞7场；正月二十开始出远门，先到县城舞一场，然后到蔡村坝一带。南容李氏舞狮子始于宋，流传至今，也许是泾县最早的杂技表演。

南容村群山环绕，环境优美，境内森林覆盖率达72%，荣获"安徽省生态村"称号。

梅　村

蔡　盛

泾县云岭镇梅村与清溪地理相接、地貌相同、山脉同向，形成白沙山、苏岭、冰山夹清溪、梅溪"川"字的地势，又与青阳县接壤。梅村位于大坑深处，所以又称大坑梅氏。

梅姓显于宛陵，宋代有梅询、梅尧臣等名流。云岭梅氏始祖梅宰正是梅询之孙。梅宰任泾县令时，见郭峰独峙，平列如玉案，出没隐现，若近若远，是一方风水宝地，便在郭峰下安家。其子梅成考中进士，曾协助岳飞在洞庭湖进剿杨幺。

深山里的梅村也曾遭遇过战火洗礼。明天启七年（1627），流寇光顾梅村。梅景选振臂一呼，"大丈夫宜用马革裹尸而归"，与堂弟梅景迎挺身而出，勇往直前，战死沙场。御史杨春茂、县令李士谦联合旌表其"激烈如生"，勒石于通衢大道以供万人观瞻而流芳千秋。太平天国时，县令崔琳建忠义祠，将梅氏兄弟神位列入中享，又赐"忠义可嘉"匾褒奖。但是梅村直面战火，梅氏族人损失极大，宗祠、白云庵等重要建筑皆毁。

历史一页页翻开，新梅村又有新天地。走进梅村，村前的黄金田石拱桥古拙质朴，上游古树参天，杨柳依依，河水清澈见底，宛若世外桃源。

梅村村中间有梅村水库，湖水是山泉水汇聚而成，水面

梅村美景

辽阔、波光潋滟，像一颗蓝宝石镶嵌在大地。

梅村村内有保存完好的古建筑。其中，梅氏宗祠是清晚期建造，是昔日梅氏家族的政治中心，一进二层，有八字形水磨砖门墙、门厅、天井、享堂，两边各有1间正房，天井两侧青石的墙裙上雕刻着鹿、龙、麒麟、喜鹊等图案，栩栩如生，堂厅墙壁上以壁画的形式画有"天官赐福"图，两边有墨书对联。

道昌阁是清晚期建筑，是在白云庵废基上建筑的，外观高耸，高墙四合，剖面呈"日"字形布局；白色大理石大门坊上嵌青石额方，刻有"云峰拱秀"四个字；三间两进两层结构，中为天井，享堂分前后厅各三开间，阁楼高敞；阁楼的墙上有壁画，一幅是老子出函谷关的"紫气东来"图，另一幅已模糊不清。此阁是周边信徒们感恩梅氏历代的功德集资所建的。

王氏支祠、立公支祠均建于清晚期，二进三开间，一字前墙，前厅两侧各有一间厢房，中为天井，后为寝楼。

道昌阁

这里与冰山一山相隔，就地取材、以石片作瓦的建筑也随处可见。

走进夹于两山之间的梅村，白墙、黛瓦、古亭点缀其中，梯田、小桥、溪水唯美动人，块石垒出的梯地层层叠叠，大地线条曲折婉约，绿水青山宛如一幅巨大的油画。油菜花开放的季节，这里的花海层层叠叠，搂住了山腰，蝶舞蜂飞，别有一番滋味在心头。"小桥流水人家"的江南画卷吸引了电影《雨露春归》的剧组来此取景拍摄。牡丹花、蓓蕾花绽放的时节，这里又是另一幅画卷，美不胜收。

梅村村尾是林区，许多古树树龄上百年，原始森林让这里更加静谧。

明代大臣董杰之墓就在梅村，这是泾县古墓祭葬中最高级别的墓地。相传，董杰死后家中白银不足一两，家人竟不能发丧。明武宗朱厚照获悉此事，大为感动，亲赐祭文，遣宁国府通判何宇至墓祭葬。

董杰墓地呈"风"字形，周围七十步，冢高一丈四尺，墓地原有围墙，墙高七尺。冢前有墓碑一座，顶盖用天录辟邪，盖高二尺六寸，碑身高七尺五寸，阔三尺，碑座高三尺一寸。神道原有石虎两座，望天啸两座，石碑坊一座。如今，神道前的石虎、望天啸犹存，但是已不见昔日的显赫，反而显得荒凉。

梅村田园风光

　　梅村民风淳朴，非遗灿烂。梅村人的舞龙热情高涨，参与者有数百人之多。新春佳节之际，"龙"行梅村、郭峰、中村等地，并巡游到泾县县城，盛况空前。舞龙时，舞龙者在龙珠的引导下，手持龙具，随鼓乐伴奏，通过人体的运动和姿势的变化完成龙的游戏、穿、腾、跃、翻、滚、戏、缠、组图造型等动作和套路，充分展示龙的精、气、神、韵。

奎峰村

吴小元

　　奎峰村入选第三批中国传统村落名录，位于泾县茂林镇东南部，因境内有一奎山而得名。2003年由原西洪村、奎峰村合并而成，紧邻茂林集镇。濂溪自南向北穿村而过，总面积4.86平方公里。下辖八士门、东村、丰收、梨竹、罗家、马路、民主、桥吴、西洪、新村等15个村民小组，总人口1629人。

　　奎峰村主要居民有吴氏、罗氏，其中吴氏占绝大部分。奎峰村吴氏又分为三支，其一为乔吴，以吴觌京为始祖；其曾孙吴伟、重孙吴时显均为进士；其二为茂林吴，以吴安国为始祖；其三为西洪吴，始祖南宋吴伯玺。罗姓主要居住于罗村，以唐罗隐为始祖。

　　奎峰村古建筑众多，如西洪吴氏宗祠，吴伟、吴时显父子联芳牌坊，奎峰顶上的奎峰塔。文字记载较详的有西洪支祠、二房古建筑和十里长堤。

　　西洪吴氏支祠坐北朝南，建筑面积871平方米，前进凹形大门，木质门窗，前厅有一对抱鼓石及两根白石方柱，柱上有斜撑。两边前墙花砖贴面，门厅后有方形天井，四周12根方形石柱，上有斜撑，下为方形青石柱础。天井后有大厅，两边墙壁上嵌4块青石，刻有"忠孝节义"四字。大厅后有天井，下为金水池，后进为二进寝楼。此祠建于清中期，2004年被公布为省级文保单位。

　　二房古建筑中最有历史、保存最完整的是其中的萟竹山房，清时筑。按《吴氏族谱》记载，吴葆荪，号竹坪，福建候补通判，筑萟竹山房课读子孙。吴台为吴葆荪次子，长沙府通判。吴台在被聘为《泾县志》校正后，清嘉庆十年（1805）七月，吴台力邀泾县志主编洪亮吉来茂林"萟竹山房"，洪亮吉为作《十一夜宿萟竹山房》。

　　洪亮吉又至茂林有名的十里长堤，留有《吴通判招饮于萟竹山房，酒后至沙岸步用四鼓乃返》。此十里长堤最早修筑的是居水西岸的乔吴。宋嘉泰二年（1202）水漫金禄陂，朝议公命工取石，修筑堤防。嘉泰四年（1204）吴时显归里，具牲酒以祭溪河之神，作有《朝议公祝溪文》。

十里长堤

　　西岸筑成，东岸河堤也不甘落后，但均随建随冲。清康熙年间，东岸的茂林吴对沿河东侧河段进行改道，历时三年竣工，随即被冲毁。清乾隆三十七年（1772）梅汛，山洪频发，旧堤尽废。吴氏族人捐资鸠工，经年始竣。主持其事的有吴善镐、吴承谟、吴大知等人。此堤因用条石筑成，极为牢固。其上不仅能通独轮车，而且堤岸有高低错落的涵洞以引水灌溉。村民不仅可以凭此水洗涤饮用，而且可以以水的动力碾碓加工粮食。所以，十里长堤兼具防洪灌溉、交通动力、洗涤和消防等多种功能，是吴氏先人的智慧结晶。

奎峰村也是片红色热土。1935年1月，方志敏率领的北上抗日先遣队在旌德谭家桥与国民党军激战，从濂坑撤至茂林，红十军团第十九师师长寻淮洲不幸牺牲，埋葬在蚂蚁山。1938年5月，陈毅率新四军一支队途经茂林，为寻淮洲亲撰碑文，隆重祭奠。1952年，为了纪念牺牲的革命先烈，泾县人民政府拨专款在茂林魁山北麓修建革命烈士公墓，将107位在"皖南事变"及解放战争中牺牲的烈士遗骸合葬其中，并在墓旁树立烈士名录碑；寻淮洲烈士的遗骸也迁入其中。

2001年，泾县人民政府在奎峰建立"皖南事变"主战场标记物。它由纪念广场、立体字样、背墙等组成，占地面积近4000平方米。标记物主体工程为大理石砌铸而成的"4.1.7"字样，苍劲雄浑，表示"皖南事变"发生的时间。

4.1.7 广场

标记物后边是大理石砌成的由左向右逐渐增高的背墙，象征着一面红旗，墙体记载着"皖南事变"发生的经过。广场背景是巍峨的东流山，庄严的魁山飞雄塔和烈士墓。西侧是红七军团长寻淮洲烈士纪念亭。该标记物已成为全县爱国主义教育基地。

　　奎峰村主要民俗活动是玩龙灯。奎峰村玩的是板龙。龙灯在进入吴氏大宗祠后，再进入各分敞厅和人家庭院。有时还要去县里表演。最精彩的是上魁山祭塔，龙灯沿着盘山道爬上山顶，一条五光十色的神龙绕着宝塔盘旋，此时众多鞭炮一起点燃，锣鼓齐鸣。地上焰火射向天空，在塔顶周围绽出朵朵奇葩。祭塔之后从山上下来，在一片河滩上"化龙"。舞龙的越舞越快，灯火逐渐熄灭，龙身蜷作一团，人们焚香叩头，祝告一番，点燃干柴焚烧舞龙，火光中浓烟升空，"神龙"上天。

奎峰板龙

　　舞龙灯外，还有一项活动是举办南坛神会。南坛神会由吴、洪十三家轮值，又称十三会。每值管会者公贴白壳谷稻一百担整，归管会者收作津贴费用。后各姓各分又划出专门的神田，其收入作为祭祀费用。南坛会会期在每年九月二十三开祭堂门，二十四早祭神，正日开台演戏敬酬。

至今在茂林麻园还有一座南坛庙，里面有块清嘉庆十五年（1810）立的石碑，上刻吴、洪两姓"十三会友"的神田坐落和亩数，其收入为祭神活动的经费。据当地经历过庙会活动的老人回忆，出会时除了"南坛三圣"外，还有一座很小的金身神像，是吴满生背回来的。

茂林饮食按地域分，奎峰村当推茂林糊，俗称"糊啦"。正宗茂林糊的做法极为讲究：先用炭火将肉、大骨头炖烂，剔骨，放入香菇、冬笋等再炖，将核桃、板栗、花生等研末投入，打入鸡蛋搅拌，再加细香葱、姜末等调料，最后取葛粉或山芋粉，用水化开勾芡装盘。因为汤料的熬制费时间，所以一般都事先熬制好放在火炉上备用。一盘茂林糊热气腾腾地上桌，其色莹润，其味爽滑，再加上食材天然新鲜，让人胃口大开。茂林糊相传是九甲一支吴满生所创。吴满生将救自己于困厄中的神灵雕刻成像，名曰五福神，令子孙世代祀之。每年九月初九，九甲吴氏家家摆果盘，户户做糊粉，祭祀五福神。这成为茂林"古三会"庙会活动的前身。

铜 山 村

叶彩霞

铜山村位于泾县南，东与本镇山水村交界，南与旌德接壤，西与黄山区接壤，北与本镇唐里村交界。总面积45.6平方公里。2004年麻岭村、新岭村并入铜山村，下辖26个村民组。

从茂林一路南行，拐过三弯公路，路两边高山逼仄，怪石嵯峨，俯瞰峡谷，深不可测。行至不远，石山豁然中开，恍如鬼斧神工凿开一座巨大的石门，这就是闻名远近的"八门口"。"八门口"前有座单孔石的八门口桥，横跨于山涧之上，清嘉庆《泾县志》记载，八门口桥跨永定都水，在县南90里铜山徐村。宋时建，它历千年风雨仍完好无损，为泾川300里历史最为悠久之古桥。现在这座桥当地人称"彩虹桥"。

彩虹桥（八门口桥）

过了彩虹桥，眼前阡陌相通，屋舍俨然。"浅深浓淡看姿宜，一幅丹青布列奇。对面不须加点缀，好花散播万千枝。"铜山村东面有一山，春日融融之际，花繁木茂，杜鹃吐红，如一画屏向来人徐徐展开。

铜山村约有2000人，祖居此处的有徐、曹、梅、章、吕等姓氏。相传，古时铜山徐姓等族十分兴盛，有千丁万口之说。四面群山环抱，山间羊肠小道，唯一较平坦的石砌大路，就是出八门口通向茂林镇和泾县城。当地许多有关战争的传说，都同铜山背面的门户——八门口有关。

太平天国时期，太平军同地方武装在这里发生过激烈的战斗。太平军部队到太平县，将要北上攻打泾县城，鉴于铜山地势险要，又有富绅徐毓堂的团勇把守，便派人前来借路，希望经过铜山时不要发生战斗。铜山团勇自恃强大，同意借路，但只准太平军从八门口桥下的河床里行走，不得停留和交头接耳。太平军经过时受到团勇的嘲笑和侮辱，以此双方结怨。泾县南乡茂林等地的地主、富商组织的团勇，陆续到铜山结集，加强了四面山间隘道的防守，成了太平军的一个重要障碍。后来太平军集中兵力攻打铜山。双方死伤惨重，许多房屋被焚毁，不少村庄被夷为瓦砾场。清光绪五年（1879）铜山修了一座忠义祠，祠内有块石碑，记录了百年前的这场血战："咸丰三年（1853）、十一年（1861）及同治元年（1862）、二年（1863），太平军遭铜山团勇围堵，太平军损失惨重。"

到了近代，铜山又成为游击区。1934年红军北上抗日先遣队抵达皖南，派遣李步新同志在铜山一带进行革命活动。1939年建立中共铜山支部，后来成立农抗会，组织农民开展革命斗争。"皖南事变"后，刘奎、洪林等人在樵山、铜山一带坚持斗争，建立了游击根据地。

都说铜山的山水甲泾川，令许多游客流连忘返，然而铜山向外人夸耀的不仅有风景秀丽，还有漆树、茶叶、铜矿这样的"三宝"。

铜山漆树野生的较多，全村大部分山场林木丛中均有。1981年6月，华东师范大学生物系副教授、生漆专家冯志坚来到泾县对铜山漆树进行调查。同年11月，在华东地区漆树农家品种鉴定会上，铜山漆树被列为全国优良品种并被正式命名。1982年4月，全省生漆工作会议在泾县召开，会上对铜山漆树所产生的生漆进行了科学检验，一致认为铜山生漆有适合生长的土壤，具有光泽柔和、呈象牙宝色、黏性强等特点，其质量居全省第一，完全可以和闻名于世的川漆比美。1982年12月，铜山漆树被引种到全国生漆研究院所在地——陕西省平利县，以做进一步科学研究。

铜山境内重峦叠嶂，云雾缭绕，溪泉密布，所以铜山茶叶自古有名，尤以梓木坑、洋泥尖的魁尖为最。铜山龙芽选用一芽一叶、一芽二叶新梢，采传统工艺和现代工艺精制而成，茶形挺直似箭，色泽绿亮，白毫显露；汤绿而清澈，香气清高，滋味醇爽回甘，叶底匀净嫩绿，是最佳的绿色食品之一。早在清同治三年（1864），泾县铜山茶商徐辉堂在南京中华门三坊巷独资开设徐源记茶庄，把在铜山收购的茶叶由水路运往南京，再行加工。加工后的魁、贡尖装入铁瓶，送到南京第一流的茶楼奇芳阁。由于徐源记茶庄热情接待，不少在外为官、求业、求学的家乡人，如在山东任县官的徐绍烈，南容在上海实业银行任职的李星午，都经常来店做客。家乡学生李炳勋、徐炳煊、徐大士、徐正荣等在南京读书，常年寄宿食在此。解放战争时期，铜山成为游击根据地，皖南地委胡明的交通员朱义才来南京秘密工作，徐源记茶庄为他提供住宿方便。所以，徐源记茶庄既得古都金陵人的赞美，又得到家乡人的好评。民国时期，老徐源记茶庄在《金陵野史》曾有记载。直到1956年，南京市长乐路扩建街道，店房拆除，"徐源记茶庄"这块由清代著名书法家郭育才题的黑底金字招牌才不复存在。解放后由安徽农业大学的茶叶专家林鹤松、莫慧琴研制的"铜山龙芽"在第二届中国农业博览会上获得金质奖。

铜山地下矿产资源也很丰富，有铜、铁、煤、硫、硅灰石、水晶石、大理石等。20世纪70年代，在铜山附近董家昌、茂林的贮延岭和桃花潭镇的水口等处都出土了大量的汉新莽"五铢钱"，很可能就是在铜山采铜铸成的。在重新开发铜矿时，发现地下有纵横交错的"古人洞"（古时采铜留下的坑道，较现在坑道要小）；坑道口有块平地叫铜炉坪，据说是古代采铜、炼铜的遗迹。

铜山山水美景

如今的"八门口"，已经不再是天险隘口，而是铜山乡向外敞开的门户。古老的彩虹桥，成为通往美好未来的"幸福桥"。

凤　村

叶彩霞

　　凤姓人原来不姓凤，而是五代时后汉皇帝刘知远的子孙。后汉灭于宋，刘氏一部分后裔逃亡至江西南昌一带。后来凤姓始祖刘世杰到泾县南乡，经过阳山东麓时听到奇异的鸟叫，便认为是凤凰的鸣声，是一种祥瑞之兆，就在现在的鸣凤桥一带定居下来。为避免宋王朝的追捕，改刘姓为凤姓，后世逐渐繁衍，形成了聚族而居的凤村。

凤村田园风光

　　经过凤氏几代人的开发经营，凤村生产有粮食、茶叶、木材、蚕丝、棉麻等农产品，还能制作金砂炉、花纹砖等手工业产品，但这里地多丘陵，水源短缺，农田瘠薄，人口负载能力有限，因而出外经商成为凤村人最便捷的谋生之道。

自清代乾嘉年间起，凤村商贾经营的商业，在芜湖、宣城、宁国、南陵等地已有较为显著的地位，成为泾帮商业实力较强的一部分。清末民初，在南陵县有凤文卿开的槽坊和酱坊，倪云洲开有同泰砻坊、祥泰布店和同和杂货店，还有洪某开设的信源杂货店。这些杂货店前店后坊，规模都相当大。宁国县的泾商与徽商并列，凤村商人是泾县商帮的骨干，凤之干开的春和杂货店，资本和营业额在宁国县首屈一指，抗战前他还长期主持全县的商会工作。宣城县更是凤村商人竞业之地。县城北街闹市倪成和谦和布店、凤天锡开的杂货店都是大商号。芜湖有凤吉庭、倪期轩等人所开的钱庄、烟店等业。凤伯森1840年在芜湖长街所开的"凤大兴号"，至今招牌尚存。本县县城和茂林、章渡、赤滩、马头等各繁荣集镇，也遍布凤村商号。"敦福堂"曾是凤村最兴

凤村红大门

盛的商贾家族之一，在铜陵、贵池、南京等地都开设了商店。因为运送物品的需要，专门催生了一种叫担头的行业，由担头雇佣挑夫把家乡的土特产托运给客居他乡的商人，商人又把在外地办的盐、糖、糕点、火柴、蜡烛、肥皂、衣料等"年货"托运回家。从凤村经宣城周王村、宁国河沥溪到万福桥，肩挑手扛，单程达300华里，其中的艰苦可想而知。

　　凤村人在外地经营的商业，通过用工转移了家乡的大量剩余劳动力，对家乡的社会事业也有资助。旧县志《懿行》门中，记载了不少对家乡救灾、兴教、养老等方面有突出贡献的凤村商贾。战时，在外地的商铺大多成为家乡难民的收容所。在太平天国战争中，泾县屡经战火和天灾，人口锐减。凤村正是因为有这些在外地的商家收容，才得保存一部分生产力，使他们后来较快地恢复了家园。

　　凤村的凤、唐、倪三姓，从每年农历二月初八开始过三天祠山神会。不同的是，凤姓祭神不用牲猪而用山羊，过会期间凤姓人都禁食猪肉。凤、唐、倪三姓各建祠山殿，奉祀祠山大帝，配祀的有南坛、五显、五太子等神。过会的第一天，一般都在会首支族的敞厅、支祠等公屋里设祭堂，各神像前分设供桌，陈列糕、粽等食品及羊、鱼等。祭堂两边挂名人字画，祭桌上摆有金银玉器和古玩古董供人观瞻；第二天是诸神到各地巡祭。各支族都有规定的地点设"祭坛"，供诸神临时享祭，仪仗非凡，气氛热烈，八音乐队边走边演，观者如潮。当地有顺口溜为："茂林的戏，潘村的祭，凤村的鞭炮打个不断气，章村人看了不服气，回家过会放铳去。"最后一天，三姓抬着神像到溪里倪家合祭，俗称"三堂会做堆"，最后一道仪式是讨教，祈神灵保佑之后还要向神问卜。由妙峰庵和尚担任的主祭向神祝祷，以占卜农事，预测水稻、油菜、蚕桑的丰歉。

　　叠罗汉是凤村民俗祠山神会带有祭祀意义的助兴活动，在民间祭祀中独具特色。明成化年间，凤凄渤的子孙在西河一带最先兴起这项表演活动，以后每年春节一过，就被西河镇附近各村接去表演。叠罗汉的人选都由西湾凤氏族长在族中确定，一般多留熟练的老手，仅担任一对"小会花"的婴幼儿需年年调换。凤村的会神二月初九至十二巡村受祭，共历24祭。叠罗汉者随神转场，要演出24场。节目有荷花瓣、童子拜观音、双龙探海、魁星点元、宝塔、牌坊等。节目开始，先由3人做桩，待其他表演者一层一层地在他身上叠好，才拆去两桩，只剩一人独撑最高达到七层的十七八个表演者。每个节目都有在场地转动的舞蹈动作。据说，造型最精彩的是竖牌坊一节，由四人做柱脚各叠四层，然后合拢，携手形成牌坊型起舞。

凤村人才济济。清乾隆年间的商界翘楚凤调元，深谋远虑，胆识过人，曾任芜湖典铺的大管总，善于调处商业纠纷，对因资金问题而难以维持营业的小商能主动提供帮助，在芜湖街市有很高的声望；凤熙甫毕生致力于地方教育，开发民智、培植人才，弟子中突出的有从医者凤秀峰，从教者凤锡桃、凤晓众；凤迪民，抗战期间从芜湖迁回凤村，以地方绅士的身份参加集会，宣传抗日，捐款募饷。为发展地方经济，在凤村办了一社（凤村桐子生产合作社）、一厂（凤村棉纺厂）、二部（合作社消费门市部、桐子生产榨油部），对于打破日军经济封锁起到了积极作用。他们是这个小村落绵延至今、生生不息的种子。

浙溪村

王黎明

浙溪村位于泾县榔桥镇南部，旧为丰乐乡浙南都和洪村都范围，优美的徽水河在这里拐了一个弯，龙王坑水在此汇入大河，河上有座古桥名曰浙溪桥，是历史上徽宁古道和今天205国道必经之桥，浙溪桥所在之地古称浙南铺，现称浙溪村。2019年，列入第五批中国传统村落名录。

浙溪桥

21世纪初，原浙溪与浙东两村合并为浙溪村，境内为东高西低相对开阔的田畈区。东依龙王山，西至徽水河与马渡村交界，南与旌德县三溪镇高吉滩隔河相望，北与本镇双河马渡两村接壤。总面积14.7平方公里，辖31个村民组。村东有金冲、百亩塘两座小二型水库和龙王坑水源，可灌溉境内

70%以上的农田，是榔桥镇最大的产粮村，年产优质水稻达2850吨。建有千亩青梅、千亩水稻和千亩烟叶3个种植基地，有省级生猪养殖龙头企业——安徽省祥泰农业开发有限公司。龙王山有丰富的墨玉石和花岗岩矿藏资源。

浙溪历史悠久。芜黄高速公路施工前考古发现百亩塘北200米周代馒头型土墩墓，采集到较多陶片。据嘉庆《泾县志》记载和老人口述，龙王坑内有古文字石刻，当年著名古文字学者朱琰、胡承珙曾实地察看过，也未能辨认出来。2005年前后被混凝土浇筑到一座小水坝下面。

浙溪村境内有东岸、倪家、管村、郑村、黎家、甘家、松村、洪村、画村、周村、董村、尹家、枫树园、太子殿、浙溪桥、金冲、湖田庙、龙王坑等20余个小村落。最大的姓氏为东岸汪氏，源出越国公汪华，其裔孙汪浩潮见东岸田龙悠远而广厚，紫溪回环，兰石钟秀，卜筑而居，村有小溪环绕，溪北有汪氏家庙、文昌阁。倪氏居地在七甲（即新村），五代时倪匡明官屯田郎中、宣州节度使，其裔孙太本公始迁泾东乡紫山。清雍正年间倪氏建有紫山书院，用银5800多两。郑氏始祖为宁国路教授郑官三，从江西演川迁居泾东白华，其后郑智和再迁浙南都东岸村，为东岸郑氏祖。

浙溪村旧时平畴如砥，绣壤相错，春夏之季，桑柘垂阴一碧千顷，外山环抱，村落隐约其间，星罗棋布，

古浙溪村图

约可容万人。村南层峦耸翠，三峰卓立天际，其下为兰石坑，为晋征西将军俞纵力战阵亡之处。徽水环带村前，合小溪汇为白湖，旋绕紫山濚洄，屈曲乃由星潭而去，紫山有隐仙洞和钓鱼台，旧有紫峰庵，风光秀丽，有鹭飞鱼跃、清风徐来等隐仙洞摩崖石刻，现为安徽省重点文物保护单位。

浙溪既是一个山环水绕的山川秀地，又是历史上通往徽歙的咽喉要塞，实为兵家必争之地。东晋咸和二年（327）苏峻之乱，桓彝、俞纵屯兵浙溪守兰石关，均阵亡于此。太平天国时期，两军拉锯战于皖南，先后六破泾县，浙溪成为两军驻扎与争战的要地。1941年，震惊中外的"皖南事变"就发生于浙溪村西侧。

浙溪古今名人很多。郑相如，字汉林，浙溪郑村人，清康熙五十九年（1720）副贡生。以博学鸿词科荐，不遇。郑相如博学多才，曾被聘修《江南通志》，江宁、仪征等县志。他十分重视泾县地域文化，数十年广征博采，乾隆十七年（1752）独自编纂《泾县志》45卷，并自费刻板印刷，后人简称为《郑志》；还编有《泾川文载》100卷。其诗文集有《虹玉堂文集》《虹玉堂诗集》等。倪芷香（1872—1937），浙溪新村坦人，读书不第，转而经商，曾任南昌吴城瑞州典肆经理，与中表朱幼鸿成立"元和昌盐号"，任长沙市商会、湖南省商会委员，终于湖南商会主席。李朋（1921—2008），原名倪代新，浙溪村人，生于江苏扬州，1945年8月在西南联合大学读书时参加中国民主青年同盟，1946年加入中国共产党，1980年3月任财政部副部长、党组成员，1982年5月协助部长负责全面工作。他是第七届全国人民代表大会常务委员会委员、第八届全国人大财经委员会顾问。他参与和组织了国家多项经济、财政改革政策，为新时期财政事业发展作出了突出贡献。

旌德县

江　村

方光华

　　江村是皖南古村落里一位斯文的学子，基因源于南北朝文学家江淹。

　　清正智慧的江淹在宣城奉守无为而治，可能直接影响了他的后世子孙。江淹宣城派五世孙江韶，"饱读诗书，习性好静，因宣城市居嚣杂，乃遍游皖南名山"，当他"游黄山白岳，见旌西金鳌山，峰峦回合，山水清明，环绕双溪，别成一境，有蓬勃不可遏之气，遂卜居焉，名其地曰江村"。

　　很显然，江韶就是一位处士，一位有眼光有美感的隐者。

　　有山有水有田的地方，农耕时代就是一个理想的人居环境。江村"峰峦回合，山水清明，环绕双溪，别成一境"，历经1400年的时光，曾经的地理格局并没有多少变化。江韶眼里的风光，今天依然可以看到。至于"蓬勃不可遏之气"，那是天人合一的结果。

　　江韶的后代在江村有滋有味热热闹闹地生活着，从唐宋到明清至民国初年一路承前启后欣欣向荣而来，先后出进士、举人、博士、学士127人。读书人多，至少可以说明家族富裕、重视教育，这是家族的希望，也是祖宗的荣光。从前的江村人除了种田还南来北往做各种生意，他们相同的个性是耕读传家，亦儒亦商；他们相同的志向是使自己的后代业儒致仕，经商富家。这样，江村一代一代就有了广阔的发展空间。所以，现在我们看到的江村，依旧是有着书卷气的古村；我们走过的民居，可能就是当年的书香门第官宦之家。

江村水口（江建兴摄）

　　江村最著名的风景自然是以聚秀湖为中心的水口。那一方巨型砚状之湖建于明代，汇聚了双溪环绕之水。湖左是狮山，湖右是象山，湖后是峻挺的金鳌山。狮山上既有海神庙又有珍藏经史子集的书院，象山鼻上是如椽大笔般的文昌塔，与笔配搭的是湖边的世科坊，这样一来村口的大片良田自然成了一张硕大之纸。把笔、墨、纸、砚设计成村落水口，那就不单是为了斯文的脸面，而是寄寓后代子孙要耕读传家。江村水口出现的年代，江姓无疑已出落成一个远近闻名的望族大姓了。明代旌德知县浙江东阳进士卢洪春称江村为"旌阳第一家"，此言不虚。

　　与水口"文房四宝"相应的是江村山麓幽静之处，分布着梅杏居、桐竹居、松筠书屋、鳌峰书屋、双凤书屋、龙山书屋、汲古山房等29处书屋、书舍，桐竹居鼎盛时"从游者众，斋舍六十余间，至不能容。因材施教，使人人自奋于学，往往遥从附课，其高才生居于后楼，多掇科第"。包世臣所书《汲古山房记》，依然字迹清晰地展现在江村碑园中。沿着书舍、书屋的脚步一路走来，民国时的江村图书馆藏书远近闻名；抗战时的宣城六县联立中学在江村办学8年，培养学子8000余人。毫不夸张地说，江村里里外外都被琅琅书声包裹着，村庄在文里，炊烟亦入诗。

这样的一个村庄，这样的一座水口，文人墨客们写下了这样的联语：

柳暗花明十里烟村归锁钥，
诗情画意一支彩笔对湖山。

前陈玉案，后枕金螯，溪水环流，千古钟灵秀；
左拱黄山，右朝白岳，烟鬟远峙，万载毓英华。

江村水口就是皖南古村落水口的一处经典，仁者见仁，智者见智。重风水的人，自然把江村看为上等上的风水名村。江村水口，很自然成了画册报刊的点睛之作。有故事的风景才经得起看，才能随风远扬。不少人就是为了看江村水口风景才到江村来的，他们到了江村之后，才知道除了水口这片风景之外，还有更好看的风景，还有更多的沧桑故事可以探寻。

比如说水口之外的祠堂吧。江村清朝人口最高峰为全县1／5，达8万之众。族众浩繁，祠堂众多，孝子祠、六分祠、溥公祠只是8座祠堂保存至今的3座。祠堂是申述报本之心尽子孙孝情的地方，是维系宗族团结的纽带，是讲伦理秩序的课堂，还是执行宗法家规的场所。与祠宇耸拔，堂皇闳丽相映衬的是卷帙众多的宗谱，它们把慎终追远的虔诚写在砖木之上、纸墨之中。《济阳江氏金螯派宗谱》因为偶然的一次机遇，与孔氏、爱新觉罗皇氏宗谱共同现身于巴拿马万国博览会，由此演绎出的逸闻趣事难免被添油加醋。

江村全貌（江建兴摄）

祠堂与宗谱相关联的风景当然是牌坊。父子进士坊在老街上立了500多年，没有遮掩的"青云直上"，是昭示后世子孙读书致仕的一面大旗。牌坊是一个个醒目的大标题，古宅是一个个段落。牌坊、祠堂、古宅都是江村这篇美文不可或缺的文字，画龙点睛。

笃修堂的文气有些久远，江希舜、江藩、江珠们的时代需要翻查典籍，兄弟博士江亢虎、江绍源的逸事同样需要百度，但老宅的儒雅无须翻查任何资料，一呼一息之间是能感触得到的。

江泽涵院士科学报国的故事在故居或多或少有些展示。1902年10月6日，江泽涵出生在江村悦心堂。对于这位我国拓扑学奠基人的生平与成就这里不想重复介绍，但我想引用先生《我的童年》里的一段文字来看江村重教之风给学子们留下的刻骨铭心的记忆：

我出生在安徽省旌德县的江村，地处皖南，隶属徽州。在桌前坐着读书，推窗望去，就是秀逸的青山，山峦青翠。

长日里，我对着书，山对着我。长大以后到北方读高中、读大学，后来游学国外，复定居北京，但眼前仍能浮现出那片青山。少长立志读书报国，自然那时的国已具备了完整的概念，但小小孩童心里，永驻的却是那片青山，从我的窗口遥望的那片青山。

……由于故乡的文风，人们对文章的崇敬，培养了我

数学家江泽涵（江建兴摄）

幼小就有了读书的观念，能静静地、认真地读书，并培养成沉静思考问题的性格。

好的乡风民俗可以让一个人受益终身，让人受益终身的东西又怎能轻易忘掉？记得江村"那片青山"的人远不止江泽涵。谈到江村，一个个出自江村的教授、学者以及他们的后人都对故土充满着无限敬意。回首古村，他们一次次为这么一个村落的浩荡文风所倾倒。

江泽涵堂姐江冬秀是"现代孔子"胡适的夫人。今天的人们说起江冬秀总是念叨农妇嫁给了王子，却不了解这位农妇照样出身于书香门第，她的外祖父吕佩芬家是祖孙三代

进士。江冬秀的格局，并非那个时代所有"小脚"女人都具备的。绩溪品牌徽菜"胡氏一品锅"，它的专利人应该是江冬秀，胡适和他的朋友们只是品尝者和传播人，江村人称它"江氏一品锅"，没必要遮遮掩掩。江氏后人有理由理直气壮地说，"认认真真的传承，才对得住先人"。江冬秀当年捐资修过的杨桃岭古道，今天的绩溪人誉之为"情道"，有点像当年胡适先生初试白话诗。对杨桃岭的情感江冬秀比胡适体会更深，因为她从那里每经过一次都是去代胡适尽孝母之义务。

阖然别墅是江村拐角处的一片风景。这个拐角既是自然地理上的拐角，又是江绍杰人生的一个拐角，还是古宅建筑的一个拐角。阖然别墅位居江村的最高点，站在小阁楼上倚窗而望，黄山天都峰、光明顶都框在眼帘之中，那种心旷神怡真的可遇不可求。江绍杰告老还乡闭门读书，闭门修身的心态都圈在一个"阖"字里了。告老还乡并非碌碌无为，江绍杰、江志伊们赋闲之后，在家乡的土地上捐书办图书馆、修宗谱、办新学，在乡贤的舞台上演出了一幕幕精彩大剧。阖然别墅建筑年代是清末民初西风东渐之时，耕读传家的传统与张扬个性的思想在一个不大的小楼里和谐共处。建筑原本就是一种丰富的语言，主人的思想让一砖一木有了灵魂。

走在江村老街古巷圆润的青石板上，可以感受到皖南乡村的精致；走进江村水口、祠堂、老宅，才能真正体会到江村的"别成一境"。

庙 首 村

方光华

庙首是旌德西乡名镇，吕姓族居之地。

庙首东面群山为屏，北面低山环绕，南部和中部是丘陵盆地，石柱山和展旗山遥相对峙。

村东石柱山，介于九峰、席帽、练山和昆山之中。登高西望黄山，巉嶭可辨。山上有两个石柱，相对峙立，远看如人，故又名"石人山"。梁元帝时，新安人程灵洗赴武帝之难，率兵讨伐侯景，曾经歃血誓师于此。清代学者储大文撰有《游石柱山记》。洪亮吉有诗《柱山久憩》：

> 二石绝不沾，高下及三丈。
> 凌晨北风峭，积势欲颠荡。
> 将颓仍不下，突兀出意想。
> 奇峰观千百，此石仅能两。
> 行人经胁下，险绝不获仰。
> 无心云亦慑，出谷径皆柱。
> 孤磬千级磴，竟少一寸壤。
> 艰危历方尽，烟水忽驵宕。
> 贪看游屐过，阁楼几家敞。
> 夹岸戏蓼花，沿途足心赏。

洪亮吉将石柱山的奇、险、美全收于他的笔下了。

在青翠的烘托下，山顶的石柱就像一位历经沧桑的老人在风中诉说着庙首的历史。

　　"庙首"之名，字面意思是村庄建在庙的阳面、南面。唐朝名臣张巡为平定"安史之乱"，坚守睢阳（今河南商丘南）壮烈献身，许多地方建忠烈庙祭祀，庙首不仅没有例外，还依庙取了这样一个村名。

庙首鸟瞰（汤道云摄）

　　庙首村北的展旗山，地形狭长，北高南低，山形似一面卷起待展的大旗，故又云"卷旗山"。展旗山上有座开法寺，建于明末清初，供奉地藏王菩萨。相传，金乔觉（地藏王菩萨）上九华山前曾到过展旗山，觉得山上充满仙气，宜于建寺。展旗山开法寺曾毁于清咸丰间太平天国战事。

　　清末民初，据说当地猎人在展旗山发现一只梅花鹿，围赶到开法寺原址处不见了，七八个猎人怎么找都不见踪影，只好就地休息，大家都睡着了，同做了这样一个梦：梦见一位神仙，说自己没有栖身之地，希望大家修复开法寺。猎人醒后，都觉得是菩萨显灵。下山一说，远近一带善男信女纷纷捐款捐物，出工出料，重建了开法寺。开法寺有两殿，一个供奉地藏王菩萨，一个供奉观音菩萨。上山路上建有"一天门""二天门"，供来往香客休息。每年农历七月三十，是地藏王生日，众僧操忙法事，彻夜灯烛通明，铙钹鼓乐齐鸣，经声琅琅，香火鼎盛。是日，旌德县内白地、江村、碧云、孙村、旌阳前来焚香拜佛的施主，以及周边太平、泾县、绩溪、歙县、南陵、芜湖、宣城等地的信徒们，有的抽签，有的许愿。展旗山开法寺是九华山的一条支脉，历任住持均由九华山派遣，因此又有"小九华"之称。第一任法师蔡宽的墓茔仍存。展旗山开法寺20世纪60年代中期坍塌，但善男信女们仍然视此为圣地，香火一直旺盛，现正在修复中。

民国《吕氏宗谱》"丰溪八景"

　　庙首吕氏家族，是周朝太师太公望吕尚后裔。吕氏六十八世祖吕从庆，唐广明元年（880）为避战乱和弟弟吕从善由金陵迁至歙县堨田。吕从善定居歙县，吕从庆迁居庙首丰溪。吕从庆工诗，撰有《丰溪存稿》，今存诗一卷，计

45首。

以诗书传家为头等大事的吕氏家族，历代文风相传。清初以来，庙首建有英萃堂、白山书屋、逊敏文会等15所学馆，储大文、黄钟训、洪亮吉、赵青黎先后到庙首访问讲学。洪亮吉有"山深藏文史，百里负笈句"的诗文。清诗人吕坊的《白山书屋》，把吕氏子孙读书之境写得如梦如仙。

> 白山势与白云连，山馆开从曲涧边。
> 满径飞涛清洒地，绕楼修竹绿参天。
> 老梅傍砌抽枝古，高阁凌云得月先。
> 倘使横经能久处，峰峰灵秀入诗篇。

有耕读之风的家族，自然会创造出一个个高光时刻。明、清两代吕氏中进士23人。晚清时庙首"会文所"悬挂匾额达100余块，有钦点探花、朝元、翰林匾，有"进士第""两乡魁元"匾等。

吕氏家族文人墨客以清代为多。像父子翰林吕贤基、吕锦文，吕朝瑞、吕佩芬；进士吕光亨、吕云栋；著有《写韵轩诗稿》的女诗人王安人（吕云栋妻）；著有《说文笺》《五代史补注》的吕培。吕凤歧与族弟吕佩芬先后入翰林院，时有"奕世翰林""旌德二吕"之称。而首倡修筑皖赣铁路的吕佩芬则是胡适夫人江冬秀的外祖父。陈玉堂编《中国近现代人物名号大辞典》收录吕姓名人63人，旌德吕氏一族占全国近现代吕姓名人近1/6，共10人。依次为吕飞鹏、吕凤歧、吕世芳、吕贤钟、吕贤基、吕贤满、吕佩芬、吕美荪、吕朝瑞、吕碧城，都出于同一个家族。

清朝鼎盛之时，庙首人口达4万之众。但咸丰年间的战火，使庙首人口锐减，房屋十不存一。昔日巍峨的万户祠、七分祠，高耸的牌坊、寺庙都成了过眼云烟。吕从庆笔下的"丰溪八景"，清风镇、明月街、傅婆井、仙姑墩、马蹄痕、英济石、金鳌峰、永丰桥之名只能隐于族谱之中。

吕氏家族的老宅所存无多，这个堂那个堂也就60岁以上的人还有印象，大夫第模样尚存。18个天井的肇修堂，是旌德现存规模最大的清代民居。

肇修堂坐落在庙首太白村民组，站在205国道边略高的坡地上，就能看到宽长苍灰的身影。站在门前不仅石柱山清清楚楚，就是黄山芙蓉、光明诸峰同样一览无余。

肇修堂（江建兴摄）

肇修堂建于清代早期，迄今近300年。占地千余平方米，总进深24米。坐北朝南，砖木结构，由正中主厅及东西楼房组成。走进肇修堂，深邃幽暗，大间套小间，一间连一间，结构独特，气势宏阔。整幢房屋有大小18个天井，72个房间。

肇修堂正厅大门上方墙上至今还有一排黄褐色残破的捷报，依稀还能看出秀才、举人中榜的字样，这样的榜文一排有五六张之多，足证老屋文风之昌盛。

一阵风雨一抹阳光，不经意地洒在老房子上面，久而久之就浸染成了历史。此中韵味，只有身临其境才能体会得到。

邻近肇修堂的下裕堂，是著名女词人吕碧城故居。原先下裕堂和文人辈出的鄂湖堂联在一起，如今老房址上大多重建了民居。要说与下裕堂有关系的就剩两间偏房和一些麻石条老砖了。房子里的吕家晚辈，还多多少少知道些女词人的故事。至于1883年，一个按吕氏辈分取名叫贤锡的小姐降生这个门庭之中，似乎就无人想象得到了。小小的吕碧城就是在庙首认识了香椿、清明粿、春燕，嬉戏过门前的溪水，捕捉过飞舞的蝴蝶，记下了"瑶台"等一辈子魂牵梦绕的名字和风俗。

在家族辈行中，吕碧城的诗人姐妹分别叫贤鈖、贤钟和贤满。

吕碧城以一支饱含时代风云、欧风美雨之生花妙笔，

吕碧城

写尽了鲜活的风光事物，如火山、雪湖、冰河、铁塔、网桥、电缆、飞艇、木棉、旭日、海涛、日落、自由女神，乃至胶鞋、雨衣、冰淇淋……使词这一文学样式走出旧日儿女私情、风花雪月、伤春哀怨、身世感怀、闺阁情丝等局限，从而开一新境界。龙榆生誉其为"近300年来名家词人之殿军"。

自南而北流淌于庙首村中的丰溪河，是吕从庆四世孙

吕延瀚迁居庙首后为纪念先祖沿袭了祖居地"丰溪"之名，不仅如此，就连地名、桥名都沿袭了下来，一直叫到今天。

丰溪河上的石桥，除了画意之外，还有一份醇绵的诗意。那些灵感与吕氏始祖晚唐诗人吕从庆始终有着精神关联。

庙首丰溪（江建兴摄）

建于明代的丰溪桥位于吕氏宗祠前（今庙首幼儿园南），属两跨石梁桥，桥用9块长形条石铺就而成，长10.6米，宽3.2米。走在桥上不由得让人想起吕从庆《丰溪桥成志喜一绝》上的诗句：

横流架石梁，刻作永丰字。

好渡杖藜翁，逍遥课农事。

位于庙首老水口的上泾桥，为单孔石拱桥，长29米，宽4.16米，始建于明成化八年（1472），清乾隆五十一年（1786）重建。桥上原有莲花石栏杆、神龛，飞甍高敞。东西两侧用条石铺石阶上下，均有20来步。这是吕氏宗祠前的一座桥，文官下轿武官下马的威严不言而喻。

丰溪桥（江建兴摄）

位于庙首中心学校门口的永丰桥建于清代，为三孔石拱桥，原桥栏杆为莲石柱，桥东西设有凉亭和庙宇。当年宜兴储大文在庙首英萃堂讲学时，应吕氏后人之请为重修永丰桥撰有桥记，记录了兴建、衰圮和重建经过。今天温习吕从庆的《永丰桥间坐》诗，恍惚让人回到了日出而作、日落而息的田园时光。

敝袜轻鞋缓足投，永丰桥上寄双眸。
山沿东舍环西舍，水绕南畴赴北畴。
村妇坐畦挑马齿，野童蹲涧采鸡头。
娱间不觉忘中饭，一点斜阳射竹楼。

乔亭村

林　方

乔亭是旌德县刘姓聚居的一个村子。

800多年前的南宋时期，刘姓从泾县迁居而来。那会儿，村里的小溪叫"乔木河"，又称"乔川"。乔木河汪上坞段建了个聚垣亭，不知是谁把这个亭叫成了"乔亭"。叫着叫着，以至于村庄也随了亭名，习惯的力量一直影响到现在。

时光流到明代，乔亭刘姓这个"文峰塔记碑"上的"上门女婿"，一下繁衍成了个大家族。世家大族自然得重视村庄门脸，受风水理念浸淫的士子们依照《易》经八卦建水口，目的是借风水之利，希望刘姓人文蔚起，世代簪缨，跻身于阀阅巨族之林。

这件事的来龙去脉，乔亭《刘氏宗谱》是有记载的：

南宋乾德初，有梅姓者居吾村，盖巨族也。我始祖十四公来赘婿焉……迄今甫九叶，子孙已千余；而村之汤与李，又皆吾刘之赘婿，众亦不下百计，丁赋之盛，为东区之最。惟业儒者世虽众且著，率艰于科目，堪舆家谓坤位欠秀之故，吾父是其说，约村众鸠工伐石，建峰于鼓楼冲之麓，盖村之"坤"位也。峰成，名之曰"文"，以坤地也；文之行远，犹风也，风行地上，取"观"义也；坤数六，峰高四丈，象"观"之"六四"，所以期子姓观国之光也。

明嘉靖九年（1530），刘姓在村口建起一座形状如笔的石塔。塔用方形花岗石砌成，内填泥沙。呈圆锥形，顶扣葫芦形石，高11.7米，底径6米，顶径1.5米，取名"石峰文笔"。"峰之费约一千五百缗（一千文为一缗）。其下培一阜为村障，长五丈，阔三之一，费半于峰。起工于嘉靖庚寅（1530）夏四月，落成于明年春仲"（《刘氏宗谱》）。

"石峰"二字在塔脖子上嵌着，一嵌快500年了。

为进一步取得风水之利，刘姓又在明万历甲寅（1614）年，人均捐银三分，共六十余金，建文昌阁于鼓楼山之麓，以荫水口。到了清道光元年（1821），又在塔旁凿了一汪湖，取名为堃湖，堃者，坤也。塔与湖，乾坤俱至，阴阳相和。碑记云："周广二十余亩，甃石回澜，澄鲜一色，旁建敞轩数楹。"泾川人赵如圭题联："拓开诗酒盘桓地，涌出鸢鱼活泼天。"湖边的文笔峰，倒映水中，恰如笔投砚池。原先在湖塔之间，有亭状如笔架，恰似一支毛笔搁置于墨池旁。乔亭、汤村、朱旺十里三村地势空旷，犹如一张巨幅的宣纸。这样，笔、墨、纸、砚就齐全了。"文笔投池"四个字，一下子就让"文房四宝"生动了起来。巨笔蘸墨，刘姓

文笔投池（倪建宁摄）

子孙究竟会绘出怎样一幅图画呢？

"石峰文笔"是乔亭八景之一，其他七景同样依风水理论而为。《八景记》上这样说："夫景，象也。象物宜者，莫备夫《易》，请以《易》绎之……五阜（五曜连珠）为兼山，艮象也，金坞（金坞锦屏）位西北而类坚刚，乾象也……"

至此，刘家文风昌盛，人杰地灵，就统统归之于风水之功了。民间的理由，任何一个时代都少不了的传奇色彩。

传说多有附会，但刘氏宗族文风昌盛却是不争的事实。几百年间，乔亭村文脉不断，人才辈出。祖孙同科、父子同科、叔侄同科、兄弟同科者数见不鲜，以功名进仕者不胜枚举。"其时士则应试者以百数，科举未尝或间，殷实之家各皆有，而称小户者则指不胜屈……"

明末清初，乔亭村迎来了第一个繁荣期。这与一个重要历史人物有关，他的名字叫刘光旸。

刘光旸，字雨若，明末清初篆刻家、鉴赏家。刘光旸聪明睿智，对历朝宗器和名贤字画不仅如数家珍，而且真赝立判。顺治初，尚书冯谥爱其才，召其进京，令刻《快雪堂法帖》，并以此进呈顺治帝。皇帝召见，用王羲之的墨迹试其才智，一真一伪，刘光旸一眼道明。皇帝又说外域进贡一炉，炉下有"金炉"两个字，你看看这个炉子可是个稀罕之物？刘答：这是某朝某年乳母进献某太子饮乳的御器。顺治帝深感惊异，称刘光旸为"古董"。当场写下"特赐清班"四个字赐给他，授其鸿胪寺序班一职。

刘光旸，这样一个屡受皇帝加官晋爵的人物，无疑成为刘氏家族最大的荣耀。因之，有关刘氏宗祠的兴建，很自然地与这位传奇人物发生了联系。

传说刘"古董"一次出外游玩途中，恰巧与微服私访的皇帝同乘一舟。当船至长江中流时，忽然江面掀起万丈巨浪，左右船只皆飘摇或翻沉，唯此舟岿然不动。刘"古董"见微服之人气度不凡，有帝王气象，遂躬身上前禀告原委，说自己身藏避风、避火、避水、避邪、移墨五大宝珠，如遇不测可保性命无虞。皇帝舒眉解颐，并与之结为好友。后带至京城，封官赐号，并拨巨银敕造刘氏宗祠。

乔亭村貌（江建兴摄）

　　乔亭村位于群山怀抱间的一块洼地中，地势相对平缓，东北略高于西南；两条小河前溪、后溪从村庄东西两侧潺湲流过，在村口文昌阁旧址交汇，整个地形呈筏形。刘氏宗祠位居筏首："以村基为筏形，祠为筏首，自祠至村顶，高下相悬无虑数十百仞。而自村前及凭高视之，则见祠屋昂居；其前后之各抱地势，参差相属，无高出其上者，亦异境也。"乔亭形同竹筏，前、后二溪为船坞，宝塔为竹筏靠岸后的钉桩柱，比喻船靠码头、风平浪静、兴旺发达。

　　曾经占地10亩的刘氏宗祠早已化为过眼云烟，但留下的六只汉白玉石墩却依稀记录着它的辉煌与传奇。每只石墩皆由八幅全然不同的画面组成，为花鸟图者，上有喜鹊登枝、鸳鸯睡池、凤凰栖梧等；为百兽图者，上有鱼跃龙门、鹿鸣山坳、麒麟送子……雕刻细腻，惟妙惟肖。"光绪十三岁次丁亥孟冬月"立的一块石碑字迹尚清晰："旌阳称望族者四，曰吕曰江曰汪，皆居西乡；东乡惟数我族。族各有祠，而我族之祠规模宏厂，体制庄严……"

到了乾隆年间，与周边村镇一道，乔亭村进入了它的鼎盛时期："盖我族当昔盛时，户逾两千，丁盈三万，人烟稠密，街路之间肩相摩也。"这当中，乔亭出了位名垂青史的人物——民间科学家刘茂吉。

刘茂吉（1736？—1795），字其晖，聪颖过人，童年时就对天文产生兴趣。八岁即能立竿观影测定时刻，塾师惊异，乡人赞叹，誉称"神童"。后悉心研读天文舆地、星历象数诸书，领悟精深，撰有《北极高度表》《天地经纬象数要略》《坤舆图说》等著作，所绘苏、扬、常诸州图和《京省全图》全部刊行。其中，《北极高度表》被收入《清史稿·艺文》。刘茂吉不但天文地理著述引人注目，还制有浑天球、量天尺、日晷和自鸣钟等天文、计时仪器，精妙准确。乔亭村发人坞脚下一处地方，至今土名仍叫自鸣钟，足见后人对其推崇、缅怀。

旧时，从乔亭到汤村约五华里地均由石板铺就，一路牌坊相属，一路凉亭相望。仅二里半亭到马义岭段，就有牌坊十余座。

如今，乔亭古村肌理尚存，拾级而上的古巷老风依旧，斑驳的民居在风中诉说着陈年的故事。修葺整齐的省重点文物保护单位文峰塔和堃湖构成了乔亭村最美的图画。秋冬时节，种在砚池边角的一排水杉稻谷般金黄，从水面一直延伸至十几米的天空，在澄澈的蓝天和碧水之间，此中的美妙是文字难以描绘的。

乔亭山地多沙土，适宜种植苎麻、花生。其"小籽花生"是国家地理标志产品，品种早熟，为珍珠豆型小粒花生。壳薄仁满，皮粉红色，香而带甜，油而不腻，松脆清香，天然无公害，具有滋补、美容之效，是花生中的上品。"小籽花生"炒货，是馈赠亲友的名优土产，深受合肥、上海等地消费者青睐。

朱旺村

林　方

朱旺村，以小桥、流水、人家著称。

朱旺村外那条河，叫大溪；村中一条河，唤朱溪。村外为自然河，村中为人工河。大溪河滋养着朱旺粮仓。朱溪河让村庄充满灵动气、烟火味，构筑起小桥、流水、人家的风俗图。

朱溪河穿村而过，连接河两岸人家往来的是一座座石桥。桥与沿河两岸的石板路平衡连接，三或四块整长石条铺就。桥面光滑润洁，那种包浆是脚印与时光老人的馈赠。朱旺的桥，一座座素面朝天，除顺成桥有个名字外，其余的桥都属无名氏。渡人，是朱旺小桥最大的担当。因了小桥，和河边为数不少的古民居，使朱旺村洋溢出浓浓的诗情画意。河边的美人靠，靠出的不仅是悠然惬意，或许还有萦绕于心的那份乡愁。

顺成桥头"豫立义仓"青黑的老墙在阳光下显得宁静淡定，对于这样的建筑人们总会高看一眼，因为它是扶危济困的一座"义"字碑，风在说雨在颂。房屋内墙上镶嵌着一块"创捐豫立义仓碑记"，那上面密密麻麻的名字，代表着一个个热心肠的生命。是他们把朱子理论真真切切地兑换成了行动。那上面大小不等的数字，始终围着一个"和"字在演算。这里，无疑是朱旺人心之所在，力量之所在，兴旺之所在。

朱旺水街（江建兴摄）

与"豫立义仓"相对而立的是经济学家朱剑农故居。站在故居的墙院内，我想朱先生的地租理论、土壤经济理论，最早的养分一定汲取自祖辈耕耘的这块土地。

朱溪河边青砖黛瓦的民居，不仅安静质朴，连室内摆设好像都在时光流序中按了暂停键。若是在街头巷口走出几个秋收挑担的人，河边蹲着些刷洗的少妇，说朱旺是一段《清明上河图》又有什么不可以呢？只是现在的模特、旗袍秀抑或是现代版的哭嫁，让朱旺村时常成了镜头频繁闪烁的所在。村落的古老记忆，成了当下弥足珍贵的美丽背景。

朱旺的河与井相依相偎。井在河的怀抱里，在沿河两岸人家的日子里。朱旺的井均呈方形，麻石镶圈，洁净素朴，无名无姓，四季清亮。井水自洁自爱，从不与河水相犯。倒是山洪肆虐时河水常常没过井水，只要水位降到井沿之下，井水很快就会恢复洁净之态。湿漉漉的井壁，从不间断地收藏着前人的身影和今人的容颜。相传有位叫成皇公的在杭州开当铺，过年回家，夫人叫他打酱油去，成皇公说："好吧，我到西湖打酱油去！"说完，转身跳进河井，不一会儿，成皇公便满身是水，笑嘻嘻从井中爬上来，手拎一瓶酱油。那河井，竟直通西湖！传说的本意，并非说朱旺的井非同凡响，而是说朱旺商人来往杭州做生意极其频繁。另一层意思，说的是留守家门的商人妇对天堂杭州的向往，对外出经商丈夫的思念。

井设九口，桥建十三。"九"为《易》中天数之最，至阳；"十三"取象龟背上的版纹，龟为水之精，至阴。二数相合，可知"九井十三桥"蕴含了阴阳和顺、健康长寿之意。若说"朱旺村里走一走，延年益寿九十九"，一定让听的人心生欢喜。

朱旺人素来重视经商，曾有菜子、兴隆、乾元、庆丰等商号。一个小小的村庄，拥有这么多商号，这在当时的旌德县也是不多见的。朱旺老街至今仍有商号的气息，只不过有其形而失其神了。承载朱旺村历史的实物虽然显得支离破碎，但地方史志对朱旺的富庶却有证据确凿的记载。清嘉庆十年（1805），县城孔庙倾欹朽坏，朱旺村附贡生朱则汉偕其弟等26人，呈请独立修建，规模较旧宽敞，工材倍加壮丽，计费银3万余两，事迹勒石，并详入《府志》。朱旺人修文庙10年后，村中子弟朱德芬高中进士，这是继元代朱立言、朱立礼之后朱旺出的第三位进士。想必时人一定将功劳记在维修文庙的功德之上了。朱氏的义输之举，旧志中屡屡可见。朱为显建的绳武桥，被洪水冲毁后，乾隆五十五年（1790）他的孙子朱逢年、朱则江、朱则汉再度修建。朱化鹏（朱为显子）捐义学、修蒿口路、宣城东溪桥。朱旺祠堂前的顺成桥，是朱则澳的母亲王氏建于清嘉庆四年（1799）。朱文焕曾在康熙五十七年（1792），捐1500金修三溪石壁水毁道路，资助修琴溪麻源新桥、霍家桥。除小桥、亭台、楼阁外，参与修祠堂、义冢的人更多。这些善举的实物佐证大多灰飞烟灭了，但义行的传统已根植于朱氏子孙的血脉里。

朱旺有句俗语：穷不丢猪，富不丢书。这样的底线，今天的穷人和富人都可以效仿。要说朱氏家规家训，没有比这八个字更通俗易懂的了。当年的毛国山堂、长房学堂、成志学校等都有相当规模，富商们捐资办学蔚然成风，朱氏宗祠专门划出1000亩良田归学校收租作费用。穷家子弟，都能免费读书。有了这样的理念，庄严的宗祠辟为学校，想也自然。朱溪河边的私塾布局依然完整，蒙童诵读的声音似乎还在空中回荡。民居五子登科，至今仍是妇孺教育子孙发愤读书的好教材。书香门第，在朱旺不是一个标签，而是一种商儒共存的理想。

溯朱溪河而上三四华里有五龙潭。龙潭一个连着一个，从"龙嘴"里喷泻而出的清流，在一叠又一叠悬崖中奏着雷

龙潭飞瀑

鸣般的乐章。昔日的文人墨客雅集于此，观飞瀑，赏清流，垂钓、饮酒、吟诗。立在山巅的"闲云潭影"残碑，至今还被朱旺的文人时常提起。因了雅士们的身影，不仅闲云不闲，飞流也有诗意了。

今天置身于龙潭景区，一湾碧水如镜子般镶嵌在崇山峻岭中，波光粼粼，层层涟漪。一条傍着悬崖的栈道，蛇行在两山之间，或高或低，左右腾挪，随着山势起伏穷极变化，扑向山谷的纵深。这无疑是大自然的鬼斧神工与朱旺人的匠心独运。行至尽处，只见如帘的瀑布从一峭壁上飞泻而下，落下后旋即化成条条白练击石腾浪，继而白练又在一狭窄处汇合，冲出椭圆形的一潭水，随后这一潭水又蓄势而下，狂飙突进地闯入一个更大的潭中，此即为龙潭一瀑三跌。这一川秀水不仅孕育了朱旺村的秀美，更孕育了朱旺村这一方民风的淳朴和文脉的久远。

写到这里，不由得让人想起朱氏大儒朱熹的《观书有感》诗：

　　　　半亩方塘一鉴开，天光云影共徘徊。
　　　　问渠哪得清如许，为有源头活水来。

想必朱旺的旺，就是因了这潭源头活水。

玉屏村

姚小俊

孙村镇玉屏村因倚环列如翠屏的玉屏山而得名。村东是
自南缓缓北流的玉溪河，村落枕山、濒水、面屏。村街依水
而生，古桥、流水、人家，让人看一眼就心生欢喜。

玉屏村全景（江建兴摄）

玉屏村与西连的孙村，都是世族大姓汪氏的聚居地。宋
宝庆年间汪圻从新建迁入，人口繁衍，成为大姓。

汪姓是个崇文重教的大家族，其先祖汪文谅不受皇帝赏
金，要求换赐经书，以"教吾子孙，使之明习诗书礼乐"，
并建义学，"四方英才皆来受教"。

汪圻家族耕读传家，重视人才培养。清代汪氏曾在玉溪

河畔筑有鸿文阁和从心寺水阁，为会文及游览之地。宁国府知府宋敩《鸿文阁记》这样描述阁之胜状：

> 其阁则耸而高，其堂则轩而霁，其池则窅而深，其廊屋则缭而曲，俾有志者敬业乐群于其中，于戏盛矣！登斯阁也，肆斯业也，讲艺构文之暇，凭栏观眺，逸兴遄飞。南望卷旗、石柱诸峰，烟雨迷离，遥与黄海相接，秀色其可餐乎！而其东则正山耸峙，气体庄严，隐隐隆隆，想见隐君子端方静一之概。北望古蛮王尖，不知名自何代，而声名文物之气若有虚拂而丕变者。西则大溪环绕，桥影架虹，沙鸥翔集，锦鳞游泳，亦足以触文思助文澜之胜境焉。

鸿文阁是一处既幽美而又诗意的处所，自然是读书会友的佳境。

学者储大文这样描述从心寺水阁："阁佐俯玉溪，寒湍激石，水流虢虢，云阴寝驳，山霭微濛。"（《从心寺水阁记》）

一时间，文人墨客皆会于此，吟诗作画，以文会友，潺潺的玉溪水伴随着琅琅读书声，一派弦歌四起，歌舞升平之象。

因之，玉溪河畔汪氏人文郁起，出现了汪注、汪昌寿、汪澥、汪灏、汪文槐等一大批有志之士、有识之才，登显仕者70余人，簪笏半朝，受到皇帝赐予"江南第一家"的美誉。

清嘉庆二十二年（1817）台湾道汪楠就是玉屏汪氏。汪楠在台湾"善政宜民"。道光《旌德县续志·人物》载："汪楠，字荫江。直隶广平同知。廉明勤慎，大吏器重之。高宗纯皇帝驾幸木兰，水浅舟阻，楠建填苇束水排席壅流之策，得畅行不碍，金称曰能。调补福建平潭同知，屡署府厅县事，所莅有声。龙溪民械斗，亲往劝谕，辞气感动，夹道欢呼，弃械罢斗，更相亲睦，争祠祀之。中丞上达得旨嘉奖，谓为贤良有司。署龙岩州数旬，结积案三百件。从赛将军赴台，协理行营粮饷，审蔡逆胁从百余案，原情详释，全活甚众。时率义勇查获逸匪并洋盗多人，保题军机处记名。擢台湾府，议重洋解运由司不便者三，噶玛兰增州改邑不宜者六，大府奖以深悉海外情形，兼得大体。两护道篆，建养济，便农商，清考试，增学校，恤水患风灾，筹策荒政，俱著伟绩。缉获洋盗股首黄茂，议叙一等军功，补授台湾道，官民咸相庆幸。在台日久，善政宜民，终任海宇乂安，其明效也。"

今天玉屏汪公坦之名，就是纪念汪楠的。

汪氏崇文重教的历史收藏在地方史志中，其讲求伦理纲常的例证至今仍矗立在玉屏老街上。

贞节牌坊（姚小俊摄）

老街上有座贞节坊，牌坊一层石梁上阳文雕刻"旌表故儒汪国钊之妻吕氏贞节坊"14个工整楷字，两旁是阴文雕刻的自朝廷到地方为立牌坊上奏的官员，上至户部尚书，下至旌德知县。二层石梁上镌刻"冰心辉日"四字，匾额两旁是镂空的铜钱状石雕。牌坊最上层，竖一双龙戏珠合围的"圣旨"匾，顶上置葫芦状石瓶一个，两边各有一条头朝下尾朝上的镂空鲤鱼。

牌坊主人汪国钊之妻吕氏，受父母之命、指腹为婚，吕氏未到及笄之年，汪国钊就外出求学，仕途通达之时却不幸夭折，吕氏终身未嫁。这样的故事讲起来凄美动人，却让人心生寒意。

隆兴桥（倪建宁摄）

承载玉屏沧桑历史的不仅有牌坊，还有古桥、老树。

玉溪河从村南缓缓北流，一两千米的河道上新旧桥梁就有4座，隆兴桥最为雄伟壮观。据县志载：汪若海等于清乾隆四年（1739）重建隆兴桥。桥长42.6米，宽6.3米，高7.5米，3孔每孔净跨9.5米，桥南28级台阶，桥北14级台阶。

玉屏村在建设美好乡村时，在麻石桥面上立柱架梁，将老桥改建成一座花窗临水的廊桥，并在廊桥上设置桌椅，供人饮茶小憩，村民议事。不仅如此，桥的下游建起了拦河坝，水位上升，气韵如湖。河南建有广场，面河设戏台一座，临河廊亭逶迤。远远望去，蓝天之下是青翠的山峦，粉墙黛瓦的民居挨着山脚向河边铺陈，装扮一新的玉溪河景观带就成了美居图的画眼。

　　见证玉屏村历史的不仅有隆兴桥，更有"九子环绕"的千年银杏树。位于玉屏村管家组的银杏树，是宣城市"十大古树名木"之一。树高31米，胸围645厘米，冠幅840平方米，树龄约1000年左右。这株银杏树根蘖萌发能力极强，同一植株上萌生出不同年代的"子孙"，母树周围生长着9株小银杏，每株树高20余米，胸围100至150厘米不等，形成多代同堂、九子环绕的奇特景观。母树枝下高3.5米的老干仍然坚实，根基四周隆突部分凹凸畸纹形成庞大的根盘，侧根裸露，缘地曲折蜿蜒。据说这株古银杏有时夜间能发"荧光"，村民们视之若神灵。

　　相传明代管姓先祖自山东南下时，看见这株银杏根盘庞大、浓荫高挺，预示着管氏族人可"生根发脉"，遂决定落脚定居。原有雄、雌银杏两株，相距三四十米。1957年，因大风刮断雄树枝头，被伐去做了戏台。从此，雌树孑然孤立，结实顿减。1990年，县政府拨款修筑石坡，清理树下杂物，以保障其平安生长。1995年，小孩在树下玩火，火苗顺树干上蹿，虽及时扑救未有致命损伤，但长势渐衰，已呈垂老之象。

　　20世纪六七十年代，玉屏村有过非常热闹的一段历史，那里曾是上海后方"三线"厂在旌德的大本营。

"九子环绕"的千年银杏

　　上海"小三线"建设，从1965年到1984年7月进行调整交接给安徽前，共投资6.4亿元。仅一个旌德县，就建有12个"小三线"厂，玉屏村境内就有立新配件厂、延安机械厂、仪电中学等单位，细心的人现在还能在孙村镇通往德山里的公路边看到"中国人民银行"的字样，公路两边三四层老楼都是"小三线"建筑。在玉屏村，上海知青了解了农村生活，熟悉了旌德的风土人情，他们把人生最美好的年华奉献给了旌德。玉屏山、玉溪河见证了一个毛头小伙成为一个中年男子的过程，旌德无疑成了他们的精神故乡。玉屏村人近水楼台先得月，不少人进了工厂当了工人，周边老百姓知道了上海货，年轻人的衣着发型跟着上海厂知青学起了时尚，到"小三线"厂看电影更是文化生活中的一大喜事。

　　时隔30年后，上海"三线"厂的老职工重聚旌德，他们对玉屏村更是充满感情，看着玉屏村的变化他们打心眼里高兴。他们都会从玉屏村从旌德带些农特产品回上海，告诉亲友这是自己"故乡"的产品；他们会拍下玉屏村的美丽照片，告诉亲友这里是自己奉献青春的地方，是自己常常梦到的美丽家园。

　　如今，孙村镇工业园坐落在玉屏村，镇村两级筑巢引凤，目前已出现3个亿元企业，农工协调发展，使传统村落焕发出勃勃生机。

仕川村

方光华

　　仕川村，俗称"里八都"，地处旌德县东隅，距旌德县城27公里。

　　仕川地势纵长横窄，形状极不规则。东部黄岭以北邻宁国市，黄岭以南顺时针方向绕至西界，全系绩溪县境地。一村插入县外，宛如象鼻。仕川村在地图上看，成了旌德县的一块飞地。

　　仕川别名仕坑、双峰。《喻氏宗谱·双峰文舍记》："仕川其地六岭（黄岭、柿岭、考岭、竹岭、大岭、若岭）回环，四溪潆绕，土地平旷……双峰（若岭、大岭）则尤为

六岭回环、四溪潆绕的仕川村（汤道云摄）

秀特，故仕川亦号双峰。"光绪十一年（1886）宁国文人周赟在《龙王殿记》中说："仕川之源有四，所谓四溪者也。其西南一水发源于巧岭，东南二水则出黄岭、竹岭，惟正面一源出自龙潭山中……"仕川又有仕溪、四溪等别名。

据《旌德县志》载，喻氏先祖于宋绍熙年间自歙县堨田迁旌德仕川。明万历十三年（1585），喻希尧（字仁夫），出贡入仕，二十三年（1895）授浙江金华府通判。由此起名仕坑，后衍称为仕川。

很显然，仕川之名，由"四溪（仕溪）"雅化而来，把仕途发达的寓意和喻姓家族联系在一起了。

仕川水口在西凤山下，凤桥两岸双印墩上，古木参天，林荫蔽日，桥下流水潺潺，游鱼往来倏忽。桥上三圣殿，桥首关帝庙，风景绝胜。"凤桥夕照"与"花原春色、叶坞秋声、龙潭寒雨、玉屏积雪、双峰插云、竹岭雄关、石岩仙洞、宝莲晚钟、四溪印月"在文人雅士笔下组成"仕川十景"。

仕川地理，喻霈霖《双峰记》有一段描述：

村南数百武，有山如马耳，螺鬟翘然并峙，是为双峰，实仕川之秀峰也，故仕川又有双峰之名焉。其山发源丛山，跨玉屏逾竹岭苍苍莽莽，起伏绵亘，至巽位两峰而突起。吾祠坐乾向巽，实得文峰之秀焉。先世卜二茔于峰下，南号仙人舞袖，北号风吹罗带。山腰有石负土，庞然而起，号罗汉坦腹。自山腰转南数十步，冈阜逶迤，如乱龙之盘曲，其麓宄岑累累，此皆吾族发祥之所也。余尝登其顶以遐瞩，见冈岭四合，隐然如大环。南望玉屏、笔架诸峰，巩如杰阁层楼之依城郭。其西则凤山辛峰，苍翠若画。北望人烟历落，门巷参差，左有眠牛，右有羊角，花原胜地，无不森然在目。而其东北则大岭蜿蜒，农歌樵唱，往来不绝，俯仰四顾，欣然忘归。因叹吾族之所以挺生豪杰、接迹青云者，未始非此峰之毓也。

仕川地小而偏，按常理可能就是一个名不见经传的地方。

事实恰恰与之相悖。

1860年，太平军攻打旌德城，仕川喻氏阵亡108名义士。70余年之后，仕川爆发中国共产党领导的一次农民武装暴动。喻氏壮举，今天依然让人肃然起敬。

1917年，俄国十月革命之后，马列主义传播到中国，在宣城省立师范求学的旌德进步青年谭梓生、梅大栋等人，受恽代英、萧楚女等革命先辈的教育影响，成为当时学生运动的骨干，毕业后他们回到旌德继续宣传革命思想，传播马列主义。1925年11月，在江西安源路矿加入中国共产党的梅大栋被组织派回家乡旌德，之后建立起皖南最早的党组织——中共旌德三都农民补习学校支部，活动日益频繁且影响愈大。1925年农历十月初十，支部负责人梅大栋、曹宣天趁县城举办庙会之机，率40多名学员进城游行，高呼革命口号，登台演讲，宣传要翻身解放的思想。活动遭到旧势力的镇压，年底学校被查封。在此情况下，梅大栋来到了位置偏远的仕川村，并决定把发展组织革命活动的中心转移到这里。

1926年3月，梅大栋在仕川喻氏支祠创办了一所小学，让自己的弟弟中共党员梅大梁来当教员。他们白天教小孩，晚上就集中一些有思想活力的青年办平民夜校，教识字，灌输革命道理。

自此，梅家兄弟就以教书为掩护进行革命活动。梅大梁白天在小学上课，晚上走家串户，了解民情，他自编《平民识字课本》，开办平民夜校，一面向青年农民传授文化知识，一面讲解孙中山"联俄、联共、扶助农工"的政策及

"平均地权"等反帝反封建的道理，启发农民觉悟。到这一年的清明节前后，他们就在夜校学员中发展党员11名，并成立中共仕川支部。到1926年底，党员数增加到67人，同时农协会、妇女协会和农民自卫军组织相继成立起来，会员数都在50~100人之间，革命活动开展得有声有势。

1927年3月，中共党员、旌德人谭梓生当上旌德县县长，成立新的民主政权。一个月后，蒋介石就在上海发动了"四一二"反革命政变。反动逆流迅即沉渣泛起，不久殃及旌德。4月29日，国民党安徽省政府派反动的唐绍尧到旌德任县长，就这样，只当了53天民主政权县长的谭梓生被迫离任。唐绍尧上台后，组织起清党委员会，大肆逮捕共产党员和进步人士。不到半个月，就有80多人被捕，工会、农会、商会等组织相继被破坏。

谭梓生离任后，不久来到仕川村，在喻氏支祠召开群众大会，揭露蒋介石发动"四一二"反革命政变的真相和唐绍尧反动统治的罪行，仕川农民义愤填膺，会后自动举行示威游行，高喊"拥护谭梓生、枪杀唐绍尧"等口号。与此同时，在梅大梁的发动下，仕川农民自卫军队伍壮大起来，仕川及附近五六个村子的青壮年几乎全部参加进来，武器有土枪40余支、步枪27支，另外还自制了两门檀树炮，其余多是长矛、大刀之类，一场农民奋起抗争的武装暴动一触即发。

此时，在武汉的梅大栋得知情况后，派在武汉学习的同乡喻世良赶回旌德，与在本地坚持斗争的王庭甫、汪守仁、程朝干联系，密谋组织仕川农民暴动。

4月下旬，他们在仕川喻杨良家楼上召开了暴动组织会议，决定仕川的农民自卫军作为农民暴动的主力军攻打县城。5月15日晚上召开了暴动誓师大会。

暴动计划攻占县城后，推翻唐绍尧政权，夺取县政府的

1927 年 5 月，仕川农民暴动使用过的部分武器

枪支，扩大自卫军队伍，成立正式武装部队，然后进军绩溪县，夺取屯溪城，再北上武汉，与北伐军会师。暴动总指挥由王庭甫担任，喻世良、汪守仁、程朝干等人分别负责几路自卫军，暴动攻城时间定于5月16日凌晨。

5月15日晚，皓月当空，仕川喻氏支祠门口人头攒动，仕川农民自卫军108人扛着枪、刀，抬着两门土炮集结出发了。黎明时分，当队伍到达旌德县城时，不料，意外发生了。暴动总指挥王庭甫不知去向，其他各路自卫军也没有按计划到达增援，双方激战一个多小时后，暴动队员因缺乏总指挥，弹药又接济不上，部分人员又身受重伤，只能主动撤退，攻城宣告失败。原来由于自卫军组织不纯，泄露了机密，导致暴动总指挥王庭甫等7人在攻城前夕被捕。攻城当天，即5月16日上午，王庭甫以及其他各路自卫军首领朱甲、王观明等13人被国民党反动派杀害于旌德县城上东门外。17日，唐绍尧随即派出几十名武装军警去仕川"清剿"。参加暴动的农民和共产党员纷纷背井离乡，转移到外地。1928年，梅大梁被捕遇害，献出年轻的生命。

旌德仕川农民暴动比"八一"南昌起义早两个半月，虽因准备仓促、组织不严、缺乏实战经验而失败，但其首创之举给国民党反动派有力一击，为革命后来者提供了思路和经验，在旌德、宣城乃至安徽革命史上留下了重重一笔。

仕川农民暴动旧址（江建兴摄）

仕川不仅有血染的风采，还有静、幽、奇、禅之美。

沿溪水进村有株大槐树，树干横着长，天长日久，自然就横卧在小河沟上了。横卧的树干上附着一根草荚藤，树藤相绕，皮相相类，二者长成了一个树洞，人称"夫妻树"，成了下门与中、上门的一个分界点。别看树老成了一张皮，一到春天，照样嫩芽新枝往外钻。藤则更加柔媚，花花朵朵吸引无数的蜂蝶上下飞舞，那既是春天的力量，又是爱情的力量。

在外人眼里，仕川的时光走得还是从前那般慢。不说曾经流传于斯的"目连戏"和正月十五的跑竹马，单说依然传承有序的腌小蒜和安苗馃就让人舌尖幸福满满。

　　每到春季，留守在家的妇女们就会到田边地头，挖回一棵棵长势苗壮的野小蒜，而后将小蒜洗净晾干放盐腌制。小蒜腌好后，从缸中捞出放在锅里煮，煮熟后晾在竹竿上晒干。之后，再一次入锅加工，进行二次晾晒，小蒜的香味就格外浓厚了。腌小蒜与红烧肉是绝配，烧这道菜的时候，一定要等到红烧肉烧好后，最后将腌小蒜用热水稍稍洗一下，放入肉锅焖一下即可。肉香和小蒜的香味融合在一起，让人入口难忘。

　　农历六月初六，是传统"安苗节"。这一习俗，起源于唐末宋初。相传，每年芒种时节五谷下种，农民们期待着一个好的收成。于是，选择农历六月初六天公天母寿诞日举行安苗祭祀活动，僧侣做斋，撑旗打鼓，百姓家家户户做包馃，并供在田畈地头祭祀祈祷，愿田禾苗壮，五谷丰登。如今，祭祀活动已不复存在，但六月初六做包馃的习俗在仕川一直沿袭了下来。仕川安苗馃有豆腐肉馅、豆沙馅，还有一种肥肉白糖馅。"安苗节"这天，不仅本村人可随意走家串户品尝安苗包馃，外地人也可进村入户同享口福，其乐融融，充满了节日气氛。

合 锦 村

林　方

　　合锦，是旌德县村落中我最喜欢的名字之一，这是我编审《旌德县标准地名录》的体会。

　　关于合锦村的由来，《方山鲍氏宗谱》有一番说道：合锦村鲍姓始祖鲍桢，唐末黄巢起义时，因避兵燹由歙县迁于旌德。族人居于白云山麓之东的称"东鲍"，居乌岭之下西边的称"西鲍"，村前小山并列，灿若锦绣，故称"东锦""西锦"，合二为一，是为合锦。合锦寓含前程似锦、珠联璧合之意。

　　从海拔千米的凫山顶上看，俞村镇凫阳、上口、合锦三

合锦村全貌（汤道云摄）

个村，互为犄角，鼎足立于旌德东部一片平整开阔的田畈之中。那片大面积的田畈称凫阳畈，面积近2000亩，是旌德最大的一片田畈，大于兴隆网红点"云上梯田"。这一片宽阔的农田，自然是"徽州粮仓"的重要组成部分，将凫阳、上口、合锦、俞村连为一体。放眼望去，青青的稻田，纵横的田塍，加上绿水环绕，恰似一幅素雅的织锦。合锦，便是这幅自然画卷上一颗耀眼的珍珠。

合锦位居三个村最东面。其东北方是白云山，海拔近千米，有高岭摩云之势。同一方向的乌岭是旌德、宁国二邑的分水岭，发源于乌岭脚的琉溪（又名溜溪、石琉溪），南流绕合锦东、西二村，在西锦村南汇入俞村河。琉溪之名，即因溪水清澈如琉璃而得名。"溜溪漾日"是合锦古八景之一。诗云："长河如带绕村郊，漱玉衔金碧影摇。岂独一隅占润泽，奔腾还接大江潮。"

昔日，牌坊耸立的合锦水口，今天演变成了百亩荷园。

曾经雄伟一时的鲍氏宗祠位于东锦村中心，依山面水，其遗址现为村委会办公场所。仔细观察，村委会建筑基本上是在宗祠基础上建的，大门台阶和后进享堂部分基脚保存完整。鲍氏宗祠面朝村前半圆形的"月亮山"。月亮山是村前三座小山中间一座略高的山峰，三峰恍如彩屏，相互遮掩，辉映成趣。一条石板小径从脚下蜿蜒而过，琉溪之水自西而东一路低吟浅唱，在村前折而南流。

建于清乾隆年间的鲍氏宗祠，前后两进，石拱桥相连，桥名"有成桥"，以期后世有成，光宗耀祖。前堂为宗族"摆席"之所，这里常年张灯结彩，供奉有"铁里菩萨"（铁制）和"狮子菩萨"，各有彩屏映衬左右。后堂供奉祖宗牌位。祠前有旗杆石，上镌"以后君子"四字，以示虚位以待，勉励族人勤奋好学，将来成就功名。鲍氏宗祠咸丰年

《方山鲍氏宗谱》鲍琢像

间曾大事修葺，"文化大革命"中改建为小学，学校撤并后易为村委会。

鲍氏宗祠供奉的祖宗牌位中，有一位赫赫有名的鲍将军。嘉庆《旌德县志》载：鲍琢，九都人，一名五郎。刚直好义。宣和中，方腊寇宁国，距招贤乡数十里，琢纠义兵击破之，杀获甚众，所剽妇女悉纵令还家。贼逼宣之黄池，州守吕好问檄诸邑兵入卫，众推鲍琢为首，琢部署严整，若素练者。事定，以功补承信郎，族子舜卿等授官有差。明年，贼寇泾，琢复率兵力战，中流矢卒。州守为位哭之，里人立庙祀焉。崇祀忠孝祠。

鲍氏族人供奉鲍将军，以景仰其义勇。宗族每举行重大活动时，则悬其画像，以示缅怀。

合锦的祠俗别具风格。正月初一舞狮会，除年轻力壮者一展技艺、狂狮劲舞外，尚有佩戴赤、黄、青、蓝等七色面具者尾随其后，徐徐缓行，一路迤逦而去。尽管不能指出其源

《方山鲍氏宗谱》

自何方，但仍可从中咀嚼出一番朴拙、狞厉之美来。每逢正月十五，鲍氏宗祠都会上演抢猪比赛，由各分祠轮流掌管，轮到哪一支脉掌管家族祭祀，是年各家各户均须养肥猪一口，养得越壮预示着来年更加兴旺。到了正月十五这一天，随着"三眼铳"地动山摇般一声巨响，各家丁男（有的人家为拔得头筹，特意出资在外村延请大力士）如脱弦之箭，从祠堂祭祀祖宗的摆席上抢得自养肥猪，然后飞奔回家，先到家者便独占鳌头，预示来年大吉大利。

合锦民居面南而筑，呈二进三间式，马头墙，八卦窗，窗檐绘有古代仕女图、将军挽马图等，或工笔细致，或浓墨重彩，人物形象栩栩如生。民居木雕多为简易的冰裂纹，以冰冻三尺非一日之寒，勉励子孙耕读不畏艰辛。

清代学人鲍化鹏，学贯群书，著有《正谊录》四卷，学者奉为楷模。清举人鲍西，作湖南龙阳知县。"甫下车，即察奸民之藉充胥役渔猎闾阎者二百余人，勒令归田，邑中积蔽一空。署长沙同知，逆苗滋事，奉檄采办硝磺，督粮饷，皆克其集事。上官嘉其能，委赴军营，途次兴宁，值峒猛争地，人情汹汹，即檄西摄县事，悉心抚驭，感其恩怀，徭民率服。"清人鲍灿，"九岁能文，年十八入邑庠，屡试高等，补增广生。督学许汝霖剧赏之。顾数奇，七入棘闱不售，遂厌弃举子业，潜心经学，著《周易解》四卷。捐金二百以葺宗祠，输谷五百石以赈凶荒，置学田五十亩以惠族中寒酸，人尤钦其克敦实行焉。"

一个村落就是一个小的社会，其教化功能无所不在，宗祠、族规、牌坊的教育意义不言而喻。捐输义行更体现在修桥补路之中。合锦村南碧溪河上有座古稀桥，乾隆五十五年（1790）鲍振西为母亲七十寿庆而建。嘉庆《旌德县志》载："少孤贫，佐两兄以事母，孝养尽欢。及长，出贸所置田庐均析犹子。尝捐七百金筑桥石嘴头，以庆母年七秩。建观音阁于桥右，储棺备施，并置田十余亩以垂久远。"

义行的故事远不止鲍灿和鲍振西，村中随处可见的水井和水塘都收藏着一个个慈善的故事，这些故事最后凝聚成一句俗语"凫阳巷多，合锦塘多"。

除了宗祠，在合锦古老而现代的土地上，我力图寻找古代鲍氏的精神慰藉之地，终于在西锦村头的山冈边发现了清代上阳庵的残墙断垣，遗址边一隅的小房内菩萨和香火依然相伴而存。

农耕社会，一个有山有水有田的地方一定是个宜居的地方，一个有宗祠有义田有庙宇的地方那里的人们身体和灵魂都有了栖息之地。合锦就是这样的一个处所。

在旌德地方史志上，合锦不仅有勇武的鲍将军，有熟读经史的学人，有忠孝怀义的商人，还有技艺超群的能工巧

鲍守业、鲍昌胤刻《诸神礼佛图》

匠，剞劂匠（刻工）鲍守业就是突出的代表。

　　鲍守业（1625？—1705），字承勋，清初木刻家。擅长雕刻人物，刻有长洲钱谷绘图本《杂剧新编》。康熙年间刻吴门汪珽绘图本《怀嵩堂赠言》，又与族人鲍天赐同刻吴门顾云臣画文喜堂本《秦楼月传奇》等书插图。康熙三十八年（1699）刻明岳端撰《扬州梦》插图24幅。其刻于康熙六年（1667）的《华藏庄严世界海图》、与子胤昌合刻的《诸神礼佛图》两幅佛教版画，至今陈列在北京法源寺，其雕版现藏南京博物院，属国家一级文物。著名收藏家郑振铎在《中国版画史图录》中说："旌邑鲍承勋为清初之镌图名手，所镌有《秦月楼》及《杂剧新编》之插图等，此书尤为罕见，故收入焉……可见当时承勋声势之浩大。"他甚至认为其技艺可与徽州版画刻工魁首歙县虬村黄氏相媲美，并论定"承勋为徽派版画之殿军，实刻于苏州，为苏州绘画之佼佼者。中国版画至康熙间犹方兴未艾，乃因鲍承勋、朱圭等名家出，使苏派版画崛起，有相帅领先之势"。

　　有谁会想到，这样一位卓越的雕刻艺术大师，300多年前就是从合锦的田野小道上走到苏扬大舞台上去的。

隐 龙 村

林 方

版书镇隐龙村，清朝桐城诗书画名家方亨咸（号邵村）称其为"小桃源"。

要找小桃源的感觉，一定要从将军庙走古道去。那条老道还有一些石板，尽管野草遮盖了石板的首尾，石头的光泽在草色的衬托下显得愈发圆润。走过满身披挂藤蔓的古桥，在林荫之中爬过百级石阶，便是以洞为亭的"驻云亭"，逗留于此好像山林间冷藏了一段旧时光。亭跨山而建，上方有楷书阳文"隐龙"二字，古朴端庄，笔画间似乎隐藏着无数的陈年旧事。

亭西山峦叠嶂，隐无天日。穿亭而过，豁然开朗，土地平旷，屋舍俨然，让人不知不觉中联想起陶渊明的桃花源境。这样的想法，300多年前的宣州诗人施闰章就有。

旌德城南有山曰隐龙，崇岩叠岭，望之若无径，涉小溪至，再始见山半有石级，又渡小桥，循磴而入。级穷得平壤，外峻中夷，夹山而田，可二千亩。山若重闉，人居岩隩，所谓隐龙方氏是也。山外最高峰曰：万罗山。厥支维二，其一北发为梓山，其一盘蹙委蛇，至此屈伏，故谓之隐龙。

施闰章七到隐龙，以文会友，就在这篇《隐龙山记》中说到隐龙"小桃源"的来由。

吾友方邵村侍御至自秣陵，尝泛舟大醉其中，目曰小桃源。

　　在施闰章眼里，隐龙不仅有桃花源之境，还有桃花源之实：

　　自宋以来数百年，子姓用藩，不被兵火，老者庞然耆硕，少者多俊良文学之士。予尝数与之游，入其村舍，屐杖下虢虢皆泉鸣，田塍输灌，亡藉桔槔，水碓激舂，不烦杵臼。引流作池，水清而鱼肥，客至则举网烹鲜，有咄嗟取携之乐。又别有井泉，聚族咸汲，饮者多寿。……夫不远而僻，不阻而深，逼处城郭，军旅之交，林壑俱美，至数百年无兵骑迹。

　　施闰章笔下的"小桃源"，比陶渊明所写桃花源烟火味更为浓郁。

　　隐龙方氏先祖西汉元始间，因王莽乱避地江左，子孙家于歙县之叶乡口（今属淳安），其后元荡于唐时迁旌。正如施闰章所云："方氏在汉，有黟县侯储，子孙散处旌阳。"明清时，方氏属旌德旺族。

　　关于旌德县名的由来，民间有"方德让宅"一说。说是旌德建县初，方德让家宅为县治，旌德县名，取"方、人、生、德"，就是表彰方德的德行。至于"旌表贤德"的本意反倒被搁一边去了。这个民间传说的始作俑者，还是施闰章。因为旌德旧志一直是"潘阆让宅"，自从《隐龙山记》上说："唐宝应元年析太平之东乡置县，处士方德让宅为县治，因名之曰旌德，事具家乘，而史氏失载。"以后，所有的人都以施闰章之言为凭，名家之言与旺族之势相结合，最终让这个传说流传至今。今天的方氏后人，在村中塑有方德之像以示后辈。

　　隐龙村水口，是一处为子孙计长久的文风建筑。

　　村口隐龙湖，又名鉴湖、毓秀湖，是凿田为湖。湖西北角置一凉亭，匾额上书"毓秀湖"。人们在这里可凭栏观

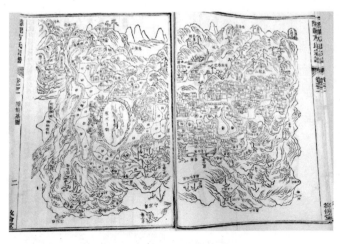

民国《隐龙方氏宗谱》隐龙基图

湖，望山观月。湖的上方设一"大印"，即用花岗岩石砌成正方形石堆，上面栽有一棵树。树是印把，方形石堆则是印身。湖的东南面建有三层文昌阁和一座魁星楼，阁如彩笔。湖的东北方有一石亭，状如笔筒。湖面置画船，寓意"文江学海思济航"。隐龙大地自然是大纸一张。这样的"文房四宝"自然非同小可。

文风建筑只是一种寄托。置田35亩延师课读的"方氏义塾"，用于里族会文的"丽泽轩"，才是方氏子孙修炼学问的殿堂。方点中、方绛便是出自方氏家族的进士。

斯文之地，总是文人雅集的好地方。清初著名文学家施闰章、方亨咸等名士曾泛舟隐龙湖上，留下绚丽诗章，一时传为兰亭胜会。"风静露清人影息，一天星斗浸波澜""静看星河入夜风，空明一片縠生纹"。

文人墨客们，给隐龙山水人文命名了前后八景，还有新十景。方氏宗谱录十景、八景诗总计112首，作者十余人。方亨咸到访隐龙一事，嘉庆《旌德县志》就有记载：

毓秀湖，一都隐龙村口。峰峦环绕，夹岸并植桃柳，水碧花明，莺啼鱼跃。御史方亨咸尝泛舟沉醉于此。

方亨咸对宗亲所居之隐龙饱含深情，为隐龙后八景一一赋诗，诗前一段小引再次为"方德让宅"增加了名人效应。

隐龙旧为德化里，旌德名区也。里名邑名皆从德者，以唐国子博士德公称焉。德公为黟侯，裔孙旧居即县治为国让家，遂卜居于此。邑人德之，系其名于邑于里，志不忘也。……今年，访君立兄与逸群侄于隐龙，见山川毓秀，林壑耸奇。追溯其源，自始迁迄今上下千百年，兵火几经而村落完好，子姓殷繁，益信祖功宗德，源远流长而人杰地灵，洵有由也。

隐龙"湖天一碧"（江建兴摄）

方亨咸是受隐龙族侄方逸群之请，为洞口桃花、湖天一碧、玉井千家、陇头春信、石涌清泉、琴山夜月、屏峦耸翠、笔峰凌云等隐龙八景题咏的。

时光虽然流过了300多年，方亨咸所记之八景现在依然坐标清晰，这是隐龙之大幸。

隐龙湖在文人墨客笔下姿态万千，在农夫眼里则是龙泉之恩，是千亩良田丰收的保障。《隐龙方氏宗谱》载：

不识何年穿凿开平湖，传闻云，自前明逮国初，膏沃之田三十六亩余，筑堤四面，周遭成石渠，岁逢干旱放流，禾苗不枯。

与隐龙湖灌溉相佐证的则是"西山插旗，隐龙求雨"的习俗。

求雨前三天禁宰吃素，然后到西山顶去插红旗，不见旗不得进城游行，求雨队伍每家派一人参加，拿画着龙的旗，全祠人摆供品祭物，而后高呼："龙王开恩降雨，龙王开恩降雨！"反复吟唱。神位前摆放着干枯的稻草，表示旱灾严重。神桌由人抬着，桌前是拿着棉纸旗、钢叉、镜、大锣、大鼓的游行队伍，一路呐喊着前进。隐龙方家选派40名会武打的小伙子，双双持短棍对打，名叫"打七拐"，由南门一直打到北门城外。当对打的人进入城内，守门者迅速将南门关上。队伍这才拥进县衙，簇拥着县太爷，并强行给他戴上杨柳枝做的叶箍帽，让他穿上草鞋。县太爷则表现出一脸害怕的神色，失去了往日的威严，按照来人指使行动，恭恭敬敬地给众人抬来的神位跪拜。此时道士登台诵经，并在神桌上跪拜念叨一番，求雨才算结束。

隐龙"打棍求雨"的俚俗版，更有风土味。

相传某年大旱，两个牧童在村南梅王尖放牛，因草木枯死，牛无草吃，两人便各砍了一根柏树

打棍求雨（方立东摄）

棍，敲打地面以消愁。随着棍打地面的噼啪声，梅王尖山顶飘起了乌云，牧童见状，敲打得更加起劲。乌云越聚越多，不一会下起了大雨，解除了旱灾。以后凡遇天旱，隐龙村便打柏棍求雨，渐渐演变成一套有动作、有节奏、有造型的打法，并伴以锣鼓伴奏，气氛热烈。全套打法分八拍，第一拍原地左转半个圈，与对打人面对面，将棍子往地面一跺，同时高喝："嘿！"第二拍至第八拍是每拍两脚同时跳一次，一人跳进，一人跳退，棍子互打一下。每拍一个姿势，八拍完毕，又从头开始，如此反复。排列长队相互跳打，称"长龙戏水"；围成一个圈互打，称"单珠引龙"，图案变化多样。求雨成功，隐龙村民就把求雨棍留着做秒梃，以示风调雨顺。清人方维翰的《求雨竹枝词》有着生动描述：

求雨村农太不情，公庭持杖长官警。

归来七拐争殴状，要迫天公大雨倾。

如今"打棍求雨"成了省级非物质文化遗产，不仅活跃于田间地头，还成了舞台表演的民俗节目。

在木活字印刷术的发明地，隐龙同样是一个出刻工的地方，窥斑见豹，《方氏宗谱·宗人德生君传》就是一例：

乾隆年间，吾宗人逢城者，字仲高，世居旌德隐龙，业剞劂，精于钩剔，缙绅先生之徒有所造述、撰著，寿诸梓、悬于思次者，以出仲高之手为佳。……于剞劂之事以获交海内知名士，简编之末仲高与焉。

今天的隐龙湖是美丽乡村的"大眼睛"，春天的稻田，秋天的菊园，山上的奇石，林间的古道，让隐龙四季有景，吸引着远近游客到"小桃源"观光休闲。

大 礼 村

方光华

　　旌德县西北兴隆镇大礼村旧称"十八都"，属黄山北麓，西北与太平、泾县毗连。海拔近千米的鸦雀山、双龙尖和天鹅塘雄踞北、南之境，乔溪、滨麟溪分别自西、北向东南注入麟溪。大礼村双溪环绕，倚山面屏，山间谷地富含水稻土，地阜物丰，成了人丁兴旺的宜居之地。

　　旧时大礼村以朱、刘、戴、吕四姓为主，人口曾达4万，有民谣曰："小小旌德县，大大大礼村。"

大礼村全貌（江建兴摄）

　　清嘉庆《旌德县志》记有礼村地名，"大礼村"是其俗称。《朱氏宗谱》对"礼村"之名的由来有这样两句话："礼村，礼教也。""安上治民，莫善于礼……则村以礼名，义或取此乎？"大礼村朱姓与理学家朱熹同根同祖，以朱熹之"礼"名村，既显对大儒的尊敬，又有期冀子孙奉求"礼"德之意。

　　沿330国道从三溪进兴隆大礼村口，一株百年桂花树迎风招展，婀娜多姿。从桂花树往西眺望，远远可以看见一座巍峨的宝塔，犹如一支巨笔直指苍穹。

　　表灵塔为旌德县内规模最大的塔。始建于清乾隆十三年（1748），至乾隆十九年（1754）竣工，历时七年。是礼村朱、刘、戴、吕四姓捐银共建。刘赓廷首输1200余金。后脚入地4米，周33.3米，基为八角形，每边广3.3米。共7层，层高约4米，上顶合尖，高12米，下台高1.2米，总高约45米。用砖50余万块，费银5000余两。塔内每层均铺设木楼板。

　　清代进士、泾县人赵青藜在《表灵塔记》中说建塔目的，是"述形家作用"，可占风水，旺村庄，人杰地灵。此外，还寓有"砥末俗，挽颓风，进一乡、一邑、一世于隆古，一如夫塔之回澜障川"。表灵塔的字义，就是殷切盼望当地士子，遵循孔孟"三纲五常"之道，和"格、致、敬、诚、修、齐、治、平"的学说，像塔一样岿然屹立，砥柱中流。和礼村之名，意义相契。

　　当地人按地形风貌，把大礼村比作一张大竹排，把表灵塔比作稳定竹排的排篙。传说很久以前，一群喜爱游山玩水的人，乘着大竹排到处寻幽探胜，游览风光。当竹排行至重峦叠翠、溪流环绕的大礼村时，被这里的旖旎风光陶醉而不愿离去。于是，插篙停排，在此定居，世代繁衍。由于这里人杰地灵，得天独厚，山川秀丽，地阜物丰，村民生活日富一日。有文化的子弟又多外出经商，把财富源源不断地汇入村里。长老智者为防财源外流，便在村口建了这座象征排篙的表灵塔，以祈千秋不朽、风雨不移。

"一·二八"抗日爱国名将、淞沪警备司令戴戟将军的故居，即在大礼村。大礼村一直流传着戴戟将军的爱国故事。

戴戟（1895—1973），原名光祖，字孝悃。早年毕业于武昌、保定陆军军官学校，1916年先后在蔡锷、李济深、蒋光鼐、蔡廷锴等部任职。"一·二八"淞沪抗战，戴为当时主要将领之一。战前他就把家属疏散民间，并留下"天下兴亡，匹夫有责。成败何足计，生死何足论？我辈只有尽军人守土御侮的天职，与倭奴一决死战"的遗愿。

战后，十九路军撤出上海去福建。1933年11月下旬，陈铭枢、蒋光鼐、蔡廷锴等又在福州成立"中华共和国人民革命政府"，戴戟任政府委员及兴泉省（当时福建省划分为兴泉等4省）省长，公然与南京相对抗，史称"福建事变"。新政权历时53天，终被蒋介石政权扼杀，戴戟流亡香港。1937年抗日战争全面爆发，戴戟再返大陆请缨抗战，被任命为国民党第三战区中将高参，皖南行署成立时任主任。

戴戟一到屯溪，发觉不少人"两耳塞豆不闻抗战炮声"，仍然醉生梦死，甚至连军人也嫖赌、抽鸦片烟。对此，他不声不响，叫人暗访明买，统统将鸦片"买"来，并记上馆号和重量，立即召开军民大会，当众焚毁，并对烟馆、"烟鬼"进行罚款、判刑。出卖鸦片越多者，则罪行越重。戴戟的禁烟使民风好转，秩序安然，时人称其"皖南林则徐"。

戴氏宗祠曾高悬有许世英题写的"桑梓骈嶸"金字匾。

解放前，国民党曾利用表灵塔作碉堡，负隅顽抗。1942

年2月、1947年3月和10月，在这里先后发生了游击队"三打大礼村"的战事。特别是第一次，旌泾太游击队趁大礼村迎神赛会之际，攻其不备，给伪自卫队以沉重打击。

从表灵塔西南方向行七八里，是旌泾太交界的黄华岭，是个军事险要的关隘。太平军翼王石达开从江西挥师南京经过此处时，曾与驻扎于此的清军激战七昼夜未能突破，后经分兵从外线夹袭才破关，然后经大礼村直抵宣城，以应天京。

兴隆梅园（江建兴摄）

大礼村东北3里是远近闻名的兴隆梅园，梅园面积500亩，为安徽十大赏梅基地之一。

梅园盛景，当在早春二月。远处青山做大背景的缓坡低岭上全是梅花，一片连着一片，远远望去就是梅花的海洋。举目望去，连成一片的大红、紫红、粉红、纯白、淡绿的梅花，在微风中婆娑摇曳，简直成了花海梅浪。每到梅花缤纷之季，兴隆镇都会筹办赏梅节，邀请四面八方的宾客，赴约兴隆，共同欣赏梅园这片人间仙境。

毗邻梅园的兴隆畈，数千亩水田，网红时代成了"云上梯田"。2022年5月5日《人民日报》海外版发表了我的短文《"徽州粮仓"入画来》，其中有这样几段文字：

清晨登高，朝霞中的滚滚云浪飘浮在万亩水田之上，给春田罩上了忽隐忽现的朦胧面纱。霞染云涛之中，散布于春田中间的村居农舍、树木修竹挣扎着露出婆娑的身影。村是一二十户组团，房是粉墙红（青）瓦，树是新绿披身，它们就在波光粼粼的水田中间，在云和雾、光和影的流动中闪现。

暮色远眺，夕阳将远山近景抹上一层金色，灿烂的晚霞把山间云涛染成层层红色波澜，使人不禁赞叹大自然造化之

云上梯田（朱学文摄）

神奇。当你置身于版画般的春田中，看着耕牛在田间犁耖，闻着空气中新鲜的泥土味，你会感觉到这是人和土地最亲密的接触，记忆中所有的乡愁都在瞬间被唤醒。

纵横阡陌，似筋如骨，呵护着一丘丘水田。池塘或大或小，溪流或直或曲，与成百上千块蓄水的春田臂挽手牵，晃化为万千魔镜，映射着天光、云雾、树木、房舍……这样的画面从高处看、从空中看，云雾光影在流动，实景和留白在交替。粼粼水田、幢幢树影、俨然屋舍、鸡鸣犬吠之声相和，就像一幅从天上飘洒下来的巨画，铺展在兴隆大地上，那种五彩斑斓、如仙似梦的淋漓动态，怎不勾人心魄？

如果说大礼村的文化渗透在村落的肌理中，那么兴隆梅园和云上梯田无疑给传统村落穿上了一件时尚新衣。

宁国市

胡 乐 村

程燮平

胡乐古村落地处宁国市胡乐镇中西部、青龙湾水库上游，至今已有1000多年的悠久历史。《安徽省宁国县地名录》记载"相传此地原有姓胡名乐的人居住，故称胡乐"，南宋初年杨万里过宁国县，经胡乐时曾赋诗《过胡乐坑》，说明当时这里就称"胡乐"了。《明史·地理志》记载，明初置胡乐巡检司于蜀洪（今属胡乐镇竹川村），明中期巡检司迁至徽庆乡乡治所在地（今胡乐镇胡乐村），"胡乐司"因此得名。民国初年废除胡乐巡检司，但胡乐司这一地名一直沿用至今。

明清时期，胡乐村隶属宁国县西南部的徽庆乡。民国时期，1932年属胡乐镇，1940年改胡乐镇为胡乐乡，胡乐村属胡乐乡。新中国成立后，1949年属胡乐乡，1961年属胡乐公

胡乐古村落

社，1983年属胡乐乡，1993年属胡乐镇。2002年胡乐村与原胡乐镇梅川村合并，村名仍为胡乐村，同时原胡乐村十七组、十八组划入霞乡村。2013年8月，胡乐村被列入第二批中国传统村落名录。2020年2月，胡乐村被认定为2019年度第二批安徽省美丽乡村示范村。

古街古建

胡乐村境内至今仍保留明清时期的古建筑、古民居200余幢，尤以胡乐老街古建筑群和下中川周氏祠堂为代表。另有始建于清康熙年间的神功桥及其他古桥5座。

胡乐老街濒临西津河上游西畔，呈南北走向，全长约800米。历史上，胡乐老街曾繁华一时，为古时宁国五大市镇之一，这里水陆交通便利，贸易往来十分频繁，街道两边店铺林立，行人游客川流不息。老街至今保存较好，信步其中，恍如穿越幽远深邃的历史，让人有一种古意苍苍、铅华未尽的感慨。街道两旁有五六条深浅不一的小巷，像老街的枝蔓，或伸向后山或探至河畔。今日的胡乐老街，已褪去往昔的繁忙景象，只有那苔痕斑斑的青石板路，沿街两侧的老屋旧宅，斑驳的高墙上镶嵌的雕花门廊，木楼栏栅落满的尘埃及依稀可见的朱红痕迹，才印证着这里千百年来的无尽沧桑。

位于老街北端的神功桥，横跨于西津河上，始建于清康熙五十四年（1715），由时任宁国知县陈养元主持募资修建，故最初名为"陈公桥"，后又被称为"神功桥"。神功桥为青石满肩五孔石拱桥，全长83.1米，宽6.6米，是清代宁国六大石桥之一。民国27年（1938）夏天，神功桥东端一段被山洪冲毁。当时正是抗战时期，驻守胡乐的国民党一〇八师在师长张廉夫发动下，捐资抢修大桥，当地民众热烈响应。民国29年（1940）大桥修缮成功，大家一致要求将神功

胡乐村俯瞰图

桥更名为"廉夫桥"。神功桥历经几百年风雨，至今仍保留当年的古朴风貌，与青山绿水、田园乡村融为一体，成为胡乐古村又一道精致的景观。

位于胡乐村南部的下中川周氏祠堂，又名敬爱堂。祠堂始建于清道光二十八年（1848），长37.5米，宽17.2米，共有木柱76根，每根木柱上都刻有对联，建筑面积1145平方米，房屋坐北朝南，分为前、中、后三进。周氏祠堂造工考究，内有大量的砖雕、石雕、木雕、彩绘和文字，是目前宁国市境内保存最完好、规模最大的清代古建筑。2004年10月被列入安徽省重点文物保护单位。

英才辈出

周氏祠堂所在地下中川，旧称"小桃源"，是宁国历史文化名人周赟的故乡，其地居民以周姓为主。据《中川周氏宗谱》载，早在元末明初，下中川周氏始祖周载德（系唐歙州刺史周垚十九世裔孙）采草药进入宣歙万山中，初涉一大溪，见溪北断崖下有桃花片片随水流出，缘崖入谷，则两岸桃花弥山照水，行十余里，一山横裂流水出，笑曰："桃花源在是矣。"不久便携家人来此定居，命其地为"小桃源"。清中期家族设立文会后，文脉昌盛，名人辈出。下中川周氏名人多达20人，有十余人入选清光绪《安徽通志·人物传》。

　　下中川周氏十七世周赟（1835—1911），字子美，号蓉裳，7岁能诗，9岁作《六声图》，12岁考中秀才，时称"神童"，清同治三年（1864）考中举人，历任青阳县教谕、宿松县训导和徽州府教授。周赟精通韵律，首创《六声韵学》，深得晚清重臣曾国藩赏识，并奏请清廷授以二品教官，亲手书赠"六声堂"匾额和"二品教官天下有，六声韵学古来无"的对联。礼部右侍郎邵汴生赐"六声堂"联："本四声五声以分六声，继往开来真学问；原无极太极而合有极，经天纬地大文章。"周赟反对封建礼教和溺婴、缠足，多次捐资办保婴堂、保赤堂和育婴堂，撰《小脚十害歌》唤醒民众。周赟学识渊博，著述甚多，在书画、篆刻、史志、诗文等方面均有很高的造诣。著有《山门新语》《史学骊珠》《周氏琴律切音》《二十四史诗韵集》《说文说》

周赟纪念馆

《观象祛疑》《有极图经解》《六声堂读书要诀》《山门诗史》，先后编纂宿松、青阳、宁国县志和《九华山志》。

胡乐村梅岭脚人方振元，清嘉庆五年（1800）贡生，十八年（1808），参与编纂《宁国府志》，与宁国进士胡岱云、举人董松、禀生章海三人一起完成了《宁国府志》中宁国县部分的编纂任务。其间，与府志总纂洪亮吉相识，并邀其来宁国游玩。洪亮吉还曾到梅岭脚方振元家中为《宁西云纵方氏宗谱》作序。

人来乐往 风物载真情

胡乐村民风淳朴，物产丰富。山核桃、香榧、板栗、高山绿茶、前胡等早就享有盛名。胡乐奇石在周边地区也有一定的知名度。其中，奥陶纪笔石为世界知名的古生物化石，菊花石是胡乐地方特有的一种观赏石，石中菊花质地细腻，花态逼真，令人赏心悦目，充分展现了自然造化的神奇，深

胡乐"三灯"

受广大藏石、赏石爱好者青睐。

胡乐"三灯"（龙灯、鱼灯、河灯）非物质文化遗产源于隋末汪华在皖南一带保境安民，至今已传承1000多年。龙灯祈愿国泰民安，鱼灯祈愿风调雨顺，河灯祈愿长乐无极。每逢春节、元宵节都要举行"舞龙灯"活动。1984年以来，胡乐龙灯多次参加宁国举办的元宵节灯会，屡获佳绩，深受广大市民的赞赏，为繁荣民间文化、丰富百姓生活做出了积极贡献。端午时节，"三灯"在胡乐古村的夜色中交相辉映，廉夫桥上闪烁的金黄龙灯、景观坝上巡游的缤纷鱼灯、西津河上飘荡的多彩河灯，三位一体，构成一道异彩纷呈的独特景观。

胡乐饮食文化丰富，很多美食与传统节日相关，如二月二裹粽子、六月六做包子等。

每逢农历二月二，家家户户总要备上几十甚至上百斤的上好糯米，辅以红豆、菜油、食盐、腊肉、蜜枣等佐料，包裹出大量粽子。除了自己吃，还捎给外地的亲朋好友，成为传递亲情、表达友爱的温馨载体，它的分量和内涵早已超出

胡乐长桌宴

了粽子本身。

　　农历六月初六是胡乐一带的传统节日"安苗节"，其意为农民希望禾苗能在风调雨顺的年景里茁壮成长，预祝有一个丰收年，此习俗已沿袭几百年。安苗节主要是做包子，过去还拿包子敬土地神，求其守护庄稼不被野兽糟蹋。包子种类很多，最有名的当是水馅包，面皮为圆形，直径8厘米左右，成型后的包子为半圆形，内装豆腐、猪肉或南瓜丝等馅，加以佐料，味道极好。"安苗节"前夕，都要邀请亲朋好友前来品尝。客人走时，还会送给他们一些带回家，与家人共享，以寄托美好的祝愿。

千秋村

程子尹

　　站在千秋岭上，俯瞰之下，绿意葱葱，千秋畲族村里的房屋犹如繁星点点散落其间。云梯乡千秋畲族村是安徽省唯一的畲族村，也是宁国市唯一的少数民族村，其村位于皖东南山区，东接天目山、西接黄山余脉，与浙江接壤。畲族人口占全村人口七成有余，并且因有千年古关隘——千秋关矗立于此，得"千秋畲族村"之名。

想望千秋岭上云

　　说起千秋畲族村，最值得说道的便是千秋关。唐代诗人罗隐的一句"想望千秋岭上云"使得千秋岭名扬天下。千秋关，古称千秋岭，属天目山脉，海拔398米，形势险要，有"一夫当关万夫莫开"的气势。当指尖轻轻摩挲着斑驳的城墙，石壁冰冷坚硬的触感与柔软的指腹相交织，无声地诉说着来自千年前的那段峥嵘岁月。

　　五代十国时期，后梁乾化三年（913），吴国吴王杨隆演派遣行营招讨使李涛率兵两万人进攻吴越国衣锦城。吴越王钱镠命令其儿子湖州刺史钱传瓘利用千秋岭的特殊地形，以少胜多，大胜吴军，俘虏李涛及偏将咸知进等3000余人。吴越王乘胜率师越过千秋岭，直取宁国、宣州，占领广德，此次交战，是千秋关上规模最大的一场战斗。

　　宋绍兴八年（1138），南宋朝廷迁都临安府（今浙江杭州）。千秋岭作为杭州西面门户，其战略地位更形重要，南宋朝廷便在此处置关，自此千秋岭始名千秋关。如今的千秋关仍存有关门和部分关墙，以及跑马槽等遗迹。

清咸丰年间千秋关关墙重修，关口用大块方石叠砌，关墙残高为3.82米、长为25.25米、厚为7.17米，拱门高为2.24米、宽为2.05米，关门上石质匾额，楷书阴文横镌繁体"千秋关"三个字。

1937年3月，国民党一九二师共500人的兵力，由浙江取道千秋关进入宁国，与挺进浙江的红军第二团第十支队相遇。双方在千秋关上下激战数小时，红军共击毙国民党一九二师官兵8人，缴获轻、重机枪9挺，步枪85支，史称"千秋关遭遇战"。

2010年，浙江省临安市对千秋关关墙进行维修，保留了原关门，在其旁新建关墙及门洞，门洞高7米、宽5米，并在关墙上修筑城垛，形成了现在我们所熟悉的千秋关之貌。2012年6月，被安徽省人民政府公布为第六批省级文物保护单位。

鸟啼花落千秋里

从千秋关向西眺望而去，便是千秋畲族村，其辖区范围东起千秋关，西至汤公山；南起铜岭关，

千秋关

北至炉吉地。全村有三十六间、中间坞、西山脚、炉吉地、千秋关、桃树坞、铜岭关、大树、汤公山脚、太子坑10个自然村，地貌以低山、丘陵为主，古时畲族人居住于此，凿石造田，田大者可卧，小者可坐，层层梯田，螺旋而上，依山而居的畲民亦称自己为"山哈"。

其中"三十六间"作为千秋畲族村村委会的驻地，该地位于千秋岭与汤公山之间的谷底。清代末期，畲族人陆续从浙江、福建等地向云梯迁徙，一部分人选择了这个蛮荒无主的谷地落脚。初来时，畲民们发现了一些无人居住的旧屋宅，正好可作为栖身之所。其中一座宅院特别大，经过清理、打扫、清点数量，共有房间三十六间，于是就把该处称作"三十六间"，该名一直沿用至今。

山奇、水秀、物丰、民安，在畲汉两族同胞的携手共进与努力之下，如今的千秋畲族村早已不复古战场的肃杀，取而代之的是对幸福美好生活的无限希冀。

近年来，云梯畲族乡以安徽畲族风情特色小镇建设为

畲乡山水

抓手，努力打造"多彩云梯、和美畲乡"的最美畲乡品牌。作为集旅游观光、休闲度假、民俗体验、商务会议等为一体的乡村旅游度假区，目前千秋畲族村已建有畲族风情园、三十六间彩绘墙体景点、河道激浪漂流项目、畲酒红酿酒坊、畲族特色古民居、太子坑环湖景点、汤公山万亩映山红、安徽畲族文化交流中心等旅游项目，先后获得中国最美休闲乡村、中国特色景观旅游名村、国家传统村落、国家级旅游重点村等荣誉称号。

畲族村景

畲族风情传百年

千秋的景孕育了千秋的人，千秋的人则绘就了千秋的万种风情。畲族是个具有千年历史的中国少数民族，在悠悠历史长河之中，畲族先民在长期劳动生产与生活实践中形成了属于自己独特的宗教信仰、民族服饰、语音和礼仪习俗。

畲族有着自己的民族语言，却没有自己的民族文字，历来通用汉字，"三月三"则是他们最隆重的节日。畲民们擅歌，歌曲世代口口相传，歌曲题材广泛，体裁多样，旋律、语言和发声方法独特，节奏变化和演唱形式多样，有劳动号子、山歌、婚俗礼仪、哀歌、哭歌、长篇史诗、古诗歌等，原生态的畲族民歌的发声方式也多用"假音"，与其他民族歌曲的唱法有明显区别。袅袅不绝的畲族民歌是畲族文化传承的重要方式，也是畲族人民智慧的结晶，擅长以歌叙事、传情达意，民歌的节奏根据歌词内容和所处的演唱氛围而定，千百年来畲族民歌经过世代传承、打磨，逐步完善成为现在颇具民族特色的民歌风格。每逢"三月三"等重大节日，畲民身着"凤凰装"，载歌载舞，以示庆贺，而"竹竿舞"则是畲族的特色舞蹈。

竹竿舞也称"打竹舞"，是畲族人民在闲暇时借用竹竿的敲击声，在开合的竹竿之间跳动的休闲娱乐活动。它不仅是一项体育运动，更是一个动感的体育舞蹈，趣味性强、观赏性好、健身效果佳，深受畲乡人民喜爱。舞者在竹竿的缝隙里翻飞、跳跃，演绎出美丽的舞姿，整个场面热闹喜庆、欢乐祥和。

"三月三"中同样亮眼的还有畲族婚嫁习俗表演。畲族婚姻习俗是畲家风情活动中最有特色、最富有情趣的民俗活动。通过哭嫁、拦赤朗（杉刺拦路）、捡田螺、借锅、撬蛙、夜行嫁、牛牯对牛娘、对歌等传统仪式，表达男方迎娶新娘的过程，趣味横生的表演方式，活泼生动的表演内容加上五彩缤纷的畲家服饰，歌舞与传统民俗的大胆结合，既诙谐幽默又热闹喜庆，使其成为畲乡文化的代表作。

民以食为天，千年山哈的美食文化底蕴同样深厚，"山哈宴"作为畲族人民自己的"满汉全席"，一直以来都是畲乡美食的代表作。山哈盛宴种类繁多，畲乡醉糟鸡、双臭煲、乌米饭、豆腐娘、红烧黑猪肉都是畲乡美食的招牌菜，再佐之以口感甘醇绵柔、淡中透浓、柔中有刚，具有御寒祛

畲族歌舞

湿壮神功效的红曲酒，让老饕们胃口大开。

汤公山的壮丽，千秋关的凝重，乌米饭的清甜……青山与碧水相拥，共同哺育出了这个身处于天目山北麓的世外桃源，隐藏在皖南高山里的醉美民族村落，这里虽历经千年的风霜，却越发犹如红曲酒般醇厚绵长。

山门村

吴云驾

一

　　每个村庄都是一部厚重的历史，都有她独有的故事和令人着迷的地方。

　　山门村位于宁国市西北部，距市区15公里，是港口镇下辖的7个行政村之一。它东连凉亭村，南接青龙乡，西抵宣州柏枧山，北邻太平村。其名源于境内的山门洞。

　　据考古发现，远在东汉时期山门村就有人居住。村落依据地形山势，呈"H"形分布。东晋隐士瞿硎隐居山门洞，大司马桓温造访于此，轰动一时，引来众多散户来山门定居。

山门村远眺

伴随着北方战乱和江南的开发，唐宋以后来此聚族而居的人越来越多。清末，太平军与清军在宁国缠斗近十年，加上瘟疫流行，十室九空，山门村也未能幸免。后来，湖北、安庆等地的移民陆续迁入山门村，形成湖北沟、安庆沟、太湖洼等自然村落，他们在带来原居地生活习俗的同时，也入乡随俗与当地人和睦相处，在此居住、繁衍、生息。

山门村解放前设山门保，属港口乡。1952年设山门乡，属西津区。1956年山门、澄清两乡合并为新的山门乡，属汪溪区。1961年设山门公社，属港口区。1983年改为山门乡，后来又改为山门镇。2001年，山门镇所辖七个村并入港口镇。2002年，山门、方村、程村三个村合并为新的山门村。现山门村有35个村民组，人口4500余人，总面积23平方公里。

山门村以山地丘陵为主，水源充裕，山门河及其支流穿村而过。境内植被茂密，古树名木众多，自然条件优越，历史底蕴深厚，既有得天独厚的历史名胜山门洞、江南文化名山文脊山，还有博大精深的佛道文化遗存、散落村内的明清民居和淳朴文明的民风乡情……省内大型梅花鹿养殖基地、恩龙生态万亩观光林和以生产"海螺"牌水泥闻名中外的安徽省宁国水泥厂也坐落在山门村。

青山、绿水、古道、名胜、民居、庙宇和淳朴的民风，在这里交绘出一幅古朴而清雅的山水画卷。2016年，山门村被国家住建部、文旅部、财政部等六家单位列入第四批中国传统村落名录。

二

作为中国传统村落的山门村，它不仅有依山傍水而建的周木义宅、邹安宁宅等20余栋具有明清皖南建筑样式的老屋，还有承载着巨大历史信息与文化底蕴的文脊山、山门洞。

　　在港口镇西侧与宣州区交界地带有一山脉，人们对它的称呼不一：在宁国境内古称文脊山，时称百尖山，主峰海拔409米（2015年地名普查测为411.5米）；在宣州区境内称柏枧山，主峰海拔995米。至于文脊山名称的得来，我想，只有到过山门村，坐车经过24道拐，然后爬到山顶向西眺望，你就能看到蓝天下郁郁葱葱的山峰，其山脊线似波涛起伏，也许会止不住赞叹道："文脊山，好美的风景！"

　　文脊山，又名曷山（北宋《太平寰宇记》），相传有大大小小山峰近百座，东有海螺山，南有蒋家山，西与宣城柏枧山相连，北有铁门槛。文脊山虽不高，却有三大明显特征：

　　一是"奇崛"。明嘉靖《宁国县志》载：文脊山"斗起霄嶭于万山之中，翠壁如削，万仞立铁，不可攀而跻也"。北宋名相、文学家王安石与友同游山门时，留诗《次韵游山门寺望文脊山》云："宣城百山间，文脊尤奇峰。拔出飞鸟上，画图难为容。"宁国人张所勉，康熙贡生，在《陪郡守佟公文脊秋望》一诗中也说："嵯峨文脊峰，丘壑何窈窕。"清朝宁国县教谕张世绥在《文脊山》中道："万仞环西北，宁阳第一峰。"类似的诗句举不胜举。文脊山巍然挺拔，山势陡峭，奇峰突兀，举世公认，她让宋朝以来多少文人墨客望"山"兴叹，望而却步，所以王安石、梅尧臣、吴季野等诗词的标题无一例外的都是"望文脊山"。

　　二是"奇丽"。文脊山群峰逶迤，谷深林密，山清水秀，鸟语花香，为历代文人所青睐。清初顾祖禹编著的《读史方舆纪要》载：宁国文脊山"峰峦攒秀，岩洞盘回，为郡之雄镇"。南宋贵池人华岳，嘉定十年（1217）武状元，他到宁国游玩，看到崖壁上别人的诗，也和了一首《题文脊山次壁间韵》，其中有"红映竹篱花笑客，翠翻云幕雨催诗"的诗句，道出了文脊绿意葱茏，夏花绚烂，云雾翻腾的优美画面和山高难行、淋雨催诗的情感体验。

文脊山

三是奇趣。文脊山汇集了山、石、泉、潭、瀑、洞、寺等景观于一体，充满大自然的神奇奥妙。如地表怪石林立，千姿百态，如剑似佛。尤其是文脊峰水库后面山上的一道石壁，形似富贵人家的"铁门槛"，惟妙惟肖。宋代诗人范成大游览后，留下名句"纵有千年铁门槛，终须一个土馒头"，后被曹雪芹引入《红楼梦》一书中，引起人们对生与死的无限感慨和共鸣。文脊山中还蕴藏着宋代就闻名于世的观赏石——宣石，她洁白如雪，晶莹剔透，赏心悦目，让人爱不释手。

文脊山的水，可听，可观，可饮，可玩！如地下泉水，四季叮咚，且清冽可口。山南边泉水湾水库那里的泉水，冬暖夏凉，令人称奇。清鲍明发《文脊记》载，文脊山"极顶名望天台，万仞之巅，坦若平地，可三四十亩。中有水池

（小天潭），池有芦苇"。奇妙的是，此潭身处峰顶却四季不涸。文脊山的瀑布最有名的，是位于方家冲安庆沟的飞龙瀑布和青龙蒋家山的龙潭寺瀑布，遇到雨季"飞流直下"的景象煞是壮观，而太阳一出，水雾上折射出七彩虹霓，景色着实迷人。

山门村境内寺庙现存不多。坐落于文脊山下干河宏村（第四村民组）的桃园庵，原唐朝建筑已毁，现存为清初重建。相传桃园庵住持仁心圣师精通医术，治病救人，广施仁义，在当地留下传世佳话。文脊水库脚下的文峰寺，始建于清初，砖木结构，基本保存完好，已列入宁国市文物重点保护单位。现在山门洞内的灵岩寺为最近重建，旧寺原建于唐天宝年间，清初达到极盛，该寺住持性瞒法师赴京弘扬佛法，载誉而归，顺治皇帝敕封其为"两江大和尚"，并赐"五佛冠紫衣"一件。

当然，文脊山最负盛名和值得观赏的还是山门洞。

三

到文脊山不到山门洞，此行等于白跑空。

山门洞，古称山门，别称灵岩。位于文脊山东麓，高10米，宽17米，因石壁中开如门而得名，距今约1.5亿年。经过此山门可连通洞内外各村庄，凡来过的游人无不惊叹其鬼斧神工，别有天地。值得一提的是，门外那9株古银杏树，参天蔽日，每到深秋就是一道独特的风景线，大片大片金黄的银杏叶撒落在地，不知让多少游客流连忘返。

山门洞一带为典型的喀斯特地貌，因石灰岩长期受地下水溶蚀而形成。据说整个风景区有大小岩洞72座，千姿百态，美不胜收，正如万历年间宁国知县周良寅题刻诗词《山门》所描述的那样："风回高壁生云气，日映幽花贴

山门洞秋色

石根。"

　　山门洞，1981年入选《中国名胜词典》。1985年，被列为宁国县重点保护风景区。1989年，被列为县级文物保护单位。2003年，朝阳洞石刻被列为宁国市重点文物保护单位。2012年，山门洞摩崖石刻群被列入省级重点文物保护单位。2017年，山门洞风景区被评为国家3A级旅游景区。

　　这里的每个洞窟就像耀眼的明星，都拥有属于自己的独特之处和传奇故事，尤以灵岩洞、朝阳洞、紫云洞、涟漪洞、枇杷洞、龙潭洞六洞最为著名。

　　人以山胜，山以人名。在这里，我觉得说说东晋隐士瞿硎，以及与山门洞有关的另一些东西也许更有意思。《晋书·隐逸传》有这样一段文字：

　　瞿硎先生者，不得姓名，亦不知何许人也。太和末年，常居宣城界文脊山中，山有瞿硎，因以为名焉。大司马桓温，字元之，谯国龙亢人，东晋权臣、名将，是宣城太守桓彝之子，尝往造之，既至，见先生被鹿裘，坐于石室，神无忤色，温及僚佐数十人皆莫测之，乃命伏滔为之铭赞。竟卒于山中。

据不完全统计，自唐宋以降，历代歌咏山门洞或文脊山的诗文有300多篇首，其中包括罗隐、沈括、梅尧臣、杨万里、汪泽民、施闰章及邑人周赟、徐云涛等名人雅士，他们除了描写文脊山、山门洞的秀美神奇之外，绝大多数诗文言必凭吊、怀念、赞颂东晋隐士翟硎。

宁国胡乐人周赟的"天下之奇山门有，山门之奇天下无"，很好地诠释了山门洞的奇特和独特。目前摩崖石刻在山门洞景区共有16处（灵岩洞7处，朝阳洞5处，龙潭洞4处），最常见的是山门洞南北石壁上遒劲有力的八个大字——"仙苔古壁""佛座灵岩"和朝阳洞的"月峰天洞"题刻，它们均出自屠羲英之手。

屠羲英是宁国港口大屠村人，明嘉靖进士，为官刚正清廉，人称士林楷模，万历帝曾御书"春风化雨，蔚为人宗"相赐。明心洞洞顶也有三处题刻，最有价值的是宋景祐四年（1037）县尉蔡杨的题诗："紫府行可到，清溪深不通。何当控双鲤，直入水仙宫。"还有两处分别为明朝宁国府郡守罗汝芳题刻的"水晶"二字和宁国知县周良寅的《题山门》："洞门山日轩，石骨水月冷。宁知千尺龙，独控只潭彩。"朝阳洞石

朝阳洞

山门洞摩崖石刻

壁上的"凤鸣"二字和山门洞北石壁上的"云光"石刻也是罗汝芳所题("云光"旁边有周良寅题刻《山门》诗和明宁国县教谕王道的题诗)。

名人名山名胜名寺,老祖宗留下的宝贵文化遗产虽好,保护好才是真的好。近年来,山门村乘着"乡村振兴"的东风,依托山门洞名胜古迹和文脊峰森林生态景区,牢固树立"绿水青山就是金山银山"的发展理念,探索出"美丽乡村+乡村旅游+特色小镇"的发展模式,成功争创了国家级传统村落、国家级美丽宜居村庄、首批国家森林乡村、全国农村社区建设示范点、安徽省特色景观旅游名村、安徽省生态村、安徽省绿色村庄、安徽省休闲农业与乡村旅游示范点、安徽省首批健康小镇、安徽省文明村庄等荣誉称号。

与此同时,伴随《山门村传统村落保护发展规划(2017—2030)》的制订,非遗项目和民俗文化资源的挖掘,洪潮艺术馆、王承庆博士的"银杏书苑"在山门揭牌落地，有关部门正积极推动皖南事变中新四军军长叶挺被扣后，在押往万福村之前留宿山门洞的纪念地建设等，我们完全有理由相信，所谓"再也回不去的故土"，一定能够在保护中得到发展，使传统村落山门村这块历史的"活化石"焕发出更加璀璨夺目的光彩！

港口村

高生元

港口村，位于宁国市西北部港口镇境内，距宁国市区15公里。东临水阳江约1.5公里，与汪溪街道汪溪村隔江相望，南面与港口镇灰山村相邻，西与本镇五磁村相依，西北与宣州区黄渡镇杨林村毗邻。港口村属于丘陵地形地貌，地势整体较为平坦。港口村属于北亚热带季风湿润气候，特点是气候温和、雨量充沛、四季分明。

一、港口概况

村名来历 港口古名杜迁镇，宋《元丰九域志》载："宁国有杜迁镇，杜亦作纯。"南宋杨万里过宁国县杜迁时赋诗《晨炊杜迁市煮笋》，便是佐证。

明朝初年，港口流村已是水阳江上游可停泊百吨舟船的码头，是宁国西北和宣州西南物资集散地，此地集镇即以码头"港口"为名。明嘉靖《宁国县志·市镇牌坊》记载："港口市，县北三十里。"明朝正德年间，县令王廷相写有诗歌《港口舟行》。

区划沿革 港口村一带，明清时期属延福乡三十六都。民国24年（1935）属第一区港口乡管辖，称新港村，民国34年（1945）属港口乡。1949年4月解放后，属一区港口乡，称新港村。1952年属西津区港口镇，改称港口村。1958年成立港口公社，属港口公社，为港口大队。1983年港口公社

港口老街道

更名为港口乡，属港口乡。称港口村委会。1987年9月港口乡并入港口镇，属港口镇。2002年4月，区划调整，将蔬菜村、流村、北河3村并入，组成新的港口村，属港口镇。现有大胡村、龚家湾、梅家榨、小胡村、小河滩、钟鼓潭、三八及湖北庙15个自然村，共有39个村民小组，1600余户，总人口约5000人，常住人口3274人。

港口村主要以农业为主，种植水稻、油菜、玉米、蔬菜和养殖肉鸡及长毛兔，其他行业主要分布在运输业、建筑业和商业等行业，农民人均收入达20000元以上。港口村交通便捷，皖赣铁路横贯境内，芜屯公路纵贯南北。2023年3月被列入第六批中国传统村落名录。

二、历史悠久

港口村至今尚存60余处清末民国时期传统风貌建筑、古迹遗址。

港口老街　明代中后期，港口为宁国县西北区域的商业重镇，被称为五大市镇之首。明清时期，港口商贸昌盛，时有"九街十八巷"之说。九街为大前街、枣树街、杜迁街（旧有门楼，今为正街）、兴隆街、东后街、西后街、沿河街、当铺街及西去三里的花磁街（位于柏枧河之北，街长约300米）。环绕九街有十八巷：前普进巷、后普进巷、杏园巷、八仙巷、五兴巷、花园巷、仙台巷、沈家巷、向家巷、曹家巷、许家巷、丁家巷、杜家巷、魏家巷、毕家巷、何家巷、李家巷、杨家巷。经商者多为皖南与江西等外地商人。

港口街上，商店鳞次栉比，除当铺街、花磁街专业经营外，其他街道购销的商品林林总总，商人们或坐店收购各色山货（竹木柴炭、桐油茶叶、生漆、菜籽、表芯纸、板栗、花生、笋干、香榧、香菇、白果、青笋、蜜枣、棕毛、箬叶、药材等），或销售从芜湖、南京、宣城、苏州等地贩来的粮食、丝绸、布匹等。有书店、诊所和各种手工作坊（如浆染纺、铁器店、银器店等），一批手工艺人如箍桶匠、木匠、篾匠、弹花匠、扎纸匠、画师、雕刻师等，忙碌着各自生意。港口有轿行、船社，从事客运，载客于街巷、津渡、驿铺之间。流村码头有卸货者、扑鱼者、渡船者、观光者。丰水期，街上旅馆七八家之多，春季放排排民多，放竹排（木排）至宣城孙家铺，旅馆住不下，大多住在居民家，街道两旁屋檐前靠满了放排的竹篙子。

市郊则有油坊、面坊和舂米的水碓。穿行街巷，你会看见身着各色款式衣服的人群熙熙攘攘，有人叫卖生意，有人购物赶路，有人悠闲地逛街，一派祥和的情景。

港口故城 民国《宁国县志》记载："港口原有故城，清康熙旧志失载。今按，港口韩家桥北，砖街十余丈，坚致通衢犹在，应与县南古县城、怀安古城、乌石古城并存其迹。"港口故城在今港口中学一带。

流村1号码头遗址 刘村1号码头位于宁国市港口镇刘村水阳江边，东边有2号和3号码头。据明嘉靖《宁国县志》记载："港口渡，在治西北三十六里"，可见该码头在明代就建成了。在20世纪中期，此处还能通航，经宣城、芜湖抵达长江，水上运输十分便利，直到后来河道淤塞、公路运输兴起，才荒废停用。该码头呈"Y"形，均用块石砌筑成石阶，供行人上下。

八面如来护法柱　位于今港口镇下街三岔路口，明崇祯十七年（1644）建，此处为王灵殿遗址，八面如来护法柱（当地人称"定海神针"）立于殿门前，起护法作用。

陈村桥　陈村位于宁国市北部的港口镇山门村新屋陈村村民组，呈北朝南走向，为单孔满肩青石石拱桥。该桥为明代所建，桥长8.2米，桥面宽4.1米，跨径

护法柱

为5.2米，桥高2.84米。全桥用条石砌成，有护堤，桥上无护栏。

三、文化底蕴深厚

家族文化　港口历史久远，许多家族纂修了族谱，家族文化代代相传，家训、家规、家礼，如《胡氏家训》《胡氏训诫》《赵氏祖训》《王氏家训》《屠氏家训》《吕氏公约》等，形成了浓厚的家族文化，影响了一代又一代子孙的健康成长。

诗歌文化　港口留传了许多古今文人骚客的诗歌。

南宋著名的中兴诗人杨万里，途经杜迁市，作《晨炊杜迁市煮笋》，诗曰：

金陵竹笋硬如石，石犹有髓笋不及。

杜迁市里笋如酥，笋味清绝酥不如。

带雨斫来和箨煮，中含柘浆杂甘露。

可斋可脍最可羹，绕齿籁籁冰雪声。

不须咒笋莫成竹，顿顿食笋莫食肉。

明朝正德年间，宁国县令王廷相写有诗歌《港口舟行》，曰：

开船打鼓碧云端，客子遥趋下港湾。

宛转千峰倚天际，分明一水落人间。

萧萧暝雨孤帆展，拂拂春风锦缆闲。

谷口桃花迷处所，杳然疑入武陵山。

康熙年间，陈养元在宁国为官多年，对宁国怀有深厚的感情。在宁国时，多次到港口视察农事，曾作《过杜迁镇》，诗曰：

积石宁阳道，十回过杜迁。残云留雪岭，宿莽立山田。

啄雀寒争食，居人冷汲泉。犹闻村落里，击鼓迓新年。

当代高行健在港口中学任教5年。5年里，他利用课余时间涉足港口的大街小巷、山山水水和风景名胜，如通灵峰、山门洞刘村，当地丰富的历史文化，为他后来的创作积累了丰厚的文学素材。这些都在他的《灵山》和《一个人的圣经》中留下了烙印。2000年，高行健荣获诺贝尔文学奖。

非物质文化遗产 千年古镇港口，文化底蕴深厚。至今村民保留着春节玩旱船、舞龙灯、赛龙舟、钉称、制作虾米干子、蜜枣、豆腐乳等习俗。选介如下：

玩旱船 2~3人，一名女性坐船，1~2名男性执桨划船，帮衬，四个敲锣打鼓，主唱一人多为男性。帮腔四人唱词新旧结合，因场合不同而不同，见风使舵。现如今主要讴歌党的政策，调一样词多种。根据场合不同，往往即兴编唱。

舞龙灯 每年正月十五或"二月二"（如遇"二月二下雨则改在二月二十五"）都会开展舞龙灯活动。龙的节数以当年是否闰月为准。闰月为十三节，不闰月为十二节。龙头及龙尾由两人同玩。前方为锣鼓开道，称为"雷公电母"。在龙的左右有"祥云"（最少有八个）相伴。"祥云"由小把戏（小孩）扮演。在做龙翻转的过程中"祥云"紧跟龙的旁边，这称谓"跑云"。大规模的舞龙灯还会伴有划旱船、踩高跷、挑花篮等活动。表演的节目有"走龙""拜四方""玩长龙""跪龙""盘龙""出天门"等。龙分老龙和子龙两种。

龙狮合舞

　　赛龙舟　港口镇龙舟赛作为传统文化流传了上千年，由于历史原因断断续续，现代龙舟赛从1960年开始，年年主办，主要在本村村民之间进行。随着时代发展，邻镇之间也进行比赛，近年来每年都参加县市级组织的龙舟赛。

　　港口豆腐乳　港口王家豆腐乳因其味醇正、鲜美、独特而远近闻名。工艺：自制配方。选优质黄豆浸泡、磨豆浆，制作豆腐，在无菌的情况下将豆腐切块放霉菌间发酵，经过半个月的发酵取出，用盐及多种原料配方腌制，腌制后装坛，经过半个月后食用。

港口虾米干子　港口王家虾米干子，嫩、鲜、美，风味独特，因而远近闻名。精选优质黄豆浸泡、磨豆浆，把浆烧开、过渣、点浆，制成豆腐；将豆腐划成小块，手工包成半成品豆腐干，再压制，将压制成型的白色豆腐干放入锅中，加传统工艺配制的酱油、作料，煮开后焖12小时即成。

四、乡村振兴

港口村充分发挥集镇优势，不断壮大、巩固集体经济，以达到振兴港口为目的。近年来，一是推进农村"户户通"工程建设，确保村组水泥路覆盖率达98%以上，前后修建完成小河滩村组、港口村40组村组户户通道路，完成美丽乡村中心村外环路工程建设以及凤凰桥河堤道路硬化工程。

二是严抓农村水利兴修工作，前后修建完成马村河南岸河堤820米，完成上游河道清淤工作，同时将进一步推进马村河水上乐园等基础设施的建设工作；争取移民项目资金对港口村小胡村下游沟渠进行了硬化改造，总长度1200米；重建完成大胡村排水沟，对14、15组大塘、小河滩新潮堰也进行了改造硬化；为确保老百姓生产、生活用水，前后投入资金共计建设完成4口抗旱井。

三是努力完善农村居住环境的配套设施建设，先后完成宁港线休闲步道征地及建设工作，协助完成了港口镇污水管网路东征地工作，完成了港口村21组、26组及27组东区排水征地工作，协助完成路东平整及征地工作，协助完成港口村4、5组土地征收及房屋拆迁工作，完成了高铁建设征收、港口货运站建设房屋摸底及土地测量工作。

四是大力整治农村环境卫生。2020年以来，投入大量人力、物力集中整治村委会周边环境，重点对港口村停车场、柳溪公园对面停车场及盛世家园停车场进行了环境卫生

港口新貌

整治。同时，对宁港线、小河滩新建水泥路两侧开展了数次人居环境卫生整治工作，改善了环境卫生。积极投入资金建成港口村新时代文明实践站、综合文化服务中心及港口村新风堂。

五是大力发展乡村经济，鼓励村民外出创业和就地创业，大力发展种植业和养殖业，树立品牌效益（港口豆腐乳、港口虾米干子），倡导闲散劳力和妇女同志从事力所能及的社会服务行业，广泛促进村民创业增收。

经过几年的努力，港口村村庄错落有致，庭院整洁有序，一派欣欣向荣景象，先后获得省级中心村、省级卫生村、市级文明单位，全国第六批传统古村楼保护单位称号。港口村围绕"实力港口、活力港口、魅力港口、和谐港口"的发展目标，努力把港口村建设成生态宜居村庄美、兴业富民生活美、文明和谐乡风美的新农村。

仙 霞 村

郑树森

望春花开时节，天朗气清。我走进仙霞村，探寻古村韵致。漫步村间里巷，远眺山峦，近观古街，披览史籍，不由遐思飞扬。

一片物产丰饶之地

仙霞村处于宁国市东南、仙霞盆地中部。环村诸山皆天目山余脉，冈峦起伏、翠峰如簇；茶林地、旱地、水田呈梯级分布，村庄与仙霞河之间广袤的农田平坦且肥沃；夏季雨多量大，源自深坞里的东溪（古称声溪）西向流经老街北端，在老街西北方汇入从云梯流出的仙霞河。这里，有国家和省级重点保护动植物多种，盛产山核桃、毛竹、元竹、茶叶、旱笋、青梅、中药材，农作物以水稻、油菜为主。

仙霞镇是宁国市云梯乡、安吉县章村镇、临安区太阳镇通往宁国市区的必经之地，在清代已成宁国东南、浙西一带农副产品集散地和商贸中心。改革开放40余年，兴起农产品加工业，商贸较为繁荣。

一处历史悠久的村落

这片地域，明清时属怀远乡十一都；1932年7月属仙村乡；1941年6月属啸天乡；1949年5月属仙家乡；1961年11月属仙家公社；1968年9月改称仙霞公社仙霞大队，取"仙人所

仙霞村远眺

居，霞光映照"之意；1983年6月更名仙霞村；1994年10月
仙霞撤乡建镇时仍属之；2002年4月岩山村、深坞村并入仙霞
村。东邻孔夫村，南接白鹿村和云梯村，西连杨山村、石岭
村，北接龙亭村。面积18.7平方公里。

相传春秋时孔子由楚适吴，途中结庐长安山（后名朗
山，在宁国孔夫关西侧）山麓。南宋经济学家、文学家李
椿年绍兴年间任宁国县令，仰慕孔子，曾来此讲学。淳熙年
间，宣、歙、广德三郡都巡检使仙仲友驻守孔夫关，以为长
安山一带有生化之机，举家由汤阴县迁此山麓，世代繁衍、
聚族而居，遂成仙家村。嗣后仙氏瓜瓞绵延，有散居县城和
杨山、大龙、云山、虹龙、竹峰、虹桥、九岭等村，有播迁
山东济宁、浙江安吉、河南、河北、辽宁、新疆、湖北等
地。世居仙家村者过半，清嘉庆年间人口鼎盛时有"九井
十三塘"，足见仙家村人丁众多。及至咸同年间，宁国灾
荒、兵燹、鼠疫接踵而至，土著式微，仙氏人口也锐减。
1987年普查，宁国境内仙氏不足500人，仙霞村仙氏有100
余人。

清末以来，徽州方氏、浙江邱氏和村周边杨氏、朱氏、虞氏、叶氏等陆续迁住仙家村。2022年仙霞村常住人口5480人，浙江籍后裔约占35%，闽南籍后裔30%，安庆籍后裔约占20%，余者为土著和他籍后裔。

一个学子如林的望族

仙氏家族笃行教化，设私塾延师课子，学子勤耕书田，入黉宫者比比。宋元明清时期有进士四人、举人五人，邑庠生及贡生数十人。

南宋朝臣仙源在宋元襄樊之战中有保蜀之功，受到度宗赵禥赞许。宣州教授仙崇礼学识鸿博，宁国知府文天祥赠诗赞之。仙作砺在兵部披览军册、饷籍、舆图、兵制，博闻多见、才堪挂国。仙作舟、仙振衢、仙祖谟均有研究《周易》的专著。仙汝烛、仙时忠研究史学、理学颇有成就。仙作舟、仙汝泰、仙祖谟、仙祖绅、仙大治擅诗文，有文集行世。1705年康熙帝南巡时，仙祖绅被拔为诗元而驰名安徽。仙作舟精钟繇小楷，工画墨梅墨竹。

仙克瑾文韬武略，为国之栋梁。青年时钻研经国济民之术，官至山西副都御史。在明政府朝政日非、对金战事告急、农民起义风起云涌之际，1625年他临危受命，任阳和道兵备，安抚军民、指挥抗敌，声威震慑蒙古诸部，使之五年不敢进犯。详查地形、分析局势，写成《中边图制考》《全辽考》《筹胜必览》《备云要成》上报朝廷，明熹宗赏其才，授以山西右布政使。1629年提督雁门、宁武、偏头三关，破剧寇、立奇功，屡次条陈边防计策。翌年以病老疏请归里。著有《思居草》《鹦言集》《声溪药言》等。

仙族亦是家风仁德之名门，族人多有忠君爱民、诗书传家、敦名求实、为人孝廉的品行。仙克瑾知隆平、建安两县"所至有恩，民德之，咸立祠识碣"，履职部曹"典兵九载而疆圉无恙"，戍守朔方功在朝野。"迸馈赠、禁苞苴，减俸以苏民困"。仙作砺归乡后"延师训课，必先德行而后文艺。勉励里中子弟也如此，一时乡里风俗淳朴"。天长县教谕仙庚"严立课程，行己简肃"，循白鹿书院之教规。安庆府教授仙寿日夕讲授，"崇实学，敦名节，能勤其职"。仙时忠"孝友敦于家庭，信义孚于族党"。仙祖政、仙祖绅、仙贻义等严守孝廉祖风。

1143年修建度门寺和仙人塔，仙氏多人捐资。1466年仙志昂奉例出米350石运赴通州仓。仙克瑾在家乡置义田、立义仓、建义塾、建桥梁。仙作砺"赒恤贫苦、敦睦宗姓、济困扶屯、散财焚券"；清初邻县土寇窜入仙家村及周边地区，百姓遭焚巢之祸，他捐饷请兵扑剿，使百姓安堵。1711年饥荒，乡民掘草根为食，仙纶来、仙云来、仙和来、仙祖德、仙祖谟捐谷数百石以赈济。仙志睿、仙作霖、仙作砺、仙和来、仙纶来等捐资建同人、乐善、禄青、义坞、望仙、澳渡、冷渡诸桥，方便行旅。仙贻珍见"本支子弟无力从师者，捐田80亩，助修脯"；1755年大灾，他施粥济贫，全活甚众。仙源来以岐黄技艺救活病人不可胜数。民国时仙世泰经营"共和药店",常留宿饥肠辘辘的过路乞丐。

一座底蕴深厚的村墟

从村居、古街、古建筑交织的画面中,可知仙家村人文底蕴丰厚。

民宅错落有致。多为三进式样:门前设走廊,门边置抱鼓石,门额题"紫气东来""毓秀钟灵"之类吉语。一进,两侧为厢房。二进,中央设天井,两侧为过厢,木雕花窗采光。三进为厅堂,正中照壁上挂字画,祭祀则挂祖宗像。案桌置花瓶,卧室铺木地板。照壁背面置木板楼梯,左侧有门通后院。后院有厨房、厕所、猪圈等,或有菜地。人口较多的大户则套建房宅,常有"36天井、72槛窗"(即有36进房,住36个独立家庭)。每进各开边门,均从大宅院门出入。

明清江南民居,重视造型美和雕饰、色彩的运用。以柱、枋、梁、檩、椽为构件,梁托、瓜柱、叉手、雀替、斗栱等大都镂雕加工,饰以花纹、线脚。天井四周檐下的撑木雕成神仙人物、飞禽走兽和戏曲场面。将梁架上的叉手和霸椽做成云朵状、勾连迂回的流畅线条。各户均有封火墙。设天井,以采光、通风、聚财气,檐水落入地面水池,谓之"四水归堂",水池与排水暗沟相连。池中养金鱼龟鳖,或置盆景假山,置身厅堂可晨沐朝霞、夜观星斗。民居多依山傍水,白墙黛瓦、竹木花草、青山绿水交相辉映。如今仙家村旧宅所剩不多,现存清代及民国时期民宅19幢,因年久失修多数圮损。

古街曾经繁荣。明清时,仙家村三条街道(声溪南北两条与仙霞河平行的一条)构成"川"字形,与九条小巷相连,沿街有百货店、山货店、木器店、竹器店、铁匠店、纸店、客店、弹棉店、棕坊、染坊、面坊、油坊等。古街石板路，年久有车辙。经商者多为来自绩溪、歙县的徽商，也有少数浙西人和土著。砖墙、石埂环绕村落，夜间村门关闭，外人无法进入，村内有人打更巡逻，人们过着恬静安然的生活。逢年过节，来自宁国东乡及章村、横路的购物、观光人群熙熙攘攘。

古迹杂然其间。明代天启年间，村中建有仙氏宗祠，为宗族祭祀、议事场所。1624年、1702年，仙时忠、仙克瑾父子先后入祀乡贤祠，人们春秋致祭。清代在仙家村，为仙克瑾的生母汪氏、妻袁氏建康师锡宠坊、宪邦申伦坊；为仙克瑾及其生祖父、祖父、父建三代中丞坊、纶褒世宠坊（分别在仙氏义馆右、仙氏义仓左）。仙氏族人在村落周边，建有澳渡、禄青（今名观音桥）、望仙、声溪、上溪、巷头诸桥，修筑水竭、水埠、驳岸和声溪井、义井。郎山下有孔子过境时所凿的"孔子井"，村西北部马跑泉传为孔子之马用蹄子刨出泉眼，从古至今长流不断，南宋吴晦之《孔子堂》诗云"一泓堂下马跑泉"，清代仙焘《孔夫堂》有"马迹有灵泉"的诗句。村内现存800年银杏三株、800年黄连木一株和百年榆树、水杉各一株。

堪为长寿之乡。村庄坐落水口部位（仙霞河绕其西，声溪河横其北，交汇于西北）；东北方有北姑峰（今名师姑坪），西南方有回龙山，东南背倚朗山。"四灵"（青龙、白虎、朱雀、玄武）具备，交通便捷，为宦居之地。自村庄望去，近有平畈，远有岩山。盆地开阔空气清新，青山绿水环境静谧，村民勤劳、家庭和睦，故此村多有寿星。《仙氏宗谱》《宁国县志》所载仙氏寿星享年：仙崇礼73岁，仙源79岁，仙时忠、仙贻珍俱80岁，仙克瑾、仙祖谟俱81岁，仙遇83岁，仙粹修妻朱氏1710年终于102岁。较之宋、清两朝人均寿命（分别为30岁、33岁），如此高寿实属难得。

蚌壳舞（宣城市非遗）

今有非遗传承。伴随清末以来客民入迁、文化交融，以仙霞为代表的宁国"大东乡"（中溪、狮桥、仙霞、杨山、云梯）形成一些传统舞蹈、传统技艺、传统医术。蚌壳舞、貔貅舞、仙氏中医正骨疗法及清明粑制作、仙霞红酒酿造、笋干制作的技艺列入宣城市非遗目录，画梁工艺、梅干菜制作技艺、卤笋制作技艺、邱氏中医正骨疗法、仙霞中医中药皮肤病治疗技术，列入宁国市非遗目录。

2019年6月，仙霞村被列入第五批中国传统村落名录。次年7月，镇政府组织编制传统村落保护发展规划，确定以古建筑为中心的核心保护区（1.81公顷），涉及文保单位、建筑、生态环境、非遗的保护，提出各项保护措施，结合乡村振兴，计划将仙霞村打造成集文化展示、农家接待、度假为一体的乡村旅游休闲地。

白茂村

高生元

白茂自然村，位于宁国市西南部霞西镇霞西村，距离市区18公里，由4个村民小组组成。白茂村古称白凡坑，取"清楚明白，平常普通"之意。北宋初期，汤氏家族就已迁居于此，绵延至今已有千年历史。白茂村被列入第四批全国传统村落名录。

一、基本概况

白茂村四面环山，北有雄伟的银山尖，东面御屏山绵延至村入口处，西面白垠坪山、西山绵延至村庄西南角，南有青山。银山尖又称为银峰，为白凡村之镇山。

村落房屋依山顺水，就地势而建。后溪河由北向南流经村庄，前溪河由西向南流经村庄，两水汇合于村前，河道两边均用石块垒砌，沿途建有踏石，供浣衣之用。在绕村的河溪上有多座石拱桥、石板桥，方便居民通行和生产、生活，村中沿后溪河边有两处古井，井水清澈见底。村中主要有两条街道，呈南北走向，一条青石板路南北穿村而过，另一条道路与后溪河平行。村落周围现有银杏树、青栗树、香椿树、拐枣树等古树十多棵。

白茂环境优美，物产丰饶，盛产毛竹、元竹、木材、茶叶，田间地头满是农作物，村民粮食蔬菜自给自足。这里山水环绕，山因水清，水因山活，空气中富含负离子，山泉水

白茂村景

中含有多种人体所需的微量元素，现在村中居民400多人，共有45位长寿老人，其中70岁至80岁30人，80岁以上15人。

二、建筑特色

白茂村建筑主要是民居，也有祠堂、皮纸作坊等公共设施，建筑组群比较完整，是典型徽派建筑，现存完好的清代及民国时期民居15幢、宗祠1幢，各类建筑都注重雕饰，木雕、砖雕和石雕等细腻精美，高大奇伟的马头墙睥睨云空，灰白的屋壁被时间涂画出斑驳的线条，更有了凝重、沉静的效果。

民居布局有沿街开敞式和内天井式，建筑结构有二进二厢、三进三厢，注重进深，即"前面通街，后面通园"的格局。基本上家家都是由前院与后园以及正房、厨房、厕所、猪栏、柴房（杂房）组成，其中正房布局多雷同：中间是堂心，两边是房间，房间和堂心前面都有天井，天井两边是过厢。厨房杂屋根据地形，有前有后，有左有右，有的是方整的一间，也有的是狭长的一条。

房屋采用砖木结构，以梁柱为骨架，外墙砌扁砖到顶。在挑檐、挑枋下，通常装有鹅颈轩，既起支撑、牢固作用，又起装饰效果。房前有五六尺宽的走廊，走廊两端用砖砌到顶。房屋与房屋之间虽并排连接，但不处在一条直线上，大都是略微错前错后，均有砖墙突出，和邻家相隔，这样既使各家互不干扰，又有自立门户之感。

汤氏宗祠建于清嘉庆九年（1804），它是村中最大的建筑群，占地面积约628平方米，坐落在村东南角，坐北朝南，前有流水，后有靠山，与周围优美的自然风景相得益彰。汤氏宗祠在使用功能、基本格局、通风采光等方面都进行过深思熟虑的设计，前有门厅广场，门厅两侧有廊庑，廊庑以后有享堂，享堂之后又接有两厢廊，厢廊以后则为两层结构的寝堂，另外前置有前天井，后边还有后天井。祠堂有木柱36根，额枋、雀替、斗拱上的木雕姿态各异、形象生动，柱磉石雕、门厅八字墙上砖雕工艺精湛，室内门窗木雕花样

白茂村汤氏宗祠

繁多、技法多变，题材有花草、祥云、人物、动物等，内容丰富，寓意深刻。大门两旁立有一对精美的石鼓，门额上悬挂"汤氏宗祠"四个大字。门楼两根石柱古朴挺拔，上面镌刻联语曰"山列玉屏秀毓银峰世泽，水环金带源流慎德家声"，寓意家族渊源深远，地理环境优雅。

三、传统文化

白茂《银峰汤氏宗谱》最早于元至正四年（1344）冬月纂修，现存本为第六次纂修，纂修时间为清光绪二十七年（1901）七月，共计四卷。

家族名人

汤徽，字泰，号忠裕，北宋时人。原居宣州之洪林，晚年因喜爱宁国南川之秀美，遂卜居宁国汤村，为汤氏迁宁始祖。怀韬略之才，职任中书舍人。

汤鹏举，又名九一，字文举。早年登第，绍兴、乾道中任资政殿学士、左大夫，官至参知政事，知枢密院事。汤鹏举曾向皇上推荐同乡琴山（今名霞西）人杨东任参知政事。建万卷堂、百砚阁、御书楼于琴山，故当时琴山文盛一时。

汤元仪，原名仪，又名五三，汤鹏举长子。见白凡坑山环水绕，爱之，遂弃祖基而徙居焉，为白凡坑汤氏始祖。

非物质文化遗产

皮纸制作　明清以来，村民用传统手工工艺制作皮纸，所做皮纸经前墓岭走白马古道销往徽州，经琴山杨门口销往浙江、江苏等地。20世纪70年代，白茂有百余人从事皮纸制作，至今仍保留皮纸作坊一处，有30余人传承皮质制作工艺。

木盆木桶　白茂村仍保存有传统手工制作木桶木盆的工艺，在桶匠师傅一双巧手变幻下，一根根笔直的原木经过

老房子

刨、凿、锯、钉、箍等工序，变成各式各样的木桶木盆，如澡盆、脚盆、水桶、饭甑子、火桶、马桶、立桶等。

竹编　白茂地处皖南，村落四周山上生长大量的毛竹，我们先人根据竹材特性，用竹子进行粗编生产竹编凉、箩、筐、篮、畚箕等劳动工具和生活用具，并传承至今。

笋干　取当地的竹笋（毛竹、早竹、水竹笋等）剥壳、加盐水煮，炭火烘干即可。

打糍粑　取当地自种的糯米，蒸熟，放在碓窝里捶打，切成块状，再裹上黑芝麻粉、白糖等材料即成。

做豆腐　取当地的黄豆，水泡、用石磨磨成浆，过渣，将浆水烧开后加石膏，制成豆花，再制成豆腐、白干子。白干子加水、酱油、作料，煮开即成豆腐干子。

打草鞋　取材为当地的线麻、稻草，现将线麻搓成绳子，再在特制的草鞋杷子上编织成草鞋。

四、古村新颜

近年来，在霞西镇党委政府坚强领导下，霞西村紧紧围绕乡村振兴、推动农村各项事业共同发展这一中心任务，以"发展生态休闲农业、建设美丽乡村"为目标，团结协作，扎实工作，村里各项事业取得了一定成果。

白茂村新貌

白茂村新建了戏台、公共厕所，整修了宗祠，恢复了村中石板道路，旧房屋改造修旧如旧，建新房统一按徽派建筑式样进行，原有的古建筑得到了很好的保护，宗祠已升级为宣城市重点文物保护单位。白茂村已先后承办了两次市级"工匠大赛"和多次承接各级开展的文化活动，如摄影大赛、非遗传承展、花鼓戏会演等。霞西镇霞西村充分利用丰富的资源，展开系列振兴乡村的活动，如白茂古村落、霞西"三线"厂遗址、杨门口戏水项目、霞西果园采摘项目，霞西赏花等取得了丰硕成果。

欣逢新时代，古村换新颜。

宣州区

小 胡 村

李继国

在水东宋代花戏楼的正对面，有一个长方形的墙壁，白色的墙面上是用毛笔书写的"宋代山庄小胡村"简介，并配有湖州骆驼桥富户胡千二的人物肖像。书法笔力遒劲、运用自如，如行云流水、一气呵成，是该村文化人易智敏的杰作。此时此刻，我就站在这里，上午的阳光斜斜地照射在墙上，800多年前的那场惊心动魄、以少胜多的战事犹在眼前。

靖康之难后，赵室被迫南迁。绍兴三十一年（1161），金王完颜亮统率金军主力越过淮河，进迫长江。南宋主战派将领虞允文被派往采石犒师，宋军正值缺粮，军心不稳。这时，胡千二筹运的粮草已到。允文获粮，有如神助，以1.8万兵力与15万金军决战于采石矶，结果大败金军。

胡千二因献粮有功，被朝廷诏封为宁国县尹，历代恩荣。某年春月，挈家西行，奉命赴任，途经东冲，见山清水秀，土肥壤沃，宜于耕作，遂命长子胡继唐偕家人于鸡冠山麓筑室而居，小胡村即始于此时。

从空中俯瞰，小胡村状如扇形，典型的宋代风格，周围是郁郁葱葱的青石、月牙两山，村庄在两山的环抱之中显得静谧安逸，犹如世外桃源一般。鸡冠山遗世独立，昂首在天，青山不老，默默地注视着人间的一切。

古村的民居青砖黛瓦，多为木质结构，鼎盛时期有300余户，近3000人。房屋排列有序，错落有致，古巷交错纵横，

小胡村宋代花戏楼

共有36条大巷，72条小巷。现存的大巷、石板巷、木竹巷均用青石铺成，仿佛在诉说着光阴的故事。刀光剑影早已暗淡，鼓角铮鸣也已远去，我从金戈铁马的古代战场缓缓转过身来，宋代花戏楼正在凝视着我。

　　我也凝视着省级文物保护单位——花戏楼。这是一座典型的皖南古民居建筑，她始建于南宋，又名万年台，呈凸字形。前部表演区为单檐歇山顶抬梁式，可以三面观看表演。后台为硬山顶，楼上飞檐翘角，顶部覆盖小瓦。台身砖木结构，四周共有柱16根，天花为木条的方格，檐柱斜撑刻以戏文故事及狮形。台基高1.85米、台宽12.7米、前台深4.4米、后台深5.1米。顶有藻井装饰，以助声响。

　　自清同治四年（1865）起，即有目连、散腔等戏剧在此演出，十年一大唱，五年一小唱，多为专业班社，且与玩灯、赛会相结合。清光绪末年，因楼毁坏严重，村人合力维修；民国5年（1916）又重修。据鉴定，现存建筑属于明代风格。现在逢年过节期间，村民们都要请戏班来表演节目，那抑扬顿挫的唱腔引人入胜，像从前一样的精彩，延续着传承着800年以来的文气、文脉、文化、文明。

两位村干部段佑珍和夏忠喜引领着我们从花戏楼来到了村西南。一座徽式的三层楼映入眼帘，进入屋内，百年的沧桑感油然而生。想当年，这里人丁兴旺、热闹非凡、烟火气十足；可如今，这里人去楼空、灰尘满布、潮湿味很重。只有两位老人居住在一层，守着寂寞的时光。热心的老阿姨指着墙上的照片说是谁谁谁，为我们讲述着他的前尘往事。三层我没有上去，只是看见了一些斑驳的光线漏在了里面。《安徽省历史文化名城名镇名村保护办法》已于2017年8月1日起施行，《宣城市宣州区小胡村历史文化名村保护规划》也已出台，希望我们下次来时，"三层楼"已经得到专业的修葺。最好是修旧如旧、原汁原味、古色古香，让小胡村多出一个新的网红打卡点。

从"三层楼"出来，踏着青石板往南不远，就来到了著名的省级文物保护单位"百步三道桥"（当地老百姓也称之为"渔溪三桥"）。为什么在百步之内会建有三座石拱桥呢？一个传说在段主任的口中娓娓道来。传说中，东冲河内有三条蛟龙，年年盛夏都会走蛟，洪水泛滥，小胡村群众受灾严重。东冲河对岸宁国通灵峰上居住着一位神仙，看到百姓苦痛，深深自责，便化作一位风水先生，悄然来到鸡冠山下，找到胡氏族长说："东冲河年年走蛟，乃是有蛟龙作怪，你发动百姓修建三道石拱桥就是三道捆龙绳，鸡冠山就是捆龙柱，鸡冠山石就是镇龙石。"此后不久，三道桥建成，东冲河两岸风调雨顺，百姓奔走相告，到桥南的农田更加便捷了。

据明万历二十四年（1596）《重修祖桥碑记》题诗：

小胡村三道桥

　　"北岭南溪一座桥，通京达帝到今朝。水涌桥滩根脚在，重修依旧出英豪。"祖桥（长7米、宽2.9米）始建于南宋，上桥（长8米、宽3.9米）和佑桥（长7.8米、宽3.3米）分别建于清康熙和乾隆年间，三道桥含有祖上佑护、百代相传之意。

　　"你知道这叫什么吗？"段主任指着上桥旁边的一株绿色植物问我，我摇了摇头。她说："这是我村特有的樱桃树，已有200多年历史。成熟时色泽鲜红，果味香甜可口。经专业检测，我村土壤含硒元素较高，是名副其实的富硒樱桃，营养丰富。目前，我村樱桃种植面积已达380亩，总产量约22万公斤，产值可达800万元左右，成为'一村一品'示范品牌。作为开春第一果，每年樱桃成熟时节，都会吸引大量的游客，他们都非常喜欢。"听了她的介绍，我很高兴："最好把农家乐搞起来，这样就把人留住了。"她说："村里已经有了这方面的打算。"我说："那就好，那就好。"

　　小胡村古名东冲堡，是东胜村的六个自然村之一，东胜村部所在地，位于水东镇东南4公里，104省道穿境而过，交通便利。共有4个村民组，现有人口1013人。盛产枣、樱桃，蜜枣外形扁平、晶亮透明、金丝细缕、色似琥珀，两类果实均富含糖、蛋白质、维生素，深受消费者喜爱。种植业以粮、油、棉、烟叶为主，养殖业以鸡、鸭等家禽为主。

我们从"三道桥"返身折回村中的古巷，再一次体验着古村厚重的历史积淀和深层的文化底蕴。村里面随处可见古建筑的石质构件，我忍不住用手轻轻摩挲，感受被时光遗忘的美。古村历史上曾有"八景"，现仍存石头猴子洞、宋代花戏楼、百步三道桥、石头凹、仙人洞等景点；小胡村曾建有许多庙宇祠堂，现仍存石王庙、月山庙、古堰塘、红庙、胡氏祠堂等遗址；曾广为流传的天官胡驸马"失王菩萨"、四姑庵、湖北八魔祖师、五龙戏珠与五龙一凤奉圣等地方历史传说有板有眼、精彩纷呈、让人着迷。

目之所及，尽管有大量的现代建筑夹杂在村中，但是整个村庄的朴实、纤巧和灵气仍然显露无遗。

"涧水来自千仞岗，回回曲曲抱村庄"，这是对发源于通灵峰的曲水的真实写照。曲水是生命之水，流淌于斯，世世代代滋养着小胡村的百姓，这也是胡千二在此繁衍生息的重要原因之一。村落布局齐整、水圳规范，让人叹为观止；楹联碑记、族谱宗志，则又让人欲探究竟。"上滴水、下滴水，金银窖在滴滴水；上三亩、下三亩，金银就在中三亩""金龙盘转，内有藏宝"，这是《胡氏宗谱》里记载的两段神秘话语，至今无人能懂。小胡村还有"一条扁担，八根绳，回来一把刀"之说。自唐宋时，此村就开始制售蜜枣生意。玉枣制成后，果农就用箩筐挑着，翻山越岭跑外地做生意，挣几两碎银养家糊口。有时在路上遇到土匪、强盗，被抢的只剩下一把刀带回来。回来了就安全了，因为村子四面皆山，易守难攻；而西边山体的天然缺口，一直在见证着小胡村的每一个日出和日落。

　　徜徉不久，我们回到东胜村部，在院落的草丛里，赫然发现了《胡氏上桥碑记》，上面刻有捐助人的姓名和金额，落款是："皇清乾隆二十二年岁次丁丑季冬月。"段主任看我们在此驻足，于是介绍道："这块碑本来就在三道桥边，有不了解情况的村民以前用来搭建其他过路小桥，被发现后，又有热心的村民把它送到村部。村里准备把它重新立在三道桥边，并且建个遮阳棚来遮风挡雨。"

　　小胡村是寂寞的，她差点被历史遗忘。

　　小胡村又是幸运的，2008年被评为宣州区美丽乡村，2010年被评为安徽省历史文化名村，2012年被确定为宣州区11个美好乡村高标准建设点之一，2015年成为全省美丽乡村建设中心村，2016年入选第四批中国传统村落名录。在乡村振兴的大背景下，小胡村重新焕发出勃勃生机、无穷魅力。

前 进 村

李继国

前进村位于千年古镇水东镇东南方向5公里处，地处天目山余脉，2004年由原来的前进、宗村、新禾三村合并而成，是宣州、郎溪、广德、宁国四县市区交界地，总面积26.8平方公里，辖12个自然村，人口3468人。前进村是水东武山河、朝阳河的发源地，境内的麻姑山为水东镇最高山峰，盛产毛竹及杂木、经果林等。村里村外人和物的流动靠的是宗水公路和水姚公路。

在大张自然村，村口的三棵千年古银杏树高耸入云，枝繁叶茂。在古树的西北边，一块巨大的风景石上写着"前进生态长廊"六个大字，长的是生态，长的是历史，长的是

前进村高大的银杏树

未来，令人欲探究竟。东南边，是一座飞檐翘角的"银杏亭"，亭子不大，小巧玲珑，可供村民和旅人在亭中歇息。前进村历史悠久，相传早在三国时期，张氏族人便定居于此，后来逐渐形成了大张、中张、小张3个村落，鼎盛时期人口达4000多人。

上何村也属于前进行政村，古时称"禅峰村"，因村西入口有一处禅峰庙（又称将军庙）而得名，"村外又村千户荫，树间又树四时春"是对这里的最好写照。据考证，上何村建村历史可追溯至东晋之前。修建于几百年前、集消防、灌溉、饮用于一体的极具特色的老水渠，上百栋四水到堂的老房屋等众多古迹见证了上何村的风雨沧桑。这里自古文风鼎盛、人文荟萃，是远近闻名的文化村。据《宣城宛陵何氏宗谱》记载：南宋度宗咸淳二年（1266），何氏先祖何中立、何中正、何中直三兄弟考中状元、榜眼、探花，冠甲全国，名动京城，被度宗皇帝称为千古奇荣，遂将"来苏乡"（彼时水东镇被称为来苏乡）改名为"兴贤乡"。

过十里柳林，我们来到了古树参差、浓荫蔽日、青翠欲滴的宗村，也叫"榧里宗村"。顾名思义，这里的榧树多。榧始载于《神农本草经》，是国家二级重点保护野生植物，具有很高的观赏价值、药用价值和经济价值，几乎全身是宝。宗村依山傍水、小溪潺潺、郁郁葱葱，世外桃源莫过于此。我站在村中的农民文化活动广场，放眼四周，这里一面临水、三面环山，参天大树、漫山遍野、绿意盎然，古老的村落隐藏在树林之中，恍惚间，我仿佛置身于千载之外。

据传，宗氏家族是宋代抗金名将宗泽的后裔。当时，宗氏族人由江苏京口镇（今镇江市）迁移到建平镇（今郎溪县），因遇上战乱，其中又有四人徒步从郎溪来到宗村落户。他们建造茅棚，居住在两冲；两条小溪穿村而过，将村庄分割成了三块，南侧叫亭峰村，北侧叫榧里村。随着时间的推移，宗氏子孙发展壮大，人口增多；明代至清初为宗村鼎盛时期，有360户、3000多人，山冲、山腰和山脚都有住户。他们在郎溪同宗的大力支持和帮助下，逐步建立了祠堂、公堂、庙宇等宗氏建筑以纪念先祖。

宗村人历来能吃苦耐劳，他们改田地、造河坝，赴外地学手艺，请匠人用毛竹制造表芯纸。质细、性柔、色白的宗村表芯纸是“水东三宝”之一，另外“两宝”是水东蜜枣和鸦山横纹茶，自古声名远播、行销全国。造纸业高峰时曾有24家纸槽，从业人口850多人。他们全力保护成片的香榧树，发展地方特色产品，搞活经济。20世纪80年代，宗村一次性购入上百台电视，成为宣城县首个“电视村”，名噪一时。

在广场的南面，有一条通幽的曲径，左边有清脆悦耳的溪流声，沟壑两岸大树碧连天，青檀、银杏、枫树应有尽有，鸡蛋花、月季花、绣球花争相斗艳。右边有一家写着“宗村人民公社”的房屋，女主人热情地给我们介绍说，数年前她和丈夫买下了这里兴办“农家乐”；丈夫姓宗，是宗氏的后代。这里原来是一个大户人家的祠堂，据说有100年左右的历史了，大门口散落着一些石构件，如马槽、石磨、拴马石等。

当年人民公社的公屋

记得2022年元月，“皖南星7天·艺术向前进·森林之约”系列主题活动在前进村拉开帷幕。在公社门口的这块石磨里，村民们轮番表演着磨豆腐、打糍粑、炸春卷等民俗活动，热情很高、年味很浓、趣味很足。8月，水东镇“皖美消费·夜

嗨古镇"活动开启，一场乡村森林音乐会在前进村村口的桦树林里精彩呈现，让游客流连忘返。前进村是宣州区艺术乡村建设的试点村、培育村，村里艺术化改造了原游客集散中心，嵌入银杏、桦树、枣树、音乐、树屋、长廊、赤云、流年等元素，建成300平方米的艺术空间，身入其中，别具一格，真乃是：人间好景皆入眼，世上闲愁不到眉。"心杏相印"竹编景观赏心悦目，"'樱'你而美"主题活动力促消费，"5·21'粽'是你"活动让爱做主，前进村在不断践行国家乡村振兴战略，用艺术唤醒、激活、赋能乡村，用传统文化延续乡村文脉、释放文化效益、活跃乡村经济，促进文旅深度融合，为建设中华民族现代文明添砖加瓦。

　　我们来到一棵老树底下，有几位老人在闲坐聊天，我走上前去，和老人们攀谈起来，从他们的口中又了解到一些前进村厚重的历史。九曲岭古道就在宗村，是连接水东镇与广德月湾乡的重要通道，平均宽2.5米左右，为骡马道，两骡及背上货物架可交错而行。鸦山古道在胡村大鸦山上，始建于明代，自古为兵家必争之地和宣州、郎溪、徽州相互贸易的必经之道。史料记载，宋宣和年间，军队前往睦州（今杭州淳安）镇压农民起义军方腊时即走的这条道。明末，太平军忠王李秀成率领一支部队突袭杭州也是经由此道。在现代革命史上，鸦山一带曾经是皖南游击队和新四军的战略要地，彭海涛、王金林等革命家先后在这里开展工作。目前，九曲岭古道和鸦山古道都是省级文物保护单位，两条古道在山脚下交汇于水东的鸽子庙。黄尘古道，风云变幻，繁华落幕，曾经的来来往往、聚散离合都已经湮没在历史的深处。

七岭村

李继国

雨季来临的时候，水阳江的水位会上升，中洲梅西边的水就会回灌到东边，此时，这个自然村远远地看上去就像是一座孤岛。这就是水东镇东南的七岭村。

七岭村东与安徽宣城海螺水泥有限公司相邻，南与东胜村相连，西与黄渡乡隔水阳江相望，北隔朝阳河与枣乡社区交界。全村面积7.2平方公里，耕地面积4618亩，山地面积3150亩。下辖8个自然村，有25个村民小组，人口3397人。

七岭村村落形成于清代，已经有300多年历史。走近村庄，满满的绿意和凉意扑面而来，其森林覆盖率至少在96%。绿树掩映中，村中的房舍错落有致，白色墙壁上，有的写着"七岭村陈村中心村村规民约"，有的印着24个大字的社会主义核心价值观，还有的画着"尊老爱幼""诚实守信""鸡鸭成群""硕果累累"等中华民族传统美德内容和农村生活场景。

陈村"文化长廊"旁边有一棵檀树，这棵古树至少有300多年的

七岭村的古檀树

树龄了。树高五六丈，比较粗壮，至少三人以上才能合抱过来。树中间有点空，大年三十失过火，但依然枝繁叶茂、青青葱葱，足见它的生命力之顽强。树下有很大一片阴凉，把燥热和蝉鸣挡在了外面。如果在树下摆一小方桌，可对弈品茗，也可抚琴焚香，实乃人生之雅事。

出了陈村，过了大片大片的稻田，我们走进段家湾的一处家庭枣园。枣树上挂满了枣子，有"尖枣"，有"团枣"。这里是水东蜜枣的重要产地。制作水东蜜枣，大约在明末清初就开始流传了，分为拣选、切缝、淘洗、糖煮、养浆、稀烘、挤捏、老烘、分级、包装等10道工序，成品色泽金黄如琥珀，切割的缕纹如金丝，光艳透明，肉厚核小，保留着天然枣香。水东蜜枣制作技艺，浸入了当地人丰富的生产生活经验，饱含着乡愁。20世纪70年代，水东蜜枣曾远销国外，那是她的高光时刻。现在，蜜枣主要供应本地及江浙沪地区，是水东镇的名片之一。

在去张村的路上，我们经过了一座桥。桥面是现代的，但是探下身子一看，原来是单孔的石拱桥，武山河从桥下缓缓流过。这桥是明代的，后来在上面加固了。

过了桥，村里的青虾养殖基地映入眼帘，水面约85亩左右。一年两季，青虾上市，可为村民增加收入。另一项收入，来自烟草种植，种植面积达500亩。七岭村还有两项制作传统特色美食。其一是挂面，七岭村制作的挂面细若发丝，洁白光韧，耐存耐煮。其制作包括和面、醒面、盘条、绕条、二次醒面、拉条、三次醒面、上杆、二次拉长、下杆、包装等11道工序。其二是橡子豆腐。橡子豆腐是一种用天然橡子淀粉加水，充分加热搅拌，熬制出来的形状外观如豆腐的美食。橡子具有特殊的生物功能因子，可提高人体的免疫力，能抵抗、缓解、预防铅等重金属对人体的伤害，有益身体健康。

张村时一座古老纯朴的村庄。村民组长陈跃东指着一幢青砖黛瓦的建筑物给我们介绍说："这房子是安禄山时代的，里面可以跑马转楼。"我们好奇地走了过去，里面还有人居住，透露着烟火气。我问："跑马转楼是什么意思？"陈组长说："就是古时候家里来人，客人的马不用拴在门前，可以直接牵到二楼，谈好事情，再从二楼骑马出去。那时候的房子很大。"听完介绍，我们都很钦佩古人的智慧和大气。我仔细地观察着，房屋里面有柱子、房梁、龙骨、抬梁、内檐等，房屋外面有门神、漏窗、垂饰、翼角、石雕等，使人沉浸在古代的气息里，仿佛穿越了。

七岭村的古宅

陈组长又带我们来到"张氏宗祠"旧址，其实只剩下一座石门了。石门颇大、端庄，有能工巧匠在石基上面雕铸人物、马匹等，惟妙惟肖。从村人的口中得知，当年的宗祠一进三重、雕梁画栋、气势恢宏，后来由于历史的原因被破坏了，相当可惜。宗祠里面的两棵银杏树被保留了下来，清风拂来，飒飒作响，见证了宗祠的沧桑变化。

陈组长很热心，又主动带我们去看了两块古碑，据说是唐朝末年的。拨开杂草，碑上的字迹已经看不清了，但是观其形制、色泽，应该年代比较久远了。

陈组长还为我们讲述了一个民间故事。在我们的眼前，分布着两座海拔较高、中间海拔较低的山体。左边的叫青龙山，右边的叫白虎山，居中的叫武山岗。青龙与白虎星历来不和，下凡后更是成为死对头，所以经常兵戎相见，打得不可开交，扰乱了村庄平静的生活。有一天，一条灵蛇实在看不下去了，便在青龙山和白虎山之间化作了一道山岗，把它俩隔开，它们就再也打不起来了，村民们的生产生活又恢复了往日的安宁。于是，村民们就把灵蛇化作的这道山岗叫作

七岭村幸存的古碑

乌龙岗，千百年来，口口相传，叫到后来就叫成了今天的武山岗。

七岭村山奇、水秀、人勤。而今，七岭村坚持以人民为中心的发展思想，治理有效、产业兴旺，群众的获得感更足、幸福感可持续、安全感更有保障，未来的七岭村必将更加幸福美好！

郎溪县

裴 村

刘俊谟　胡兴平

　　裴村位于南漪湖的东南岸，属郎溪县飞鲤镇湖滨村。

　　南漪湖是皖东南最大的湖泊，岸线曲折逶迤，有"九嘴十三湾"之说，南漪湖东南角有一伸向湖里的埼尖——新沟嘴。雍正《建平县志》载：新沟，县西南三十五里，东连小湖浦，西通南埼湖。裴村古称后涧，便坐落在新沟嘴的半岛上。

一

　　裴氏源于山西闻喜裴柏村，唐大中年间名相裴休出守宣城，晚年辞官后居泾县赏溪村，始为裴氏江南开宗始祖。北宋间，泾县裴氏四世裴肇由赏溪迁建平荡南湖，裴肇即为建平裴氏始祖。

　　元代后叶，金兵盘踞广德，荡南湖为水陆路口，连通南漪湖、石臼湖、东坝、胥河，为粮草囤积兵马转运之要地。元至正十六年（1356），裴氏十三世裴宗武（号东野）率族人躲避战乱，"弃荡南湖

裴村废弃的老宅

徙后涧"。适逢朱元璋率军南征，裴祐率族资助抗元军队，洪武二十年（1387）裴宗武去世，"因公犒赏故，赐名友世。"此事被县教谕谢士贞勒石于《明故裴公东野居士墓志铭》。

于后涧安居的裴氏，并没有停下繁衍发展的脚步——至裴氏十八世"金"字辈，裴镇迁至里南湖骆村；十九世"水"字辈裴渐迁至徐家冲（应为今许家冲），裴源迁至梅家园，裴渊迁至牛路巷。裴氏开枝散叶，差不多占据了南湖新沟嘴整个半岛。

裴氏的始迁祖裴祐、明监察御史裴俊、旌表忠孝节义裴洪玉与散居于南湖岸边贡村的贡奎、沈家边的沈懋学、汤村的汤宾尹、昝村的昝万寿等，他们各守一隅，隔湖相望，演绎着南漪湖的宗族文化和姓氏荣光。

裴氏建平迁徙示意图

二

裴村"后枕南湖，前绕平峦，左缠清涧，右翼赤崖"，确是一方圣地！《裴氏家乘·居址志》载："一曰田可耕，二曰水可渔，三曰山可樵，四曰陇可葬，先人择地而居，倘曰安宅非欤？"

村落分布在较为平坦的坡地上，顺坡就势，北稍高而南稍低，朝南向阳，易于排水，不燥不湿，冬暖夏凉；四周山水环绕，山坡与沟涧、水田与旱地、湖面与山峦自然分割，相间分布；村落掩映，吸南漪湖之精华，纳后涧诸山之灵秀，万物和谐共生，逐步成为秀甲南漪湖东岸的村落。

虽朝代更替，村落建造一直沿袭着"后涧村基"的桩界进行，不越村规族约之红线，三条南北走向的巷道为村落布局骨架。《裴氏家乘》翔实地记载了三条巷道长度及基址的面积。中巷最长，约70米，东、西巷分别为46米和50米，青石铺就，今仍清晰可见。三块基址面积约占地10亩，空间布局为元宝形，寓族群财源汇聚于此。

自元末裴祐后再13世370年，至清朝雍乾盛世，裴氏宗族殷实富足。25代"振"字辈、26代"永"字辈合众倡议："人不敬祖则孙何能昌，况宗庙大典吾族久废。"遂修造东、西宗祠。雍正十年（1732）至乾隆八年（1743），历经11年东祠堂建成。今祠早已不存，地基已作他用，只能从《东祠堂记》中见其风采："规模壮丽、绘画辉煌，向为秽区敝庐，今乃巍然庙貌矣。"西祠堂始建于乾隆元年（1736），八年（1743）建成，裴氏后辈于《西祠堂记》里描绘西祠之美丽壮观："睹斯祠焉，美哉轮而美哉奂，鸟斯革而翚斯飞。"西祠堂虽已坍圮，但墙基轮廓还在，残存的墙壁、屋檐、窗棂不时露出精美的雕刻和纹饰；精致石条、厚重礅墩记录着古村落沧桑岁月的历史信息。宗祠建立对裴氏的宗族的和谐发展、维护村落族群秩序及居住地的保护都起到了重要作用。《裴氏宗祠规条》："房屋基址买卖本族由亲及疏，但不许典卖于异姓""随村树木无论公私只许蓄养无许砍斫""随村基地以及要害等处无论公私永不许扦窨"等。

三

岁月无情，风雨沧桑，古老裴村的村巷、宅院、祠堂、

裴村的老宅

社庙、园圃等已不能重现，遗存的几间老旧民舍也已无人居住，孤独寂寞，从墙体里长出杂树与荆棘，盘根错节，将根扎进墙体和屋基；伸向空中的枝叶，在风中絮絮作响，似在诉说昨日的裴氏家族的沧桑……

但裴氏家族"耕可致富，读可荣身"的宗族传统世代相袭，未曾中断；他们在对人居、环境、宗教、家族的理解和融合，极力追求文人生活的品位与气质处处体现。裴氏家族创作的诗作《后涧八景》《里湖八景》和《南湖八咏》等，是亟待去整理并从中汲取营养的珍贵文化遗产。

《后涧八景》是对以裴氏后涧村为生活中心的历史文化场景的记录和描绘。《后涧八景》诗为：埼湖钓月、沈岭樵云、南亩朝耕、东郊晚唱、冈头远望、银泉流清、涧山祖陇和赤崖圣迹。裴村后枕南漪湖，沿东北—西南走向的岸线平直，赤土的黏韧经受住了南湖波涛的拍击，露出了赭色的肌理，形成陡峭赤壁，守护一方安宁。裴氏将这一后涧景致称之为"赤崖圣迹"：

> 高皇旌斾幸湖阳，立马崖头势莫当。
>
> 龙去自知山贵重，天空不觉气光芒。
>
> 名符汉帝琉璃井，地接裴卿绿野堂。
>
> 不日此方诸葛出，令人称作卧龙岗。

此诗记录了元末朱元璋立马后涧赤崖的历史事件以及裴氏绿野堂的自豪感。

《里湖八景》是以生活在里南湖岸边的裴氏所记录的历史文化景象。八景为里湖水秀、苏坝财源、花城社庙、富室仓踪、义坪胜概、莎郊牧唱、陇地农耕和山林樵舞。

《碕湖八咏》是裴氏以南漪湖作为更宏大的生活背景撷取的自然地理和人文历史的场景画面。八咏为晴湖晚眺、南姥涛声、平沙雁阵、蓼岸秋容、远浦归帆、渔舟唱晚、青岩送翠和矶头白鹭。

裴村经过岁月的积攒而形成的浸入肌理的独特气质，这种气质是不可复制的独一份，让你置身于久远的历史时空，去体验裴氏家族的历史生活场景和品味南漪湖渔樵耕读的历史文明。

四

让古村落文化景观得到更有效的保护与传承而获得新生，在时代的发展中焕发活力，这是裴村上榜中国古村落最重要意义之所在。

南漪湖及郎川河流域为历代移民迁入地，裴氏包容并蓄、知书达理、重礼重教的家族传统与各地移民在长期生活中共融共生、和合共济，耕植于这片传统文化深厚的土壤，形成形式多样、内容丰富的如皖南花鼓戏、幸福人灯、飞鲤小马灯、飞里龙灯等非物质文化遗产以及"建平十六鲜"的湖鲜美食、手工制茶、传统酿造等优秀传统文化。今天的南漪湖定位为长三角国际级湖泊生态旅游度假区、皖东南美丽乡村建设示

裴村及周边文旅资源分布图

范区。郎溪飞鲤镇处于南漪湖的核心位置，利用裴村古村落以及周边多元的文化资源——南漪湖旅游观光区、磨盘山古文化遗址、福寿岛风景区、省级美丽宜居村庄湖滨渔村、千年黄香禅寺、明代嘉靖飞鲤古桥、绿茶之乡万亩茶园、万亩圩田景观农业、幸福大麦烧酒窖园、美迪花世界绣球花基地等，古文化村落融入今天现代文明才更具无限的生命力。

罗 市 村

夏忠羽

　　罗市是郎溪县凌笪镇下吴村的一个自然村，位于伍员山（又称伍牙山）北麓，地处古代吴、楚、越三国交界。春秋战国时期，伍子胥伐楚还吴三经此地，留下了神马倒攀巧脱险、一掷千金报恩德、踏石上马复国恨、山神护牙振军威、英雄凯旋建营盘等故事，在百姓当中口口相传，至今令人津津乐道，伍员山也因此得名，现在村庄里那些与伍子胥有关的彩色壁画，就是根据这些精美的传说制作而成。

　　相传春秋时期，大臣伍奢，因楚王听信谗言而惨遭迫害，其子伍员即伍子胥只身逃往吴国，在逃亡途中，遭楚兵

伍员山下的罗市村

追杀。当他逃至郎溪县境内东北处，一座大山挡住了去路，前有大山阻挡，后有楚兵追杀，伍子胥灵机一动，他拽着马尾，让马儿倒退着上山，当楚兵追至山下，见马蹄印是向着山下的，于是往山下追去。伍员由此逃过了楚兵追杀。后人为了祭祀伍员，在伍员山上下曾建造多座伍相国祠，其中就有汉代建在山峰的"伍员寺"，该寺经历代重修重建，至今遗址尚存。历代文人墨客也曾在此留下了许多诗文。清代乾隆年间，曾任永定知县的彭光斗有诗云："地连吴楚界，山记伍员临。草木英雄气，干戈忠孝心。梵灯摇蠹影，牧笛和箫声。勿发江湖慨，鸱夷何处寻。"

文化宣传雕塑

又传当年伍员逃难至此，逃到山顶一座山神庙中，为躲过楚军追杀，准备拿山石敲掉自己满口的牙齿以改变容颜，这时，山神发话阻止了他。于是，伍员躲在神龛后面，楚兵追来，见山神庙里蛛网密结，荒凉至极，便弃庙而去，伍员因此躲过一劫，所以此山又名护牙山。除此之外，伍员山还有护行山之说。

当年，伍子胥在伍员山建牙操练兵马，见这里不仅是军事要地，更是天然粮仓。因罗市特殊的地理位置，上可直通伍员山巅，下可直达临近的江苏周城水道，是进可攻、退可守、居可安的好地方，伍子胥欲将此地建为工、商、贸、文化为一体的繁荣集市，壮大吴国的边贸市场。

罗市村的文化广场

公元前514年，在助吴伐楚时，伍子胥便在伍员山实施"设守备、实仓廪、治兵库"计划。当时，伍子胥调动数万吴军屯驻在伍员山中练兵布阵，从吴国迁移近万人口到伍员山下的罗市安家立业，设关卡，立城郭，修胥河，开垦农田。数十年后，罗市已经发展成一个繁华的集市，村中有九井十八巷，村庄南北各设一寨门，南门直通伍员山顶，北门通江苏省的周城码头，村内街道青石铺地，商铺林立，商贾云集，许多吴军将领的家眷均落户罗市。

从吴国迁移来的百姓大多都来自山区，他们靠山吃山，怀揣着手工编织竹笋的精湛技艺，到罗市安家落户，他们编织的笋筛，做工精细，款式新颖，通过水路流通到各个地方，箩筛——成了这个村的标志物，因此被往来客商称为箩市。在时代的演变中，箩市变成了罗市，罗市的村名因此而来。

在位于村北的"宣城市记录小康工程展馆"二楼的一个橱窗里，几份展开的《人民日报》格外引人注目。这几份报纸都与这个村有关。最早的一份是1995年7月28日，二版头条刊登了一篇题为《山这边，山那边……》的通讯稿，作者以独特的视角，犀利的文笔，深刻剖析了山那边的江苏省洑家村与山这边的下吴村，两村同居伍员山下，共担一山柴，同饮一溪水，却因为观念的差异，山那边的洑家村村美民富，山这边的下吴村贫穷落后，这篇报道引发了全省关于解放思想的大讨论。1998年6月22日，《人民日报》同样在二版刊登了题为《三年再访山两边》的通讯；2018年12月14日，《人民日报》再次在二版刊登了《三访苏皖山两边》的报道；2022年9月23日，《人民日报》十一版，记者以《携手共富山两边》为题，第四次对山两边比学赶超、融合发展进行了追踪报道。四份沉甸甸的报纸，折射出下吴人奋勇争先、不甘落后的拼搏精神，也反映了下吴村翻天覆地的变化。

2019年开始，罗市被列为省级美丽乡村建设点和县级乡村振兴建设示范点，对村庄基础设施和民生设施进行了一系列的改善，现在的罗市村内，路灯、水、电、公厕、污水管网等设施一应俱全，道路两旁的景观节点令人赏心悦目，村中心建有群众文化大舞台、伍子胥文化记忆馆和村史馆，几座闲置的民房也被利用起来，改建成了雅致的民宿，接待八方游客。

村中，一座座标准化的茶叶生产车间里机器轰鸣，茶香四溢，春茶上市的日子里，忙碌的村民们脸上写满了满足与幸福。古时，罗市以箩闻名，今日，罗市以茶富村。从

秀美的吴元山

1995年《人民日报》第一次报道山两边的20多年来，下吴人努力解放思想，采取"走出去、引进来"的方式，对外招引客商到下吴开荒种茶，带动了全村茶产业的发展，成为全镇唯一一个拥有万亩茶园的茶业专业村。罗市村民家家户户种茶，规模从几亩到几百亩不等，这里产的白茶、黄金芽、奶白茶等系列高端茶，贴着自己的品牌，香飘大江南北，"箩市"与"茶乡"，在时代的变迁中，不断推陈出新，给人惊喜，一个崭新的美丽乡村，迈着时代的步伐，从春天里走来。

敢为人先的罗市人，已经不满足于传统的农耕生活，他们把目光放得更远，荒山变茶园，闲居变民宿，生态农业、生态旅游已经初显成效，秀美的伍员山，得天独厚的自然资源和深厚的文化底蕴，是他们取之不尽的财富，也是通向幸福的康庄大道。

广德市

宏霞村

余发仁

宏霞村位于广德市四合乡东南5公里，背后是巍峨的金鸡岭、纱帽山，面前有灵山河、耿村河，是一块依山傍水的风水宝地。

四合乡是典型的盆地，四周高山耸峙，中间低处是万亩良田，气候温和，雨水充沛，给了庄稼丰收的保障。山上葱翠馥郁，松、竹、杉、桃、李、杏，野花香草，应有尽有。它们养育了这一方百姓，生生不息，繁衍不止。

宏霞村正坐落在这盆地靠东、靠北的盆沿，占尽了天时、地利、人和，因而在历史发展的漫漫长途中，它一直行进在潮头。今天，它更是倾情地打造美丽乡村，未来的日子，它将会以自己崭新的面貌，娇艳的形象展现在世人面前，以不辜负历史赋予的使命，无愧于伟大时代的期望。

宏霞村现有耕地1322亩，山场8000亩，3210人。经济形式多样，水稻种植、竹木加工、笋、竹出售、园林建设、苗木培养、工艺加工，笋干加工，现在又在进行灵山大峡谷风景区旅游开发。这种多头并举、不拘形式的经济发展模式，已经引起各级党政领导的高度关注，并且获得了强有力的支持。

这是个历史悠久的古村落，1300多年前唐朝贞观年间建造的崇法寺遗址规模宏伟，有1200多年历史的灵山寺至今更是香火绵延。

　　千百年来，这里是徽越古道之一。浙北许多商人经广德至梨山，到四合金鸡岭，下到遐松村；再转西南，去宁国，以及徽州腹地，进行茶、棉、日用杂货交易。徽商更是早已率先在此捷径上奔走。

　　古道边随处可见的遗迹，那高大的黑瓦白粉的马头墙，古朴典雅的明清古民居，古井、古渠、古树，故道上磨光的石板路，无一不在向你无声诉说着这里曾经发生的种种故事。路旁的旅舍旧址，山后的百骨坟场……构成了一幅幅生动逼真的先民生活的画卷，呈现在我们面前。

宏霞村的古民居

　　一口古井，建造于"癸亥年七月"，距今260多年；何氏宗祠，建于220多年前；杨氏民居，保存最为完整，天井中整齐的石条，排水系统安排科学。古民居高大的梁柱、磉石，客厅的宽畅气派，让人想到当年户主的刻意打造和家境富庶。

　　灵山河谷的两岸矗立着两座桥墩，用巨大石块砌筑，这是当年古道的必经之地。如今桥已不存，但嘉庆年间的一块巨大石碑上《高桥重修碑记》似乎能给我们说点什么，可惜残碑上的刻字能见到的不多，仔细辨认，只见那些1厘米见方的文字似为捐助建桥功德人士名姓。但那字体端庄，点、横、竖可作书法练习者临摹，一撇一捺的末端虽细若蚊足，却清晰了然。站在这残碑前，今人只有敬仰之心。桥下百米处，有今天邹氏碑刻分列路边，让人想到这僻壤偏乡依旧在默默传承着当年精湛的石刻技艺。

"十三踏"边，一条500米的渠壕，让人琢磨不透这里村民在古代斥巨资建造这工程的目的。有人说，既是村庄，单有古井供人饮用不够，洗涤还需便利，于是引水绕村方便大家；还有人说，这是当年村民的战备工程。水渠终点被渠顶纷披下来的藤蔓遮个严实，外人无从知道这是通道的始点。渠旁一株百年古树嵯峨高伟，如果兵匪来袭，树上隐秘的枝叶中登高瞭望的人会有暗号传出，于是人们就近潜入渠中，再从另端出口遁入村后高山密林，老少妇幼得以保全。这条战壕今天已完全失去作用，因此壕顶石板被揭去造房、垒坝、铺路，只有30米的一段保存了当年丰采。如果想想兵连祸结的百年以前，你能不为这里先民的智慧折服吗？

这村中出现过两位先生——

其一是鲁绍忠，他国学深厚，教育有方，因此弟子极有作为，其中徐有芳当过林业部长，黑龙江省委书记，成为一方守边重臣。

其二是邹恩雨，1937年毕业于安徽大学，任职省民政厅。抗战时期辗转各地从事教学，曾担任广德中学校长，并为广中作了校歌。他还擅长诗词创作，其生平文字已成为广德人民的一笔宝贵精神财富。邹先生的得意弟子曹寿槐也是一代书法大家。

宏霞人在创造物质文明的同时，也努力打造自己的精神

文化。当年这里的戏曲表演享誉一方。每到春种之后，秋收完毕，或是年节闲暇，他们就自编自演、自娱自乐，还被邀到邻村献艺，因此上下各村人们关系极为融洽，成为四合首善之区。他们先祖创造的火狮子、地花鼓、王小二推磨等曲艺表演形式，至今仍有生命力。

火狮子用竹篾做骨架，五彩纸扎制，可一人表演，也可两人舞动。地花鼓的表演更是灵活，不需舞台、道具、灯光、音响、布景，即兴演出，唱词全为演员依据所见所闻所感临时发挥，既切近人们平常生活，又生动幽默，很受观众欢迎。

大约250年前，一个风水先生细察这里的地理形势，山水交合，对村人说道："村前灵山河呈弯弓形，且弓形向内。让这村没有了内涵。如果将河流拉直，前置50丈，必将有大益。"但这河湾处的大片田地不归本村所有，要是依言照办，必会引起纷争，以至对簿公堂。

结果，大河一夜改道，堤坝新筑。河对岸百姓当然不服，于是衙门老爷接到诉状，亲自现场查验。结论是：于理不通，不予置理。

巨大的石条砌筑的河堤整齐划一，一夜之间哪里弄来那么多石条，又怎么砌筑上去？河岸两边的填土非本地所有，又如何一夜之间运来并且填好？这许多土石需多日筹备，你们怎么就从未发现？

宏霞村为四合乡第一批建成的美丽乡村。依托村里山清水秀的自然条件，宏霞村大办旅游。18年前投入建设的"灵山大峡谷"风景区，现在已有了峡谷游览、漂流、玻璃滑道、高山秋千、空中漫步等项目，成为长三角著名旅游点。

　　古往今来，宏霞人民的向心团结创造了一个又一个奇迹。如今，他们又在乡村振兴中，发挥自己的聪明才智，建设家乡。宏霞人民将要呈现给世人的，必然是一个祥和富足的美丽乡村！

耿　村

余发仁

　　广德市四合乡耿村，位于赶鱼山东面，坐西向东，对面是马鞍山主峰向北延伸的大青山。村前是一条发源于马鞍山腹的小河，叫耿村河，因众多山泉的支持，而四季不涸。

　　耿村的住户由低地逐渐抬升，直至村后小山顶，全村南从村头、北至原耿村小学，全长1公里。村中原有南北向三条大道，东西向横道若干，交通极为便利，现已全部成为水泥道路。

耿村源流

　　耿村人口极盛时有万人之多，仅男性青壮年就有千人以上，有"千灶万丁"之称。其姓氏最多者为耿氏。

　　四合耿氏一脉，源流有二：一是自绩溪鱼川迁来耿村，二是北宋末移民。金兵攻破开封，左丞耿南仲护卫皇帝一路向南逃去，他到广德，见这里物阜民丰，山河清丽，风光秀美，于是吩咐家族一支迁徙至广德南部山区，择地安居。

　　经南宋、元、明长达500多年漫长

历史的发展，耿氏一族在地方上已成名门望族。持续的经济发展，让他们积聚了雄厚的物质基础。于是兴办教育，建宗祠、造大桥、开校场。各家各户的砖木结构楼房鳞次栉比，木雕、砖雕、石雕精美绝伦。如今丈余长石条随处可见，古石坊残件散落在村中路旁的园地、屋角。当年幸存下来的唯一雕花大床，满是人物、花草、建筑、器物，勾画了了，细若蚊足。特别是人物指掌、眉须、穿戴及举手投足、脸部表情，无不形神毕肖。故事描绘的"郭子仪拜寿"，气派恢宏，情节生动，红漆敷底，金粉涂饰，至今仍光华四射。

当年的耿氏宗祠建在村中，五间三进、四水到堂的天井院石板铺砌，地面平整光滑坚固。后堂列祖列宗牌位齐整有序，是耿氏后裔逢重大节日谒宗拜祖之地，也是耿氏宗族处理内部事宜的议事之所。

村前一座节孝坊，一座贞节坊，让恪守封建礼教、自甘寂寞的耿族女子得到永世旌表，以为楷模。

为防乱世兵祸、匪盗侵害家族利益，耿氏特别注重自保，因此武学之风甚盛。大竹园有他们习武场，平整宽敞，有10亩之大。独松树旁，用人工堆砌一条长600米沙堤，作跑马之用，现仍能依稀见其旧貌。他们组建家族武装，平时看家护院，战时则拼命疆场。金兵南下，他们配合梅将军（岳家军一支）守关据隘。太平军进犯，耿家军与刘家军一道，组成强悍乡勇，阻敌于金鸡岭、停鸡岭之外。

耿村人口繁盛时，相继在村南3里处水塘村分居人口，自成村落，于是四合有了两个小耿村。相村、邐嵩、誓节镇陈村、独术侯村、郎溪姚村亦有支系落户。今天，耿氏后代迁居桃州、南京、芜湖、无锡、安吉等地几十户，一个古老的家族又在逐渐兴盛。

四合四大家族以耿氏为首，自有它的道理。听说耿氏后人正在谋划重建耿氏宗祠，还拟建当地文化名人曹寿槐先生艺术馆，让后世重温耿氏家族当年辉煌，就近领略文化大师精深的艺术造诣，以启迪耿氏后来人智慧，实在是深谋远虑，可钦可敬。

耿村名人

耿村人农耕之余，重文崇学，乡村文化历来繁荣，文化名人辈出。

戏剧之花耿心月。耿心月（1938—2017），解放初即加入新组建的广德花鼓剧团，师从周来喜刻苦学戏，很快和张杏辉、迟秀云、董振媚、王春兰等人都成为广德花鼓剧团的顶梁柱。耿心月以优美的唱腔、纯熟的表演赢得了广大观众的热爱。1957年，调入芜湖地区"皖南花鼓戏实验剧团"。耿心月出席了两次全国文代会，两次共青团全国代表大会和一次全国妇联代表大会，同时成为安徽省戏剧家协会会员。1960年，耿心月加入中国共产党。"文化大革命"时因受冲击，被安排到芜湖地委信访办工作，先后任副科长、主任科员，1998年退休。

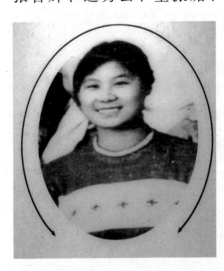

耿心月

著名书法家曹寿槐。曹寿槐（1930—　），耿村人，解放后在浙江安吉任教，直到退休。曹寿槐从小就钟爱书法和绘画，进步神速。1985年首办个人书法展，大获成功，继之于长春、郑州、杭州、深圳、湖州等地办展，都得到极高评价。现任中国书法家协会会员、浙江省文史研究馆馆员、中央文史馆书画院研究员、皖南书画研究院名誉院长、中国书画函授大学教授、中国地质大学艺术系特聘教授、吴昌硕书画会副会长。曹寿槐除书法作品多部外，还著有人生感悟《草根谭》。90高龄之际，还出版了40万字回忆录及书法著作《书法人生》。

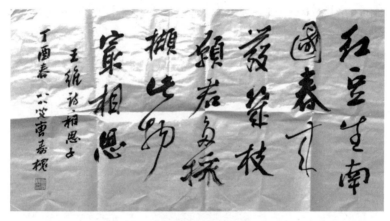

曹寿槐书法

"非遗"之村

大板龙。起源于耿村的大板龙有150多年的历史了，属安徽省非物质文化遗产。大板龙由龙头、龙身、龙尾三部分组成。根据参加舞龙人数，龙身可长可短。龙头、龙身、龙尾，加起来有50多米。耿村大板龙的制作工艺极其繁复。巨大的龙头有100多斤重，用木头做成框架，再用竹篾扎制。龙身分为若干节，现有30节。每节一块木板，长150厘米，宽13厘米。两头各有一个圆孔，用插销连接前后两节，转动自由。竹篾制成的圆筒由三道主箍钉在木板上，便于固定。这样分节组成的龙身舞龙时衔接起来，平时拆卸下来由各家保管。龙头由各色彩纸糊制。龙身原先用彩纸，现在条件好了，改用黄色缎子覆盖在上面，金龙一条，耀眼辉煌。

火狮子。四合乡狮灯独创于清末，已有100多年历史。该灯有两"奇"：一是造型奇。马灯尾、龙灯身、狮灯头，胸前两螯捧着红绣球，灯下方撑以两根木棍，两根细线，一根连灯头，一根连灯尾，再和木棍相连，整个灯小巧玲珑，招人喜爱；二是玩法奇。表演只有两人，每人各持一盏火狮灯，在锣鼓的伴奏下，表演者运用皮影戏的操纵技法娴熟操纵木棍上的细绳，使火狮活灵活现，或腾越，或打斗，或亲昵，表演时场面热烈。1962年火狮灯参加安徽省民间灯艺比赛大会，荣获一等奖。现为安徽省非物质文化遗产。

工匠李光奇。耿村清泉村民组人。1968年开始学做篾

火狮子表演

匠，先后拜周海清、余业华为师。1971年，三年学徒期满，开始行走江湖，上门做手艺。李光奇工艺精湛，他用细篾编的戒指，涂上金粉，能够乱真；扎成的小鸟，栩栩如生。至于里外三层的球状工艺品，更是一绝。因此他被聘为四合乡中心小学的工艺老师，被评为广德市非遗文化传承人。

月克冲村

温雨露

天空湛蓝的有些深邃，几朵白云飘浮其中，显得缠绵缱绻，倒映在这清澈平静的河面上，不免得生出一股淡淡的舒畅，浑身的细胞也慢慢舒展开来，活像正在汲水的海绵大口大口地呼吸着，将这清新且清香的空气纳入体内。

这里是月克冲村，坐落于广德市柏垫镇前程村。月克冲包括上、下月克冲两个村民组，南通四合乡，西邻杨滩镇，交通便利，山清水秀，有着丰富的自然资源，其中竹木林业资源十分丰富，山林面积约5000亩，茶叶种植面积约1000亩，是一个以茶叶种植、竹笋采卖为主的农业生产自然村。

这里有着"黄发垂髫，并怡然自乐"的村民生活，也

月克冲村景

有着"荷叶罗裙一色裁，芙蓉向脸两边开""错落朱提数百枚，洞庭秋色满盘堆"的自然风光，更有着"愿付智能弓箭利，献给自卫弹出鞘"的红色军工文化。

"水嫩山青秀婉约，烽火岁月奏绝响。"若说子弹头是她的象征，那浓厚军工文化便是她的代名词。踏入历史的长河，几十年的风雨兼程，都被深深地镌刻在了月克冲这座传统村落的每个角落里。

月克冲因其丰富独特的红色文化底蕴、极富价值的军工历史遗存，被评为第三批中国传统村落、安徽省重点文保单位、省级美丽乡村建设示范点，又因为其建设年代的特殊性，有我省年代最近、最年轻的中国传统村落之称。为延续传承，近年来，柏垫镇整合各项资源在月克冲建立了小"三线"纪念馆，通过实物、历史文献和图片资料、影像等形式展示小"三线"建设时期具有代表性的生产及生活工具，生动讲述国营九四〇厂从无到有、从曲折到辉煌、在困境中积极寻求转型发展的故事，全方位展现了"艰苦奋斗、无私奉献、团结协作、勇于创新"的小三线建设精神。

月克冲为一条高山相夹的东西走向长廊，长2.5公里，最宽处不过200米，地理和自然环境得天独厚。九四〇厂建厂初期职工448名，主要生产56式和64式子弹。后来职工人数增长至1800余人，年产军用弹药2300余万发，主要生产56式7.62毫米步、机枪弹和64式7.62毫米手枪弹，为我国国防建设事业做出了重要贡献。

当年生活条件艰苦，不少工人都因潮湿、封闭的住宿环境患上了不同程度的关节炎、痛风等疾病。周边村民生产的蔬菜是军工战士们的珍馐佳肴，每天早上工地地摊上村民的时鲜蔬菜都会被抢购一空。交易过程中，许多工人和当地农民成了好朋友，如年轻工人陈茂才和四合乡的陈富才，水工李志忠老师傅和四合乡溜石片的农民李定文，都认为本家，结为兄弟。九四〇厂把这种现象亲切地称为"农民运动"。

月克冲小"三线"纪念馆

岁月在更换，历史在变迁。2017年在县、乡党委政府的高度重视，县新农办、乡美丽办的正确指导，村"两委"全力部署和全村党群的大力支持下，月克冲中心村村庄整改美丽乡村建设如火如荼地开展起来，于是就有了如今带有浓厚红色记忆的传统村落——月克冲。

2021年，英烈山"特色'小镇客厅'"也在月克冲进行了揭牌仪式。小镇位于长三角苏浙皖三省交界处，国道233线穿镇而过，距广德高速路口21公里，距广德高铁南站约30分钟车程，交通非常便捷。"小镇客厅"分为发展规划、国防教育、航空航天、产业发展、民俗文化篇、电商直播、领导关怀七个篇章。小镇有着丰富的特色资源，分别为英烈山空难事件为代表的航空航天文化旅游资源，以月克冲国营九四〇、国营九七一厂为代表的小"三线"文化旅游资源，有以茅田山景区、千亩红枫林为代表的生态休闲旅游资源，还有着丰富的旅游文创产品和当地小有名气的农特产品。英烈山特色小镇客厅的成立不仅丰富了前程村的旅游资源，也为村集体经济壮大提供了一定的场地和思路。

近些年在党建引领乡村振兴、政府大力支持下，利用月克冲得天独厚的环境优势，月克冲村尝试打造网络直播间，以助农为主，展示当地的名优特农产品，譬如竹笋、大米，经过果农精心培育的橙子、猕猴桃，更有广德的活招牌——黄金芽，同时兼顾以航天航空文化为主线的航天飞机模型、乐高等。今年4月直播间已经建设完成，并和网络主播合作进行了试播，观众反映良好，给农产品的销售带来了契机。另外将九四〇兵工厂和南京造币厂旧址进行改造，通过招商引资的方式发展高端民宿项目，壮大村集体经济，切实把生态优势转化为发展优势，给村民致富带来强力支撑。

月克冲结合创建全国文明城市要求，精心设计了大型3D文化墙，上山游步道、沿河游步道、环山游步道。2019年，举办"山水柏垫锦绣前程"庆祝中华人民共和国成立70周年

美丽新农村

暨柏垫镇第二届农耕文化旅游节，参与由省委宣传部、省文化旅游部联合主办的"春游江淮请您来"百家媒体旅游推介活动，最大限度地发挥月克冲红色旅游线路的文化价值和社会效益，丰富了广德旅游的人文精神。

2018年，月克冲作为宣城市美丽乡村代表迎接省级美丽乡村检查，并取得了全省第一的好成绩。现在的月克冲深入挖掘本村内涵，通过增加投入，加大基础工程建设，按照"产业兴旺、生态宜居、乡风文明、治理有效、生活富裕"的总要求，更为注重乡风民风、人居环境及文化生活，积极开展移风易俗、整治村容村貌，推动美好乡风的落实。随着基础设施不断完善，环境更加优美，社会更加和谐，是一个"山清、水秀、人和、宜居、宜业、宜游"的美好乡村。

附 录

宣城市中国传统村落一览表

县市区	乡镇	村庄名称	批次
绩溪县	瀛洲镇	龙川村	1
		仁里村	2
		瀛洲村汪村	5
		瀛洲村	6
	上庄镇	上庄村	3
		石家村	4
		宅坦村	4
		旺川村	5
		余川村	6
	伏岭镇	湖 村	3
		伏岭村	4
		西川村	5
		水 村	5
		北 村	5
		江南村	5
		胡家村	5
	家朋乡	尚 村	4
		霞水村	4
		磡头村	5
		松木岭村	5
		鱼龙山村	5
	临溪镇	孔灵村	5
		周坑村	6
	长安镇	镇头村	5
		浩寨村冯村	5
		庄团村	5
		坦头村	5
		大谷村	6
	扬溪镇	石门村	5
	板桥头乡	蜀马村	5
		尚田村	6

		查济村	1
泾 县	桃花潭镇	宝峰村	4
		桃花潭村	4
		厚岸村	4
		龙潭村	4
	榔桥镇	黄田村	1
		溪头村	4
		涌溪村	5
		浙溪村	5
		吴喜存	5
		西阳村	5
		双河村	5
		马渡村	6
	茂林镇	奎峰村	3
		潘 村	4
		茂林村	5
		凤 村	6
		南容村	6
		高湖村	6
	云岭镇	章渡村	3
		郭峰村冰山村	5
		中 村	5
		靠山村	5
		梅 村	6
	琴溪镇	马头村	4
		赤滩村	5
		新元村	6
	黄村镇	九峰村	4
		安吴村	5
	丁家桥镇	后山村	5
		小岭村	5
		官庄村	6

	白地镇	江 村	1
旌德县	蔡家桥镇	朱旺村	3
		乔亭村	4
	俞村镇	仕川村	4
		合锦村	6
	庙首镇	庙首村	5
	孙村乡	玉屏村	6
	兴隆镇	大礼村	6
	版书镇	隐龙村	6
宁国市	胡乐镇	胡乐村	2
	港口镇	山门村	4
		港口村	6
	霞西镇	白茂村	4
	仙霞镇	仙霞村	5
	云梯畲族乡	千秋畲族村	5
宣州区	水东镇	七岭村	4
		东胜村小胡村	4
		前进村	6
郎溪县	飞鲤镇	裴 村	5
广德市	柏垫镇	前程村月克冲村	3
	四合乡	宏霞村遐嵩林村	5
		耿村村大耿村	5